dtv

Der amerikanische Arzt Beck Weathers nahm an der berühmt-berüchtigten Mount-Everest-Expedition im Mai 1996 teil. Er erreichte den Gipfel nicht und überlebte den Schneesturm in der Todeszone nur durch ein Wunder.

Ehrlich und kompromisslos erzählt Weathers hier die Geschichte über die unwahrscheinlichen Umstände seines Überlebens. Es ist zugleich eine Geschichte von Verlust und Wiedergeburt, tiefen Krisen, einem neuen Anfang und von der beständigen Macht der Liebe.

*Seaborn Beck Weathers* lebt mit seiner Familie in Dallas. Er kann heute seinen Beruf wieder ausüben und wird häufig eingeladen, vor Publikum von seinen Erfahrungen zu berichten.

Beck Weathers

# Für tot erklärt

## Meine Rückkehr vom Mount Everest

Mit Stephen G. Michaud

Aus dem Englischen von Hartmut Schickert

Deutscher Taschenbuch Verlag

*Für Peach, Beck II. und Meg, die mir die Kraft gaben, von den Toten aufzuerstehen.*
*Für Madan K. C., der uns zeigte, was ein tapferes Herz zu vollbringen vermag.*
*Für David Breashears, Ed Viesturs, Robert Schauer, Pete Athans und Todd Burleson, die wahre Bergkameradschaft bewiesen.*
*Und in Erinnerung an Andy Harris, Doug Hansen, Rob Hall, Yasuko Namba, Scott Fisher, Ngawang Topche Sherpa, Chen Yu-Nan und Bruce Herrod – ihren Familien gilt mein tiefstes Mitgefühl.*

Juni 2003
Deutscher Taschenbuch Verlag GmbH & Co. KG, München

Titel der amerikanischen Originalausgabe:
›Left for Dead. My Journey Home from Everest‹
(Villard Books/Random House, Inc., New York 2000)

www.dtv.de

Umschlagkonzept: Balk & Brumshagen
Umschlagfoto: © Morrow Photography, Canmore
Falls nicht ausdrücklich anders vermerkt,
stammen alle übrigen Fotos aus dem persönlichen Besitz des Autors.
Redaktion: agens Redaktionsservice, Stuttgart
Layout & Satz: Jürgen Rothfuß, Neckarwestheim
Druck und Bindung: Druckerei C. H. Beck, Nördlingen
Gedruckt auf säurefreiem, chlorfrei gebleichtem Papier
Printed in Germany · ISBN 3-423-20585-7

# Erster Teil

*Beck Weathers im Basislager am Mount Everest, April 1996*

# Eins

Am Abend des 10. Mai 1996 brach im oberen Bereich des Mount Everest ein mörderischer Schneesturm los, der mich und Dutzende weiterer Bergsteiger in der Todeszone am höchsten Berg der Erde einkesselte.

Der Sturm kündigte sich mit einem fernen tiefen Grollen an, das sich rasch in ein brüllendes, mit Eisschrot durchsetztes Weiß wandelte. Es raste den Mount Everest hoch. Und verschlang uns binnen Minuten. Wir konnten unsere eigenen Füße nicht mehr sehen. Wer eben noch neben einem gestanden hatte, war in der tosenden weißen Masse einfach verschwunden. Die Windgeschwindigkeit lag in jener Nacht bei 130 Stundenkilometern. Die Lufttemperatur fiel auf minus 50 Grad.

Der Schneesturm erfasste unsere Bergsteigergruppe, als wir gerade vorsichtig einen als »Dreieck« bekannten Steilhang oberhalb des Lagers IV auf dem öden, nur aus Fels und Eis bestehenden Südsattel rund 1000 Meter unterhalb des 8 848 Meter hohen Gipfels hinabkletterten.

18 Stunden zuvor waren wir noch im Dunkeln vom Südsattel in Richtung Gipfel aufgebrochen. Mühsam setzten wir einen Fuß vor den anderen, doch machte uns ein klarer, wolkenloser Himmel Mut, der uns immer höher lockte, bis er uns in der Morgendämmerung das grandiose Schauspiel eines Sonnenaufgangs über dem Dach der Welt bot.

Dann brach das Chaos aus, und die Katastrophe nahm ihren Lauf.

Von den acht zahlenden Kunden und den drei Bergführern meiner Gruppe schafften es fünf, darunter auch ich, nicht bis zum Gipfel. Von den sechs, die ihn erreichten, kamen vier später im Schneesturm um. Zu ihnen zählte auch unser fünfunddreißigjähriger Expeditionsführer, Rob Hall, ein umgänglicher und humorvoller Neuseeländer, dessen bergsteigerische Heldentaten Legende waren. Ehe er in einem Schneeloch nahe des Everest-Gipfels zu Tode fror, konnte er noch per Funk seiner schwangeren Frau, Jan Arnold, einen herzzerreißenden Abschiedsgruß nach Christchurch übermitteln. Zu den bedauernswerten Opfern zählte auch die winzig kleine, siebenundvierzigjährige Yasuko Namba, die mit mir ihren letzten menschlichen Kontakt hatte: Wir kauerten uns aneinander in jener schrecklichen Nacht, die wir verloren und erfrierend im Schneesturm auf dem Südsattel verbrachten, nur einen knappen halben Kilometer von der Wärme und der Sicherheit des Lagers entfernt.

Vier weitere Kletterer starben im Sturm. Dadurch wurde der 10. Mai 1996 zum tödlichsten Tag am Everest in den 75 Jahren, seit der unerschrockene britische Lehrer George Leigh Mallory als erster den Berg zu bezwingen versuchte.

Der 10. Mai hatte für mich vielversprechend begonnen. Ich war zerschlagen und ausgelaugt von den enormen Anstrengungen, bis hierher zu kommen, aber ich war auch so stark und so klar im Kopf, wie es sich ein neunundvierzigjähriger Amateurbergsteiger unter den starken körperlichen und geistigen Belastungen in solcher Höhe nur wünschen kann. Acht berühmte Berge der Welt hatte ich bereits bezwungen, und ich hatte mich wie ein Tier geplagt, um an diesen Punkt zu gelangen. Ich war wild darauf, mich dieser ultimativen Herausforderung zu stellen.

Mir war klar, dass es bei fast der Hälfte aller Expeditionen auf den Everest nur ein einziges Mitglied – Kunde oder Führer – bis zum Gipfel schafft. Aber ich wollte unbedingt zu einem ganz elitären Kreis gehören, den rund 50 Menschen, die die so genannten »Sieben Gipfel« bewältigt haben, die Besteigung der höchsten Berge aller sieben Kontinente (Nord- und Südamerika getrennt gezählt). Wenn ich den Everest schaffte, hatte ich nur noch einen Gipfel zu bezwingen.

Ich wusste auch, dass annähernd 150 Menschen ihr Leben an

diesem Berg gelassen hatten, die meisten von ihnen in Lawinen. Mehrere Dutzend Opfer hat der Everest einfach verschlungen und sie in seinen Schneefeldern und Gletschern begraben. Als wolle er zeigen, dass ihm diese ganze Kletterei absolut egal ist, verspottet der Everest seine Toten. Die Gletscher, langsam sich verlagernde, knirschende Eisströme, befördern die zerschmetterten Körper der Kletterer mitsamt dem Geröll bergab und geben sie erst Jahrzehnte später unten in Stücken wieder frei.

Obwohl der Tod unter Bergsteigern ebenso häufig wie unerwartet zuschlägt, denkt keiner, dass er tatsächlich hoch oben am Berg sein Leben lassen wird. Ich tat dies ganz bestimmt nicht, und ich dachte auch kaum darüber nach, ob ein Ehemann mittleren Alters und Vater zweier Kinder auf diese Art und Weise seinen Hals riskieren sollte. Nein, ich liebte das Bergsteigen: die Kameradschaft, das Abenteuer, die Gefahr und – was ein Fehler war – die damit verbundene Steigerung meines Selbstwertgefühls.

Dass ich dem Bergsteigen verfiel, war eine unbewusste Reaktion auf eine niederschmetternde Depression, als ich Mitte dreißig war. Diese psychische Störung brachte meine ohnehin chronisch geringe Selbstachtung auf Null und stürzte mich in einen Abgrund von Verzweiflung und Elend. Ich zog mich von meinem Leben und mir selbst zurück und war kurz davor, mich umzubringen.

Dann die Erlösung: Bei einem Familienurlaub in Colorado entdeckte ich die Freuden und Leiden des Bergsteigens, und Schritt für Schritt wurde mir klar, dass dieser Sport für mich einen Ausweg darstellte. Ich stellte fest, dass ein hartes Training die Düsternis jeden Tag für Stunden von mir fern hielt. Eine willkommene Unterbrechung. Auch stählten sich meine Muskeln, und meine Ausdauer verbesserte sich erheblich – zwei gänzlich neue Gründe, auf mich stolz zu sein.

Wenn ich erst einmal in den Bergen war (je öder und abgelegener, umso besser), konnte ich mich ohne jede Ablenkung auf das Klettern konzentrieren. Zunehmend war ich überzeugt, dass die Bezwingung weltberühmter Gipfel mir Mut und Männlichkeit bescheinigen würde. Draußen in der freien Natur mit meinen Bergkameraden genoss ich die Momente echter Freude, Befriedigung und Herzlichkeit.

Doch die Kur begann mich umzubringen. Die Düsternis war schließlich von meiner Seele gewichen, doch ich fuhr fort, zu trainieren und zu klettern, zu trainieren und zu klettern. Das Hochgebirgsklettern – und die dabei gewonnenen Erkenntnisse – wurde für mich zu einer Obsession. Als mir meine Frau Peach Vorhaltungen machte, dass meine Leidenschaft die Mitte meines Lebens zerstöre und dass ich systematisch die Liebe und Loyalität meiner Familie verrate, hörte ich die Worte, aber ich verstand sie nicht.

Mein Verhalten wurde krankhaft. Zunehmend mit mir selbst beschäftigt, redete ich mir ein, dass ich die Liebe zu meiner Frau, meiner Tochter und meinem Sohn dadurch angemessen zum Ausdruck brächte, dass ich großzügig ihre materiellen Bedürfnisse befriedigte, selbst wenn ich mich ihnen emotional entzog. Für immer werde ich ihnen dankbar sein, dass sie nicht im Gegenzug mich aufgaben, auch wenn ich angesichts meiner diversen Versicherungen gegen einen möglichen Unfall besser einen Vorkoster eingestellt hätte.

Mit jedem meiner exzessiven Ausflüge in die Wildnis wurde zumindest der besorgten Peach immer mehr klar, dass ich mich wahrscheinlich umbringen würde. Das immer gleiche Grundthema meines Lebens. Letztlich war genau dies nötig, um den Bann zu brechen. Am 10. Mai 1996 rief der Berg mich zu sich, und ich gab mich ihm langsam hin. Als ich auf dem Südsattel, wo meine Bergkameraden mich schließlich zurückließen, ins Koma fiel, war das Abdriften in die Bewusstlosigkeit nicht unangenehm.

Peach erhielt die Nachricht telefonisch um halb acht morgens zu Hause in Dallas.

Dann ereignete sich auf 8 000 Meter Höhe ein Wunder. Ich öffnete die Augen. Meine Frau hatte kaum die qualvolle Pflicht hinter sich gebracht, unseren Kindern zu sagen, dass ihr Vater nicht mehr heimkäme, als ein zweiter Anruf sie darüber informierte, dass ich nicht ganz so tot war, wie es den Anschein gehabt hatte.

Irgendwie – ich weiß nicht wie – hatte ich auf dem Südsattel wieder mein Bewusstsein erlangt, kam wieder zu Sinnen und auf die Beine. Irgendetwas war stark genug gewesen, meinen Geist wieder in Gang zu bringen. Ich bin weder sonderlich religiös, noch glaube ich an Übersinnliches, doch kann ich Ihnen versichern, dass irgendeine Kraft in mir sich gegen den Tod wehrte und mich blind und taumelnd – buchstäblich von den Toten auferstanden – zurück ins Lager führte, zu einer ungewissen Rückkehr ins Leben.

# Zwei

Die Expedition begann mit meinem Abflug aus Dallas am 27. März. Nach einer Zwischenübernachtung in Bangkok kam ich schließlich am 29. März im staubigen, geschäftigen Katmandu an.

Am internationalen Flughafen Tribhuvan sah ich in der Schlange vor den Kontrollen einen großen, sehr athletisch aussehenden Mann. In der Annahme, er sei ein Mitkletterer, ging ich zu ihm und stellte mich vor. Er hieß Lou Kasischke, ein Anwalt aus Bloomfield Hills in Michigan.

Lou und mir wurde rasch klar, dass wir von allen Bergsteigern unserer Gruppe am meisten gemein hatten. Wir hatten beide einen guten Job, waren ungefähr gleich alt und hatten in etwa dieselbe Klettererfahrung. Unser gesellschaftlicher Hintergrund war vergleichbar. Beide waren wir verheiratet und hatten Kinder, und unsere beiden Frauen waren mit der Kletterei nicht einverstanden. In den folgenden Wochen teilten wir uns das Zelt und wurden zu guten Freunden.

Die Zollformalitäten zu erledigen dauerte eine Weile. Da ich nicht wusste, was mich in Katmandu erwartete, hatte ich den Fehler gemacht, mir schon im Voraus ein Visum zu besorgen, was zur Folge hatte, dass ich nun mindestens zehnmal länger in einer Schlange anstand als all die Mitreisenden, die keine Visa hatten. Aus meinem Flugzeug war ich bei weitem der Letzte, der den Flughafen verlassen konnte. Draußen traf ich auf Lou und ein paar weitere Mitglieder unserer Expedition. Ein Kleinbus wartete, der uns durch den chaotischen Verkehr Katmandus zu unserem Hotel brachte, dem Garuda, einem netten, gastfreundlichen Haus mit einer offensichtlich kletternden Klientel. An den

Wänden hingen Plakate von den höchsten Bergen der Welt. Oben am Ende der Treppe grinste Rob Hall persönlich von einem Poster zu uns herab.

In Katmandu herrschte hektisches Treiben, es war heiß, aber die Stadt mit ihren zahlreichen Touristen und Tourengehern sowie uns Bergsteigern war nett. Es machte Spaß, herumzuspazieren, auch wenn wir den Sehenswürdigkeiten keine große Aufmerksamkeit schenkten. Ich schob es auf, Mitbringsel für die Kinder und das übliche Friedensangebot für Peach zu kaufen, weil ich annahm, dafür hätte ich noch genügend Zeit, wenn ich vom Everest zurückkäme.

Zwei Tage später steckte Rob Hall uns in einen russischen Mi-17-Hubschrauber, ein riesiges Fluggerät, das uns kräftig durchschüttelte, während es uns in das 2 800 Meter hoch gelegene nepalesische Dorf Lukla brachte, von wo aus unsere Expedition zum Everest starten sollte.

Es dauert rund eine Woche, von Lukla durch das Khumbu-Gebiet zum Basislager zu marschieren. Dies ist die Heimat der Sherpas: Hochtäler, tiefe Schluchten. Früher haben die rund 20 000 Ureinwohner hier als Bauern und Jäger und Sammler gelebt.

Heute nicht mehr. Das straßenlose Khumbu ist heute Touristenland.

1996 fiel ein Schwarm von geschätzten 400 000 Touristen in Nepal ein, viele von ihnen strömten ins Khumbu-Gebiet: ein kunterbunter Haufen von Fremden mit Taschen voller guter, harter Währung, um Essen und Unterkunft, Tand und Unterhaltung zu kaufen. Die bei weitem wichtigsten dieser Besucher waren Abenteurer wie ich, nach Sherpa-Maßstäben schwerreiche Ausländer, die jedes Jahr kommen, um Sagarmatha zu besteigen, die »Himmelsgöttin«, wie der Everest in der Sprache der Einheimischen heißt.

Die praktisch veranlagten Sherpas tauschten ihre Feldhacken und Jagdutensilien gegen Rucksäcke und dienten fortan als Träger für die Expeditionen. Heutzutage kann ein Sherpa ein paar tausend Dollar verdienen, wenn er zwei Monate lang – so lange dauert die typische Kletterexpedition – die Ausrüstung den Berg hoch und runter schleppt. Das ist mehr als das Zehnfache des jährlichen Pro-Kopf-Einkommens in Nepal.

Die Kehrseite ist natürlich, dass diese Arbeit anstrengend und gefährlich ist: Entlang des oberen Abschnitts des schmalen Wegs zum Everest sind überall Steinhaufen errichtet, die daran erinnern, dass ein Drittel derer, die am Berg ihr Leben ließen, Sherpas waren.

In seinem Buch ›In eisige Höhen‹, der definitiven Chronik unserer verhängnisvollen Expedition, beschreibt der Journalist Jon Krakauer mich als »geschwätzig«. Das ist wohl noch geschmeichelt. Einen Stocktauben hätte ich auf dem Hinweg um den Verstand quasseln können, so sehr war ich darauf erpicht, gemocht, akzeptiert zu werden, ein Mitglied der Gruppe zu sein. Unter solchen Umständen rede ich für gewöhnlich viel. Hätte jemand ein Frisbee geworfen, ich hätte es mit den Zähnen aufgefangen, nur um den anderen zu gefallen.

Der lange Anmarschweg, der sich durch das Khumbu immer höher windet, ist der erste wichtige Schritt bei der Vorbereitung darauf, den Bedingungen des Hochgebirges standhalten zu können, die für komplexere Organismen als Einzeller nicht vorgesehen sind. Es ist in jeder Hinsicht ein angenehmer Marsch – oder kann es sein, wenn der Weg nicht mit Trekkern, Bergsteigerexpeditionen und den im Khumbu überall anzutreffenden Yak-Kolonnen verstopft ist. Immer wieder biegt man um eine Kehre, und da steht er plötzlich in der Ferne, dieser gigantische, fast neun Kilometer hohe Felsen, der sein Haupt über alles andere erhebt.

An klaren Tagen sieht man stets eine ein bis zwei Kilometer lange Fahne aus Eis und Schnee vom Gipfel des Everest wehen. Dieses für den Berg typische weiße Banner vor kobaltblauem Himmel ist das Indiz, dass der Jetstream mit seinen Windgeschwindigkeiten von 150 bis über 300 Stundenkilometern am Gipfel entlangschrammt. So ist es den größten Teil des Jahres. Niemand versucht, unter diesen Umständen da hinaufzukommen.

Nur kurze Zeit im Frühling und noch einmal im Herbst weht die Fahne nicht. Die wütenden Winde lassen vom Everest ab, und es öffnet sich ein kurzes Zeitfenster, um hinaufzusteigen, den Gipfel anzugehen und dann zu hoffen, dass man lebend wieder nach unten kommt.

Der Khumbu-Pfad führt aus dem Tal über die Baumgrenze hinauf bis ans untere Ende des 20 Kilometer langen Khumbu-Gletschers. Auf einer Höhe von fast 5000 Meter passiert man die letzte Ansiedlung, ein abscheuliches, mittelalterliches Höllenloch namens Lobuje.

Um in jene unberührten Höhen zu kommen, muss man unvermeidlich durch Schweinesuhlen wie Lobuje hindurch. Das ist die Ironie des Bergsteigens. Als abgelegene Siedlungen wie Lobuje errichtet wurden, hat natürlich niemand an Horden von Besuchern gedacht. Man stecke also mehrere hundert Menschen und die übliche Herde von Yaks zusammen in ein primitives, winziges Dörfchen, in dem getrockneter, kerosingetränkter Dung als Heizmaterial dient und Hygiene ein Fremdwort ist, und schon hat man eines dieser charakteristischen Käffer entlang des Wegs. In Lobuje kam das schauerliche Wissen hinzu, dass die Hände, die den Dung aufschichteten, einem auch das Essen reichten. Wir konnten nur hoffen, da wieder herauszukommen, ohne ernstlich erkrankt zu sein.

In dem Augenblick, da ich Lobuje erblickte, war klar, dass ich unter keinen Umständen seine touristischen Einrichtungen in Anspruch nehmen würde. Lou und ich beschlossen, stattdessen ein Zelt aufzubauen. Wir mussten eine Weile suchen, bis wir einen Fleck fanden, der frei von Unrat war und auf der Luvseite der Dungfeuer lag.

In diesem Winter hatte es auf dem Weg zum Basislager rund elf Kilometer hinter Lobuje viel geschneit. Yaks konnten die letzte Etappe noch nicht bewältigen, was bedeutete, dass die gesamte Ausrüstung und alles Essen auf dem Rücken, größtenteils dem der Sherpas, hinaufgetragen werden mussten. Selbst unterhalb von Lobuje war der Pfad noch dick mit Schnee bedeckt. An einer Kehre sahen wir ein blutiges Yak-Bein aus einer Schneewehe herausragen. Man erzählte uns, es sei einfach abgebrochen, als das Tier versuchte, durch den Schnee zu kommen.

In Lobuje erhielten wir die Nachricht, einer unserer Sherpas sei 50 Meter tief in eine Spalte gestürzt, als er den Weg den Berg hinauf auskundschaftete; sein Bein sei gebrochen. Wir saßen noch einen weiteren langen Tag in Lobuje fest, während Rob Hall mit einem anderen Bergführer loszog, um bei der Rettung und beim Abtransport des Sherpas zu helfen.

Das Everest-Basislager, von wo aus man mit der eigentlichen Besteigung beginnt, liegt auf 5 340 Meter – höher als alles in Europa. Witzigerweise kann man den oberen Teil des Mount Everest vom Basislager aus nicht sehen. Schnaufend und japsend nähert man sich ihm, und ist man dann völlig erschöpft angekommen, fragt man sich, wie um alles in der Welt man das überleben soll. Wir trafen am 7. April ein.

Bei dem Lager handelt es sich um eine auf einem Gletscher errichtete Zeltstadt mit rund 300 vorübergehenden Bewohnern, unter die sich ein paar Yaks mischen. Ein paar Gebäude sind teilweise aus Stein; sie müssen jedes Frühjahr neu erbaut werden, da das Gletschereis unter ihnen ständig in Bewegung ist. Unser Kochzelt beispielsweise hatte Steinwände, genau wie das Essens- und das Lagerzelt. Wir hatten auch eine erstklassige, aus Stein errichtete Latrine mit einer Öffnung an der Rückseite, durch die unsere Hinterlassenschaften herausgeschaufelt werden konnten. Das war notwendig, denn eine neue Bestimmung sieht vor, dass alle menschlichen Fäkalien vom Berg heruntergeschafft werden müssen.

Diese Bestimmung gilt natürlich nur für Ausländer. Die Sherpas ließen sich davon nicht beirren. Auch die Fäkalien-Polizisten, die die Einhaltung der Bestimmung durchsetzen sollen, zogen sich unbekümmert hinter den nächsten Felsbrocken zurück, wenn sie ein natürliches Bedürfnis verspürten.

Unsere Latrine war mit Abstand die prächtigste im Lager und zog natürlich Fremdgänger an. Mit der Zeit wurden nicht autorisierte Hinterlassenschaften zu solch einem Problem, dass ein Sperrholzschild mit einer Warnung davor aufgestellt wurde: »Hey! Typ! Wenn du kein Mitglied der neuseeländischen Everest-Expedition bist, benutze *bitte* nicht diese Toilette. Wir sind ein verdammt kompetenter Haufen von Kackern und haben keine Schwierigkeiten, das Ding hier ohne deinen Beitrag voll zu bekommen. Danke.« Unterschrieben war das Ganze mit »The Big Cheese«, und es erwies sich als wirkungsvolle Abschreckungsmaßnahme. Jon Krakauer hatte das Schild auf Rob Halls Geheiß hin angefertigt.

Jedem Bergsteiger unserer Gruppe wurde ein Einzelzelt zugewiesen, was ein seltenes und hochwillkommenes Stück Privatsphäre in der ansonsten höchst gemeinschaftlichen Welt des Bergsteigens darstellte. Zu unseren weiteren Annehmlichkeiten zählten ein mit Sonnenenergie betriebenes Satellitentelefon samt Fax sowie bei drei oder vier Gelegenheiten der Zugang zu einer Dusche im Freien. Sich unter tröpfelndem warmen Wasser waschen zu können war ein exquisites Vergnügen.

Mein erstes Fax vom Everest nach Hause: »Wenn du mir ein Fax schicken willst«, schrieb ich per Hand, »musst du wahrscheinlich damit bis nach 22 Uhr Dallas-Zeit warten. Das hier ist ein Thermo-Fax, und früher am Tag ist es zum Drucken zu kalt. Wir hatten einen langen Anmarsch bis zum Berg ... Weiter unten im Tal waren die Dörfer nett, doch wenn man höher kommt, werden sie *sehr* primitiv. Mehrere von uns bekamen Durchfall. Ich hatte Glück und blieb wohlauf ... Unsere Klettergruppe ist stark, sind nette Leute. Ich glaube, ich zähle zu den Schwächeren des Teams, aber ich komme gut zurecht. Jeden Tag denke ich an dich und die Kinder. Alles Liebe, Schatz.«

»Lieber, Lieber«, antwortete Peach maschinengetippt. »Habe dein Fax letzte Nacht so um halb vier erhalten ... Scooter [unser Hund] war sich sicher, dass da ein Kobold im Gerät haust, also ließ er in regelmäßigen Abständen sein Alarmgebell ertönen. Um fünf Uhr morgens habe ich ihn schließlich in die Diele gesperrt.«

Des weiteren berichtete sie, dass unser Auto eine Beule in der Stoßstange abbekommen hatte, dass unser Sohn Beck, Mitglied der Fechtmannschaft seiner Schule, es bis zu einem nationalen Fechtturnier geschafft hatte und dass unsere Tochter Meg mit Gesangsstunden begonnen hatte. Alles hatte sich wie üblich in

Dads Abwesenheit ereignet. »Wir vermissen dich«, schrieb sie darunter, »Liebe & Küsse, Peach.«

Auf einer Bergtour steht die Qualität des Essens in einem direkten Verhältnis zur Bereitschaft von irgendjemandem, es hoch zu schleppen. Das Basislager am Everest beispielsweise war voll belegt und damit ein guter Absatzmarkt für Proviantierer. Infolgedessen erfreuten wir uns jeden Morgen an Eiern. Doch je höher man kommt und je weiter man sich von der Zivilisation entfernt, desto mehr betrachtet man die Angelegenheit unter praktischen und nicht unter kulinarischen Gesichtspunkten.

Wenn man in wirklich große Höhen gelangt (und aufgehört hat, sich über Essen überhaupt Gedanken zu machen), konsumiert man meist bloß einfache Kohlenhydrate, gelegentlich einen Schluck Suppe und Kekse oder Cracker.

Hauptsächlich plagt einen im Basislager die Langeweile; man verbringt Stunden über Stunden damit, Dinge vorzubereiten, und noch viel mehr Stunden damit, sich wieder von diesen Dingen zu erholen, und so gibt es jede Menge Zeit, in der man nichts tut. Da ich das von früheren Exkursionen her kannte, hatte ich Werke meines Lieblingsautors, Karl Hiasen, mitgenommen, um die langen Stunden zu überbrücken. Außerdem noch ein kleines Buch über die Kunst des Jonglierens, denn ich dachte, es wäre schön, wenn ich diese Kunst erlernte. Das Lager gewöhnte sich an den Anblick, wie ich vor meinem Zelt herumstümperte. Ein paar von uns hatten Probleme, sich die Namen der Sherpas zu merken, also vertrieben sie sich die Zeit damit, Polaroidaufnahmen von ihnen zu machen und sich ihre Gesichter einzuprägen.

Zur Unterhaltung gab es eine Stereoanlage. Jeden Morgen, nachdem die Sherpas Wacholder verbrannt und ihre buddhistischen Gebete gesungen hatten, röhrte Robin Williams »Good morning, Vietnam!« quer über den Platz und trieb uns damit aus den Schlafsäcken. Für den Rest des Tages gab es Rock 'n' Roll sowie indische Musik aus dem Kochzelt.

Wir feierten ein paar Partys, bei denen wir die Biervorräte drastisch reduzierten. Einige Leute tanzten schließlich auf dem steinernen Tisch im Essenszelt. Ein regelrechtes Bad in der Menge war es nicht, kam dem aber ziemlich nahe. Es gab auch so genannte Themenabende, bei denen das Essen, die Art seiner Zubereitung sowie die Kleidung der Teilnehmer einem hervorstechenden Merkmal eines Teammitglieds entsprechen sollten.

Ich hatte mehrere Pfund eines Bodybuilding-Pulvers mitgenommen, das ich täglich einnahm, um mein Gewicht zu halten. Folglich hatten sich bei meinem Themenabend die Leute alle als Drogenhändler verkleidet. Als Tischdekoration hatte jemand einen Spiegel aufgetrieben und mit meinem Pulver Linien darauf gezogen.

Was im Basislager jedem sofort ins Auge springt, ist der riesige Khumbu-Eisbruch, der in einer Entfernung von einem knappen halben Kilometer beginnt und sich über drei Kilometer und fast 800 Höhenmeter den Berg hinaufzieht.

Der Eisbruch ist der mittlere Abschnitt des Khumbu-Gletschers. Oberhalb des Basislagers schiebt er sich über einen Abgrund vor, so dass hier gigantische Eisblöcke mit ohrenbetäubendem Lärm hinabstürzen. Diese so genannten Séracs können die Größe mehrstöckiger Häuser erreichen und Hunderte von Tonnen wiegen. Innerhalb des Eisbruchs ächzen und poltern sie in Kaskaden nach unten. Die ganze, hochgefährliche Masse bewegt sich im Sommer mit einer Durchschnittsgeschwindigkeit von gut einem Meter pro Tag bergab.

Als im Jahre 1953 Edmund Hillarys Expedition auf ihrem Weg zur ersten erfolgreichen Besteigung des Everest auf den Khumbu-Eisbruch stieß, erfanden die Teammitglieder fantasievolle, aber höchst treffende Namen für die verschiedenen Abschnitte des Eisbruchs. Unter anderem »Höllenfeuer-Gasse«, »Nussknacker«, »Atombomben-Areal« und »Hillarys Horror«. 1996 tauften wir einen gigantischen, nach vorn geneigten Sérac oben am Eisbruch »Mausefalle«; niemand wollte die zerquetschte Maus sein, wenn der wackelnde Riesenbrocken irgendwann zwangsläufig kippte. Wer darunter geriet, würde mehr aushauchen als nur seinen Odem.

Im Basislager nimmt man die gewaltigen Kollisionen nicht nur mit den Ohren, sondern auch mit den Füßen wahr. Wer zum ersten Mal den Mount Everest besucht, gewinnt den zermürbenden Eindruck, dass sich draußen vor dem Zelt ganze Serien von Erdbeben und Zugunglücken zugleich ereignen.

Aber das ist nur der Lärm.

Dass man im Basislager ständig an den Khumbu-Eisbruch denkt, hat einen anderen Grund: Er liegt zwischen einem selbst und dem Gipfel. Mindestens fünfmal muss man ihn hinauf- und hinunterklettern, rund 20 Stunden muss man wie eine in einem Eiswürfelbereiter gefangene Ameise in ihm verbringen, wenn man auf den Gipfel des Everest will.

Zu den Hauptschwierigkeiten des Eisbruchs zählen auch die leichten Aluminiumleitern, mit denen man dieses Chaos aus rutschigen, geneigten Wänden und tiefen Spalten überwindet. Im driftenden Eis verankert und miteinander verzurrt, haben sie etwas Improvisiertes an sich, und so fühlen sie sich auch an. Bei den fünf Rundgängen durch den Khumbu-Eisbruch überquert man wohl 700 solcher Leiter-Brücken.

Die erste Durchquerung ist wie eine spirituelle Erfahrung, die nichts gleicht, worauf man sich zu Hause vorbereiten könnte. Wenn man in den Eisbruch geht, versucht man dies beim ersten Morgenlicht, damit man etwas sehen kann, aber noch bevor die umgebenden Berge und Eisfelder die intensive Sonnenstrahlung in dieser Höhe direkt auf den Eisbruch reflektieren, so dass das Eis schmilzt, die Leitern verrutschen und die dichtgedrängten Séracs sich voneinander lösen, umkippen, bergab rutschen und in immer kleinere Stücke zerschlagen werden.

An einem sonnigen Maitag kann es im Basislager erstaunlich warm werden. Ein von Hillarys Expedition am Nachmittag direkt in die Sonne gehängtes Thermometer zeigte angeblich eine Spitzentemperatur von rund 60 Grad.

Oberhalb des Eisbruchs – und ebenfalls vom Basislager aus nicht zu sehen – liegt das immer steiler werdende Tal des Schweigens, auch Western Cwm genannt (*kuhm* ausgesprochen), das sich über weitere rund 1 000 Höhenmeter erstreckt, bis man in ein gewaltiges, zerklüftetes Amphitheater gelangt, gebildet vom Mount Everest links, vom 8 511 Meter hohen Lhotse in der Mitte und vom 7879 Meter hohen Nuptse rechts, der dritten der drei grausamen Schwestern, die hier das Hochgebirge beherrschen.

Das Western Cwm (was walisisch ist und »Tal« bedeutet) bekam diesen Namen 1921 von George Mallory, der die ersten drei Angriffe auf den Everest führte, alle von tibetischer Seite aus. Als man Mallory fragte, warum er den Everest bezwingen wollte, gab er die berühmt gewordene Antwort: »Weil er da ist.« Vielleicht war er sogar der erste Mensch auf dem Gipfel des Everest. Vielleicht aber auch nicht.

Am 8. Juni 1924 kletterten der achtunddreißigjährige Mallory und sein Schützling Andrew »Sandy« Irvine, 22, rund 300 Meter unterhalb des Gipfels; sie kamen gut voran, wie Noel Odell, einer aus ihrer Gruppe, beobachtete. Dann entzog eine Wolke sie dem Blick, und sie verschwanden spurlos.

Was mit Mallory geschah, blieb 75 Jahre lang ein Rätsel, bis im Mai 1999 eine amerikanische Expedition, die eigens organisiert worden war, um nach dem berühmten britischen Bergsteiger zu suchen, seinen gefrorenen Körper rund 600 Meter unterhalb des Gipfels fand. Offensichtlich war er abgestürzt. Ob George Mallory es bis auf den Gipfel geschafft hatte, ehe er zu Tode kam, ist ungeklärt, wird aber heftig diskutiert. Sein Höhenmesser, ein Schal mit seinem Monogramm, einige Briefe und ein Taschenmesser wurden ebenfalls 1999 gefunden, doch die Kodak-Kameras, mit denen Mallory und Irvine ihren Aufstieg dokumentierten, sind noch nicht gefunden, so wenig wie Irvines Leichnam.

Ein Wort zu meiner eigenen Ausrüstung für den Everest: Ich kaufte neue Stiefel als Ersatz für ein Paar, das ich sieben Jahre zuvor erworben hatte. Sie waren vom selben Hersteller und angeblich von genau derselben Größe.

Ich habe nie daran geglaubt, dass man neue Bergstiefel erst einlaufen muss; entweder sie passen von Anfang an oder eben nicht. Meine alten Stiefel hatten Löcher bekommen, durch die schon Licht fiel. Ich war nicht der Meinung, dass sie einer weiteren Expedition standhalten würden.

Unglücklicherweise scheuerten mir die neuen Stiefel an den

Schienbeinen, und bald waren die Stellen vereitert. In solchen Höhen heilen Wunden nicht. Ich wusste, dass es nicht besser werden würde, bis ich vom Berg herunter war.

Eine Möglichkeit war, die Stiefel lockerer zu lassen. Aber was ich auch versuchte, jeder Schritt bereitete Qualen. Letztlich hatte ich keine andere Wahl als mir die Schienbeine mit Bandagen zu umwickeln, die sich vollsaugten, und damit leben zu lernen. Es war sinnlos, mich über etwas zu beklagen, das ich nicht ändern konnte.

Wenn man zum ersten Mal das Basislager erreicht, wird einem schmerzhaft bewusst, dass jede Bewegung den Sauerstoff aus dem Körper zu saugen scheint. Ganz genau wissen wir noch nicht, was im menschlichen Körper passiert, wenn er sich der großen Höhe anpasst, aber wir haben einige Techniken entwickelt, wie man sich in diesen Umweltbedingungen akklimatisieren kann.

Wenn man Sie, liebe Leserin, lieber Leser, per Zauberhand von einem Moment zum nächsten auf den Gipfel des Mount Everest versetzte, wären Sie erst ein paar Minuten lang bewusstlos und ein paar Minuten später tot. Das ist eine unumstößliche medizinische Tatsache. Der Körper erträgt einfach nicht den enormen physiologischen Schock, plötzlich in einer Umgebung mit so wenig Sauerstoff zu sein.

Ein Bergsteiger muss, wie wir es mehrere Wochen lang taten, im Basislager anfangen, emporklettern und dann wieder herunterklettern. Ausruhen und sich erholen. Am Everest macht man das immer und immer wieder, wobei man jedes Mal etwas höher hinaufgelangt, bis, so hofft man, der Körper sich zu akklimatisieren beginnt. Im Grunde genommen sagen Sie zu Ihrem Körper: »Ich werde dieses Ding da besteigen, und ich nehme dich mit. Sei also darauf vorbereitet.«

Doch man braucht Geduld. Klettert man zu schnell, erhöht man das Risiko von Lungenödemen, was heißt, die Lungen füllen sich mit Wasser, und wenn man nicht ganz schnell vom Berg herunterkommt, kann man sterben. Noch gefährlicher sind die ebenfalls von der Höhenlage verursachten zerebralen Ödeme, die das Gehirn anschwellen lassen. Wenn man da nicht schnellstens heruntergebracht wird, kann es zu einem tödlichen Koma kommen.

Im Voraus weiß man nie, ob man für diese Erkrankungen anfällig ist. Bei manchen Menschen entwickeln sich die Symptome schon bei 3000 Höhenmetern. Schlimmer noch, auch bei erfahrenen Bergsteigern, die niemals Probleme mit diesen Erkrankungen hatten, können sich ohne jede Vorwarnung plötzlich Ödeme bilden. Eine ähnlich unvorhersehbare, aber viel weiter verbreitete Gefahr ist die Hypoxie oder Höhenkrankheit, die reduzierte Sauerstoffversorgung des Gehirns. Bei leichteren Formen kommt es zu einer gewissen Euphorie. Die Erkrankten wirken leicht verblödet. Schwere Formen führen zum Verlust von Koordination und Urteilskraft, ein oben am Berg nicht gerade willkommener Zustand.

Sich der Höhe anzupassen ist für das Überleben von entscheidender Bedeutung, und zwar nicht nur in Extremlagen. Noch vor 20 Jahren brachte die Höhenkrankheit zwei Prozent aller Wanderer im Khumbu um.

Zu den seltensten medizinischen Komplikationen des Bergsteigens in großer Höhe zählt die eine, für die ich unfreiwillig das Versuchskaninchen spielte. Sie hätte mich beinahe umgebracht. Oder sie hat mir vielleicht das Leben gerettet. Ich bin nicht sicher. Für beide Sichtweisen gibt es vernünftige Argumente.

Doch dazu komme ich später.

Die wichtigste physiologische Anpassung an die Höhe besteht darin, dass das Knochenmark als Reaktion auf den chronischen Sauerstoffmangel in großer Höhe Millionen und Abermillionen von zusätzlichen, den Sauerstoff transportierenden roten Blutkörperchen produziert. Diese erhöhte Sauerstoff-Transportkapazität ist entscheidend. Doch trotzdem *dürstet* man auf den Bergriesen förmlich nach Luft. Das Atmen ist eine so anstrengende Arbeit, dass 40 Prozent aller aufgewendeten Körperenergie dafür verbraucht werden. Erstaunliche sieben Liter Wasser verliert man Tag für Tag durch die Lungen.

Man leidet also ständig an Flüssigkeitsmangel. Auch kann man nicht mehr schlafen und nicht mehr essen. Ist man erst einmal in der Todeszone oberhalb 7500 Meter, wirkt der Gedanke an Essen auf die meisten Menschen abstoßend. Selbst wenn man sich dazu zwingen kann, irgendetwas zu kauen und herunterzuschlucken, verdaut der Körper es nicht. Man verbrennt aber 12000 Kalorien am Tag, was heißt, dass man ständig von den eigenen Reserven zehrt: Rund drei Pfund Muskelmasse werden pro Tag aufgebraucht, um zu überleben.

Was mir von Rob Hall am Everest für immer in Erinnerung bleiben wird, ist sein markant geschnittenes Gesicht mit den tiefen, ausdrucksstarken Furchen, die das Leben in freier Natur eingegraben hat. Wenn man auch nur leise andeutete, dass einem etwas nicht passte, baute sich Rob wie ein durchgeknallter Popeye vor einem auf und fragte: »Du entwickelst dich nicht zu einem von diesen Jammerlappen, oder?« Natürlich antwortete man schnell: »Nein, Rob, nein! Ich werde nicht zu einem Jammerlappen. Nein, Sir!«

Neben Rob führten uns am Everest Mike Groom, ein Installateur aus Brisbane, Australien, und Andy Harris, 31, wie Hall aus Neuseeland, der zum ersten Mal auf einem Achttausender kletterte und führte. Nur 14 Stück gibt es von diesen Bergen auf der Welt, sie alle ragen im Umkreis von wenigen hundert Kilometern um den Mount Everest herum in die Troposphäre.

Betrachtet man ein Lager in solcher Höhe, wird klar, dass bei dieser Art von Bergsteigen keine Schönheitswettbewerbe zu gewinnen sind. Die Kletterer sehen eher wie ein Haufen Penner aus, die sich die Hände an einem brennenden Papierkorb wärmen. Andy jedoch war das genaue Gegenteil davon: ein großer, gut aussehender, athletischer Kerl. Zwar hatte er noch keine Erfahrungen mit den allerhöchsten Gipfeln, aber er war ein ausgewiesener Bergfex.

Das andere Ende des Spektrums bildeten solche Dilettanten wie ich. Oder mein Teamgefährte Jon Krakauer, 42.

Yasuko Namba habe ich bereits erwähnt; diese Tour machte sie zur ältesten Frau, die jemals den Gipfel des Everest erreichte, und zur zweiten Japanerin, die das schaffte. Mit dem Everest komplettierte auch Yasuko ihre »Sieben Gipfel«. Für diese Ehren sollte sie einen enormen Preis bezahlen.

Dasselbe gilt für Doug Hansen, einen sechsundvierzigjährigen Postangestellten aus Seattle. Doug hatte es im Jahr zuvor bis auf 100 Höhenmeter unter dem Gipfel geschafft; dann musste er umkehren. Dieses Jahr war er wild entschlossen, um jeden Preis den Everest zu besteigen.

Ferner zählten zu unserer Gruppe noch Stuart Hutchison, der jüngste, ein fünfunddreißigjähriger Kardiologe aus Kanada, und Frank Fischbeck, 53, ein Buchverleger aus Hongkong und Gentleman alter Schule. Frank sorgte für ein gewisses Maß an Zivilisiertheit und Würde in unserer ansonsten ziemlich ruppigen Gruppe.

Der Liebling des Teams war wahrscheinlich Dr. John Taske, 56, Anästhesist und wie Mike Groom aus Australien. Er zeichnete sich durch einen scharfen Verstand und eine offene, engagierte Art aus. Er hatte in der Armee Karriere gemacht. Im Gegensatz zu vielen anderen Militärärzten liebte er die rauheren Seiten des Soldatenlebens. Nichts machte ihn glücklicher als eine Unterwasserübung oder sonst eine gefährliche Aufgabe. Er verdiente sich sogar ein S. A. S.-Béret: Als erster Arzt überhaupt schaffte er es, in diese Elitetruppe aufgenommen zu werden.

John steckte genauso gut einen Scherz weg, wie er Späße austeilte. Doug Hansen und ich hatten schon früh gefunden, dass John amouröses Interesse an einem Yak hatte, das wir »Buttercup« getauft hatten. Da die Yaks ständig zugegen waren, fiel es uns leicht, John und die verliebte Buttercup zum Running Gag zu machen. Er schien an dem derben Spaß fast genauso viel Freude zu haben wie wir.

Der Australier liebte den großen Auftritt. Eines Tages trat er aus seinem Zelt heraus: Er trug einen Sombrero sowie ein rotweiß gestreiftes Outfit, das an Ringelsocken erinnerte. Er glich eher einer Karikatur als einem Kletterer. Die Sherpas kippten vor

Lachen fast aus den Stiefeln. Wenn man in so einem Aufzug aufkreuzen kann, dann ist man sich, das garantiere ich, seiner selbst in der Gesellschaft anderer Männer ziemlich sicher.

Als wir uns alle an die Höhenbedingungen gewöhnt hatten – kurz vor dem finalen Gipfelsturm –, führte Taske einen an der Universität Harvard entwickelten Physiologie-Test mit unserer Gruppe durch. Wir wollten wissen, wie die Mitglieder der Expedition mit kurzen Perioden intensiver Anstrengung fertig würden.

Bei dem Test geht es darum, ungefähr eine Minute lang eine etwa 60 Zentimeter hohe Stufe hinauf- und hinabzusteigen. Der Puls wird vor, während und nach der Übung gemessen. Ich war immer davon ausgegangen, dass sich ein durchtrainierter Athlet durch eine schön niedrige Pulsfrequenz auszeichnet, die selbst unter Belastung relativ niedrig bleibt und sich anschließend rasch wieder normalisiert.

Bei zweien von uns, Mike Groom und Lou Kasischke, zeigte sich genau dieses Muster. Doch andere Arten der Anpassung schienen genauso gut zu funktionieren. Jon Krakauers Ruhepuls betrug annähernd 110. Unter Belastung sackte er zunächst auf etwa 60 ab, dann stieg er auf rund 140 an. Nach der Übung fiel er auf 60 zurück und stieg dann wieder auf 110.

Ich hatte einen Ruhepuls von etwa 90. Unter Belastung ging mein Puls direkt auf 170 oder 180 hoch und blieb da. Sobald ich mit dem Stufensteigen aufhörte, fiel er auf 60 und stieg dann rasch wieder auf 90.

Mir wurde gesagt, dieses Reaktionsmuster sei ähnlich dem, das man bei den Sherpas beobachtet. Wir müssen eindeutig noch viel darüber lernen, wie wir in großer Höhe auf Belastungen reagieren.

Das andere Team, das bei der Katastrophe vom 10. Mai eine große Rolle spielte, wurde von Scott Fisher geleitet, einem charismatischen Freigeist mit Pferdeschwanz aus Seattle, der einen Hochgebirgsführer-Service namens Mountain Madness betrieb. In der Bezeichnung kam ziemlich gut Scotts Vorstellung vom Bergsteigen zum Ausdruck.

Ihm zur Seite standen Neil Beidleman, der normalerweise nicht als Bergführer, sondern als Luft- und Raumfahrtingenieur arbeitete, und des Weiteren Anatoli Boukreev, Russe und einer der weltweit besten Hochgebirgskletterer.

Zur Dilettanten-Gruppe von Mountain Madness zählte die glamouröse, von der New Yorker Gesellschaft gefeierte Journalistin Sandy Hill Pittman. Bevor sie in Richtung Mount Everest jettete, ließ sie sich in Kletterausrüstung in der ›Vogue‹ ablichten, und als wir oben am Berg waren, schickte sie via Internet Nachrichten an NBC. Vielleicht war sie in jenem Jahr um des Ruhmes willen zum Everest gekommen, doch alles, was sie erreichte, war traurige Berühmtheit.

Als Sandy zurück in New York war, fielen die Medien über sie her und stellten sie als leichtfertig, ja charakterlos hin. Das ist unfair. Als Bergsteigerin war Sandy stark und entschlossen, und sie war auch ein ziemlich engagiertes Teammitglied. Sie war nicht der Grund für unsere Katastrophe; es war der Sturm.

Dann war da Tim Madsen von der Colorado Ski Patrol samt seiner geliebten Charlotte Fox (die zu den Leuten zählte, die mir am meisten ans Herz wuchsen), ein umgängliches Mädchen, welches die Vorstellung Lügen strafte, dass die Hochgebirgskletterei ein strikt männlich dominierter, nur auf Adrenalinschübe ausgerichteter Macho-Sport sei.

Mit Charlotte war ich schon in der Antarktis geklettert, und ich bewunderte sie sehr, nicht zuletzt, weil ich wusste, dass sie mich, selbst wenn ich in Spitzenform war, noch leicht übertreffen konnte, was das Klettern und das Macho-Gehabe anging.

Ein weiteres Fax nach Hause: »Wir sind für drei Tage essen & ausruhen ins Basislager zurückgekehrt ... Mir geht es weiterhin gut, ich habe nur einen kleinen, trockenen Husten, aber keine Infektionen oder gastrointestinalen Probleme ... Ich bin überzeugt, dass Rob Hall der Beste am Berg ist, was Sicherheit & Details angeht ... Ich vermisse dich sehr. Alles Liebe, Schatz.«

»Gut zu wissen, dass du mit dem Rest der Kids ein nettes Abenteuer oben am Berg hast«, tippte Peach als Antwort. Sie berichtete, dass Beck jr. (wir nennen ihn Bub) sich einen Virus eingefangen hatte, der seine Teilnahme am Fechtturnier in Kansas City gefährdete. Megs Zimmer wurde renoviert. Missy (unser anderer Hund) hatte das ganze Papier vollgepisst, das die Maler auf den Boden ausgebreitet hatten. »Pass auf dich auf«, schrieb sie zum Schluss. »Liebe und Küsse, Peach.«

Mein letztes Fax: »Übermorgen gehen wir auf den Berg hinauf. Morgen hätte ich noch Zeit, ein Fax von dir zu bekommen. Bitte schick mir eine Zeile. Es wäre auch schön, wenn Bub und Meg etwas dazuschrieben ... Alles Liebe, Schatz.«

Bub lehnte diese Einladung höflich ab, die Weathers-Frauen nicht.

Peach: »Ich freue mich mit dir auf dein Abenteuer, und ich hoffe, du musst nicht zu viel leiden. Wir haben den Installateur. Der Wasserablauf an der Klimaanlage ist verstopft ... Alles Liebe, Schatz.«

Meg: »Daddy. Wie es uns geht? Ich fühle mich jetzt besser ... Wir sind heute beim Geburtstag einer Tante von Mrs. Porter aufgetreten. Sie wurde 90 Jahre alt. Davor und vor allem vor meinem Klavierspiel habe ich gebibbert wie Missy, wenn sie zum Tierarzt muss ... ich habe mir die Haare abschneiden lassen, sie reichen mir noch bis zur Schulter (wenn nass) und bis knapp unter die Ohren, wenn trocken ... Mami ruft: ›Essen!‹ Muss gehen, ich hab dich lieb, Meg.«

# Drei

Der eigentliche Aufstieg begann am 9. Mai. Da hatten wir den Khumbu-Eisbruch schon hinter uns gelassen, waren durch das Tal des Schweigens aufgestiegen, und jetzt befanden wir uns in halber Höhe an einer einigermaßen steilen, rund 1200 Meter hohen Wand aus blauem Eis namens Lhotse-Flanke, die kluge Bergsteiger nur ganz vorsichtig queren.

Die Physik ist es, die zu dieser Vorsicht gemahnt. Bei hartem Eis wie dem an der Lhotse-Flanke gibt es keinerlei Reibungskoeffizienten; man hat überhaupt keinen Halt. Rutscht man aus Unachtsamkeit weg, sind die Chancen gleich null, dass man irgendwo wieder anhalten kann. Dann ist man Geschichte. Ein Kletterer namens Chen Yu-Nan aus Taiwan erlebte dies zu seinem eigenen Entsetzen am Morgen des 9. Mai.

Weil die Lhotse-Flanke abschüssig ist, errichtet man das Lager III, indem man aus dem Eis eine kleine Plattform für das Zelt schlägt, in das man dann völlig erschöpft hineinkriecht und verzweifelt auszuruhen versucht. Doch wie zerschlagen man auch ist, man muss ein paar ganz einfache Regeln beachten.

Erstens: nicht schlafwandeln. Zweitens: wenn man am Morgen aufsteht, *muss* man unter *allen Umständen* als *allererstes* die messerscharfen Zwölfzacker an jedem Kletterstiefel befestigen, die Steigeisen, denn sie sind das einzige, was einen an diesem Hang hält.

Chen Yu-Nan vergaß es. Er trat mit nichts als den Innenstiefeln an den Füßen aus seinem Zelt, machte zwei Schritte, und *wuuusch!* rutschte er den Hang hinunter, bis er in einer Spalte zu Tode kam.

Unsere Planung war einfach. Wir wollten bei Sonnenaufgang aufstehen und den ganzen Tag klettern, bis wir spät am Nachmittag das Lager IV auf dem Südsattel erreichten. Dann wollten wir drei oder vier Stunden ausruhen, wieder aufstehen und die ganze Nacht und den folgenden Tag durchklettern, um am 10. Mai mittags – *keinesfalls* später als 14 Uhr – auf den Gipfel des Everest zu gelangen.

Dieser Punkt war uns in den vorangegangenen Wochen immer wieder eingetrichtert worden: *keinesfalls später als 14 Uhr*. Wenn man nicht schnell genug ist, um den Gipfel bis 14 Uhr zu erreichen, ist man auch nicht schnell genug, um wieder ins letzte Lager zu kommen, ehe die Dunkelheit am Berg über einen hereinbricht.

Das Lager IV erreichten wir ganz nach Plan am späten Nachmittag. Der Südsattel liegt südöstlich vom Gipfel zwischen Everest und Lhotse; er ist Teil des großen Himalaja-Kamms zwischen Nepal und Tibet. Vier Gruppen – viel zu viele Menschen, wie sich herausstellen sollte – biwakierten dort und bereiteten sich auf den letzten Angriff vor: Unsere, Scott Fishers Expedition, eine Gruppe aus Taiwan und ein Team von Südafrikanern, die den Gipfel in jener Nacht nicht in Angriff nehmen wollten. Alles zusammen stand da vielleicht ein Dutzend Zelte inmitten von leeren Sauerstoffflaschen, ab und zu einer gefrorenen Leiche und den verstreuten Überresten früherer Biwaks.

Wenn man der Nordkante des Südsattels zu nahe kommt, stürzt man ungebremst mehr als 2000 Meter tief die Kangshung-Flanke des Everest hinab und landet in der Volksrepublik China. Begeht man denselben Fehler an der anderen Seite, macht man eine Bruchlandung rund 1200 Meter tiefer am Fuß der Lhotse-Flanke.

Der Wind war ziemlich heftig, als wir im Lager IV – auch Hochlager genannt – in die Zelte krochen. Es war eisig. Im Innersten meines Herzens war ich dankbar dafür, denn ich wusste, dass wir unter diesen Umständen nicht klettern konnten. Ich war ziemlich erschlagen. Ich sagte zu mir, wenn du heute Nacht ausruhen kannst, wirst du dich morgen viel besser fühlen, als du dich jetzt fühlst.

Das war glatter Selbstbetrug. Es geht darum, im Lager IV mit gerade noch genügend Energie anzukommen, um den Gipfel zu erreichen und dann in einem Stück zurückzukehren. Ich würde da oben nicht wieder zu Kräften kommen. Ganz im Gegenteil. Man nennt es die Todeszone, weil einen oberhalb von 7500 Meter der Berg langsam umbringt, egal ob man das Zelt verlässt oder nicht.

Doug Hansen, Lou Kasischke, Andy Harris und ich lagen unter der Zeltplane in unseren Schlafsäcken und lauschten dem Heulen des Windes. So gegen 22 Uhr versiegte der Sturm dann ganz plötzlich, als hätte er sich selbst ausgeblasen. Eine perfekte, wenn auch eisige Stille legte sich über die Todeszone.

»Jungs«, sagte Rob, der seinen Kopf in unser Zelt steckte, »aufsatteln! Wir packen's!«

Ich fing an, meine Sachen zusammenzusuchen, und dachte: Nun, vielleicht hast du ja das Timing richtig hingekriegt. Ja, du fühlst dich ziemlich miserabel. Aber du fühlst dich besser, als du dachtest.

Doch um zwei in unserer Gruppe machte ich mir (vielleicht vorausahnend) Sorgen. In dem Schlafsack unmittelbar links von mir lag Doug Hansen. Er war krank gewesen und kletterte nicht sehr gut. Er sah aus, als hätte man ihn mit einem Eispickel bearbeitet. Noch mehr als wir anderen hatte er die Maschine, die ihn auf den Gipfel bringen sollte, nicht genügend gefüttert und getränkt.

Dass er im Jahr zuvor so dicht vor dem Gipfel umkehren musste, hatte ihn zum Besessenen gemacht. Er konnte an nichts anderes denken. Doug kam 1996 zum Everest zurück und schwor, dass er unter keinen Umständen noch einmal umkehren würde.

Auch ich war Fanatiker, was das Bergsteigen anging, aber *so* verrückt war ich doch nicht. Ich lebte nach der allgemeinen Bergsteiger-Regel, dass auf den Gipfel zu gelangen eine Option ist. Das Zurückkommen aber ist Pflicht. Auch glich ich vielen anderen Kletterern darin, dass der einzige Konkurrent, den ich kannte, ich selbst war. Ehe ich nach Nepal flog, hatte ich mir das persönliche Ziel gesetzt, wenigstens bis auf den Südsattel zu kommen. Das hatte ich vollbracht. Wenn ich es diesmal nicht bis zum Gipfel schaffte, hätte ich den Trip dennoch nicht als vergeudet betrachtet. Ehe ich Dallas verließ, hatte ich meinen Kollegen erzählt, dass ich einfach nur den Everest und alles, was er zu bieten hat, erleben wollte. Wahrscheinlich habe ich das an jenem Tag noch einmal so formuliert.

Ehrlicherweise muss man sich am Berg unter anderem immer fragen – das ist man auch den Mitkletterern schuldig: Wenn ich den nächsten Schritt mache, was habe ich dann noch zu verlieren, kann ich noch immer umkehren und sicher hinunterkommen?

Ich glaube, Doug wusste das nicht mehr, und ich denke, es scherte ihn auch nicht.

Der andere Mensch, um den ich mir Sorgen machte, war Yasuko. Sie war eine klitzekleine Person, konnte tropfnass nicht mehr als 40 Kilo wiegen. Aber die Ausrüstung, die sie schleppen musste, wog genauso viel wie die aller anderen. Ich glaubte einfach nicht, dass ihr winziger Körper die Schecks decken konnte, die Yasukos Kopf ausstellte.

Wir krochen aus den Zelten und legten die Sauerstoffmasken an – aus MIG-Kampfjets. Wir sahen jetzt aus wie ein Haufen Penner an Halloween. Auch zogen wir die riesigen Daunenanzüge an, so Dinger, wie sie einem die Mami anzog, um im Schnee zu spielen. Viel mehr als watscheln kann man in ihnen nicht.

Unsere Gruppe zog als erste los. Die Kletterer von Mountain Madness und die aus Taiwan waren rund eine Stunde hinter uns. Es war eine schöne Nacht, als wir den flacheren Teil des Südsattels durchmaßen, der zum Gipfelhang führt. Der Mond linste über den 8481 Meter hohen Gipfel des Makalu in der Ferne. Es war absolut windstill. Die Temperaturen lagen bei minus 20 Grad, was für einen so hohen Berg ziemlich warm ist. Abgesehen von unseren Stirnlampen gab es nirgendwo künstliches Licht, so dass die Sterne über uns mit einer unglaublichen Brillanz funkelten. Man sah sie sich sogar im kalten blauen Eis unter den Füßen spiegeln. Sie schienen so nahe, als könnte man einfach hinauflangen und einen nach dem anderen vom Himmel pflücken, sie in die Tasche stecken und für später aufheben.

Wir gingen ein langsames, rhythmisches, wie von einem Metronom vorgegebenes Tempo, das mir in den Jahren meiner Bergsteigerei zur zweiten Natur geworden war. Bei jedem Schritt bissen die Zacken der Steigeisen mit einem *Kritsch-sch-sch* ins Eis. Wenn man sich in solcher Kälte bewegt und das Gewicht verlagert, reagieren jedes Mal auch die Metallteile an den Stiefeln und Rucksäcken mit einem Quietschen.

Wir marschierten über den Südsattel in Richtung Gipfelwand. Da war nichts Besonderes dabei. Man bahnt sich einfach Schritt für Schritt seinen Weg hinauf, eingeschlossen in den Lichtkegel der eigenen Stirnlampe. Vom Rest der Welt ist nichts zu sehen. Man könnte genauso mutterseelenallein auf dem Mond sein. Man macht einen Schritt, ruht aus, den nächsten Schritt, ruht aus. So ging es Stunde um Stunde, bis wir auf halber Höhe der Gipfelwand eine Querung nach links machen mussten.

Eine Querung zählt zu den gefährlicheren Dingen des Bergsteigens, denn sie ist schwierig zu sichern. Man muss unbedingt sehen, wohin man die Füße setzt. Und das wurde mir zum Verhängnis.

Als wir die Gipfelflanke angingen, war ich der vierte in der Reihe nach Ang Dorje, unserem ersten Bergsteiger-Sherpa, Mike Groom und Jon Krakauer. In den vorangegangenen Wochen hatte ich versucht, mit meinen Kräften hauszuhalten. Ich hatte es langsam angehen lassen und mich zurückgehalten, denn es kommt nicht darauf an, wie stark man am ersten Tag ist. Der letzte zählt. Infolgedessen hatte ich noch Kräftereserven, als wir uns an den Endaufstieg machten.

Doch dann merkte ich allmählich – was mich zutiefst verärgerte –, dass ich den Gipfel dieses Berges überhaupt nicht sehen konnte, und langsam dämmerte mir auch der Grund dafür. Ich bin kurzsichtig und kämpfte jahrelang auf diversen Bergen mit vereisten Brillengläsern, scheuernden Kontaktlinsen und allen möglichen Dingen, die mir zu einer klaren Sicht verhelfen sollten. Rein gar nichts funktionierte. Also hatte ich mir vor anderthalb Jahren die Augen operieren lassen, um in den Bergen sicherer zu sein.

Bei der Operation handelte es sich um eine radiale Keratotomie, bei der winzige Einschnitte in die Hornhaut gemacht werden, um die Brennweite des Auges zu ändern und damit (hoffentlich) die Sehschärfe zu verbessern. Wie jedoch mir und vermutlich jedem Augenarzt der Welt vollkommen unbekannt war, verflacht und verdickt sich eine so behandelte Hornhaut in großer Höhe, so dass sich die Brennweite verkürzt und man praktisch blind ist. Genau das passierte mir rund 500 Meter oberhalb des Lagers IV in den frühen Morgenstunden des 10. Mai 1996.

Zunächst machte ich mir keine ernsten Sorgen. Schon früher hatte ich kleinere Probleme mit der Sehschärfe gehabt, erst kürzlich im Basislager und beim Durchqueren des Eisbruchs. Ich hatte auch mehr Schwierigkeiten als normal, bei Nacht zu sehen und noch in der Morgendämmerung, bis die Sonne so weit oben stand, dass man Sonnenbrillen brauchte.

Aber ich empfand das eher als störend und nicht als Handicap und sprach mit niemandem darüber. Auch geriet ich nicht in Panik, als es da in der Dunkelheit in 8400 Meter Höhe wieder passierte. Ich konnte wirklich nichts sehen, doch ich wusste, dass in ein paar Stunden das Problem gelöst wäre – dank des Tageslichts.

Die Sonne strahlt in diesen Höhen mit solcher Kraft, dass sie die Schleimhäute des Mundes und der Nase verbrennen kann. Wenn man die schützende Sonnenbrille abnimmt, sind die Netzhäute binnen zehn Minuten so versengt, dass man vollständig erblindet.

Daher erwartete ich, dass meine Pupillen, wenn die Sonne erst hoch genug stand, selbst hinter meinen schwarzen Brillengläsern sich auf Nadelspitzengröße zusammenziehen würden, so dass meine Augen, quasi auf unendlich gestellt und so weit wie möglich abgeblendet, wieder scharf sehen könnten. Ich war mir sicher, dass ich Recht hatte. Es musste funktionieren.

In der Dunkelheit vor der Dämmerung jedoch war ich zu blind, um zu klettern. Also trat ich beiseite und ließ alle anderen vorüberziehen, von der vierten Position unter rund 30 Kletterern ließ ich mich auf die allerletzte zurückfallen. Eigentlich war es nicht unangenehm, sie alle an mir vorbeizotteln zu sehen. Ich stand einfach da und rief und winkte wie der Empfangschef eines Zirkus, bis die Sonne den Gipfelhang zu bescheinen begann.

Wie ich erwartet hatte, begann sich mein Sehvermögen zu bessern, und ich konnte meine Zwölfzacker einrammen, die Querung machen und weiter in Richtung Gipfelgrat steigen. Dann verschlimmerte sich mein Problem, als ich mir das Gesicht mit dem eisverkrusteten Handschuh abwischte. Ein Eiskristall riss mir äußerst schmerzhaft die rechte Hornhaut auf, so dass ich mit dem Auge nur noch vollständig verschwommen sah. Das bedeutete, ich hatte keine Tiefenwahrnehmung mehr, und das ist in einer solchen Umgebung alles andere als gut. Mit dem linken Auge sah ich noch ein bisschen verschwommen, im Grunde aber normal. Doch mir war klar, dass ich über diesen Punkt hinaus nicht weiterklettern konnte – einen wohnzimmergroßen Vorsprung namens »Balkon« rund 400 Meter unter dem Gipfel.

Noch immer glaubte ich, mein Sehvermögen würde sich bessern, und sagte zu Rob: »Geht ihr doch weiter und schwingt euch auf den Gipfel. Wenn ich genügend sehen kann, komme ich einfach nach.«

Das war gegen 7.30 Uhr morgens.

»Beck«, antwortete er mit seinem unverwechselbaren neuseeländischen Akzent, »die Idee gefällt mir nicht. Ich gebe dir 30 Minuten. Wenn du in 30 Minuten sehen kannst, kletter weiter. Wenn du in 30 Minuten nicht sehen kannst, verbiete ich dir, zu klettern.«

»Okay.« Ich zögerte. »Ich akzeptiere das.« Bereitwillig kam die Antwort nicht; ich war zu weit gekommen, um so kurz vor dem Gipfel abbrechen zu wollen. Doch mir war auch klar, dass es vernünftig war, was Hall sagte.

Dann machte ich etwas wirklich Dummes.

»Weißt du«, fuhr ich fort, »wenn ich in den 30 Minuten, die du mir gibst, *nicht* sehen kann, dann gehe ich, sobald ich genug sehe, ins Hochlager zurück.«

Auch das gefiel Hall nicht.

»Ich denke, diese Idee ist nicht besser als deine letzte«, sagte er. »Wenn ich von der Spitze dieses Dings herunterkomme und du nicht hier stehst, habe ich keine Ahnung, ob du sicher ins Hochlager gelangt bist oder ob du einen 2500-Meter-Abflug hingelegt hast. Du musst mir versprechen – das meine ich bitterernst – du musst mir versprechen, dass du hier bleibst, bis ich zurück bin.«

Ich sagte: »Rob, ich schwöre dir bei meinem Leben, ich bleib hier kleben.«

Mir kam nie der Gedanke, dass er nicht zurückkommen könnte.

Ich wartete den ganzen Morgen. Es war ein schöner Tag. Ein wolkenloser Himmel. Windstill. Diese enorme Kathedrale von Gipfeln erstreckte sich so weit, wie mein gutes Auge sehen konnte. Zu meinen Füßen sah ich die Krümmung der Erde.

Gegen Mittag kamen drei Kletterer aus unserer Gruppe zu mir abgestiegen: Stuart Hutchison, Lou Kasischke und John Taske (Frank Fischbeck war bereits zurückgekehrt). Sie sagten, es gäbe Verzögerungen im allerobersten Teil an der Hillary-Stufe, einem natürlichen Hindernis in dem Grat, der direkt zum Gipfel führt. An diesem Flaschenhals stauten sich die Kletterer, und den dreien wurde klar, dass sie es keinesfalls bis 14 Uhr auf den Gipfel schaffen würden.

Also beschlossen Stuart, Lou und John, abzusteigen, und als sie bei mir vorbeikamen, der ich da allein auf dem Balkon stand und immer mehr fror, sagten sie: »Na ja, dann komm doch einfach mit uns.«

»Uff, ich habe mich hier wirklich in eine Zwickmühle gebracht«, antwortete ich. »Ich habe Hall versprochen, hier wie angenagelt zu bleiben. Wir haben keinen Funk, also kann ich ihm nicht sagen, dass ich mit euch gehe. Das wäre, als hätte ich keinerlei Vertrauen in ihn. Ich glaube nicht, dass ich das tun kann.«

Sie verabschiedeten sich und stiegen weiter ab. Drei kluge Männer. Im Nachhinein betrachtet hätte ich mich ihnen unbedingt anschließen sollen. Aber ich hatte zu diesem Zeitpunkt nicht das Gefühl, dass ich mich in irgendeiner Gefahr befand. Der

Tag war perfekt. Auch verabscheute ich noch immer den Gedanken ans Aufgeben, obwohl ich wusste, dass ich an diesem Tag nicht mehr auf den Gipfel klettern würde. Mit ihnen zu gehen wäre das eindeutige Eingeständnis, dass ich gescheitert war.

Lou Kasischke schaffte es übrigens sicher bis ins Lager, doch dort wartete sein ganz eigenes Horrorszenario auf ihn. Im Hochlager teilte sich, wie gesagt, Lou ein Zelt mit mir, Doug Hansen und Andy Harris. Während des Gipfelversuchs hatte Lou seine schützende Brille abgenommen und folglich wurde er schneeblind. Als an jenem Abend der Sturm über uns hereinbrach, lag er dort allein, blind, hörte, wie der Sturm versuchte, sein Zelt zu zerreißen und fragte sich, was seinen drei Zeltgenossen zugestoßen war.

# Vier

Ich erwartete Rob nicht später als um drei zurück. Die Stunde nahte, und sie verging. Es wurde vier, dann fünf. Nun begann ich mir Sorgen zu machen. Die Sonne war mein großer Verbündeter, aber die Schatten wurden länger und länger, während sie zu sinken begann. Damit würden meine nadelspitzengroßen Pupillen sich wieder öffnen, und ich wäre wieder blind – schon bald.

Ich spürte, wie der Berg sich aufs Schlafengehen vorbereitete. Das Licht wurde flach. Wind kam auf. Es wurde ein bisschen kälter. Der Schnee geriet in Bewegung, und mir ging auf, dass ich zu lange auf der Party geblieben war. Ich saß in der Falle.

Ich begann den Verstand zu verlieren. Obwohl ich künstlichen Sauerstoff geatmet hatte und nicht hypoxisch war, hatte ich zehn Stunden herumgestanden oder -gesessen, ohne mich viel zu bewegen. Allmählich wirkte die Kälte in meinem Kopf wie ein Anästhetikum. Ich halluzinierte Leute. Mal scharf, mal unscharf.

Ich merkte, dass ich wegsackte, durchgefroren bis jenseits des Zitterns, übermannt von einer ruhigen Apathie, unfähig, die Gefahr zu erkennen. Das Wasser in den Flaschen im Inneren meiner Jacke unmittelbar an meiner Brust war zu Eis erstarrt. Hätte man mich da gelassen, wäre ich wahrscheinlich langsam erfroren, ohne auch nur zu versuchen, mich zu rühren.

Dann stieß Jon Krakauer zu mir, und ich riss mich zusammen. Er war völlig erschöpft. Wir sprachen eine Weile. Jon sagte, Rob sei noch immer da oben am Grat, mindestens drei Stunden hinter ihm, was bedeutete, dass alle Absprachen nichtig waren. Keinesfalls könnte ich weitere drei Stunden warten. Andererseits konnte ich auch keinesfalls ohne Hilfe absteigen.

Krakauer tat das Richtige. Obwohl Mike Groom nur 20 Minuten hinter ihm war, bot er an, mir hinunterzuhelfen. Mir war jedoch nicht wohl bei dem Gedanken, Jon eine Last zu sein. Ich lehnte dankend ab und sagte, ich würde auf Groom warten. Ich glaube, Jon war ein bisschen erleichtert.

Rund eine weitere halbe Stunde verging, dann kam Mike Groom mit Yasuko. Sie wirkte wie ein wandelnder Leichnam, so erschöpft, dass sie kaum noch stehen konnte. Glücklicherweise stießen Neil Beidleman und ein paar weitere Mitglieder der Fisher-Gruppe gerade in diesem Moment zu uns, darunter Sandy Pittman, Charlotte Fox und Tim Madsen, die allesamt auf dem Gipfel gewesen und nun am Ende ihrer Kraft waren.

Yasuko und ich waren jedoch akute Problemfälle. Neil nahm sie und machte sich mit ihr auf den Weg zum Dreieck. Mike nahm mich ans Kurzseil, was man sich genauso vorstellen muss, wie es klingt. Das eine Ende des Seils wurde mir, der ich bergab vorausging, um die Taille gelegt, fünf Meter hinter mir ging Mike, der mich mit Muskelkraft und Gewichtsverlagerung während des Abstiegs stabilisierte.

Es war mittlerweile fast 18 Uhr.

Einen Berg hinabzusteigen ist viel gefährlicher als ihn hinaufzuklettern. Wenn es zu einem tödlichen Unfall kommt, dann meist dabei. In diesem Fall bereiteten Erschöpfung und Blindheit weitere Probleme – und noch ein zusätzliches Detail: meine Zwölfzacker. Es waren Klapp-Steigeisen, die zwar für die Klettertechnik gut sind, sich aber in nassem oder klebrigem Schnee leicht zusetzen. Ziemlich bald erreicht die angesammelte Schneepampe die Spitzen der Zacken, und plötzlich ist man besser für das Skilaufen ausgerüstet als für das Klettern am Berghang.

Und dann passiert's. Ich mache einen Schritt und verlagere mein Gewicht auf das, was ich für diesen Berg halte. Falsch. Ich trete auf nichts weiter als Luft, und im nächsten Moment peitscht mir das Eis ins Gesicht. Mit einem Ruck spannt sich das Seil und reißt Mike von den Füßen. Wir kommen beide ins Rutschen. Wir schlagen unsere Eispickel in den Berg und schwingen unser Körpergewicht darauf, um den Sturz zu stoppen.

Das passiert zwei- oder dreimal, ehe wir endlich unten sind. Mike beschrieb diese Erfahrung später als »etwas nervenaufreibend«. Er ahnte nicht, was noch vor uns lag.

Abgesehen von einigen Rissen in meinem Daunenanzug und viel verletztem Stolz war mit mir alles in Ordnung, ich war von ganzem Herzen erleichtert. Wir waren zurück auf dem Südsattel – praktisch gleich zu Hause. Nach einer leichten Passage würden wir in weniger als einer Stunde dort drüben in jenen Zelten in den Schlafsäcken liegen, heißen Tee trinken und uns nach einem langen, alle Kräfte aufzehrenden Tag schlafen legen.

Doch als wir weitergingen, hörten wir dieses heisere Grollen den Berg hinauf heranbranden. Plötzlich detonierte der Schneesturm rings um uns her. Er steigerte sich zum ohrenbetäubenden Brüllen. Eine dicke Wolkenwand brodelte über den Südsattel, hüllte uns in Weiß und tilgte alle erkennbaren Details, bis wir nur noch unsere Stirnlampen sahen, die in diesem Mahlstrom zu treiben schienen. Neil Beidleman sagte später, es sei gewesen, als habe man sich in eine volle Milchflasche verirrt.

Schlagartig wurde es *unglaublich* kalt. Ich ergriff Mikes Ärmel. Er war meine Augen. Ich wagte es nicht, den Kontakt zu ihm zu verlieren.

Instinktiv drängten wir uns aneinander; niemand wollte von den anderen getrennt werden, als wir weitertappten und versuchten, in der Hoffnung auf ein Anzeichen des Lagers unseren Weg über den abschüssigen Südsattel zu ertasten. Wir gingen in die eine Richtung, und da war nichts. Wir probierten eine andere, und da war auch nichts. Binnen weniger Minuten hatten wir jede Orientierung verloren; wir hatten keine Ahnung, in welcher Richtung wir uns in diesem Wirbel aus Sturm und Lärm und Kälte und Eiskristallen bewegten.

Die Gruppe blieb weiterhin zusammen, bis sich plötzlich Neils Nackenhaare sträubten. Erfahrung und Intuition sagten ihm, dass in der Nähe Todesgefahr lauerte.

»Etwas stimmt hier nicht!«, überbrüllte er den Lärm. »Wir bleiben stehen!« Das war eine kluge Entscheidung. Wir waren keine 20 Schritte mehr von dem senkrechten 2000-Meter-Sturz die Kangshung-Flanke hinunter entfernt. Da, wo wir standen, begann sich das Eis bereits immer steiler dem Nichts zuzuneigen. Noch ein paar Schritte, und die ganze Gruppe wäre einfach vom Berg gerutscht.

Als wir stehenblieben, stoppte auch noch etwas anderes: der innere Ofen, der einen am Leben hält. Unter solchen Umständen einigermaßen warm zu bleiben, gelingt nur durch ständige Aktivität. Still zu stehen heißt zu Tode zu frieren, was mit mir bereits geschah.

Ich konnte meine rechte Hand nicht mehr spüren oder bewegen, was bei diesen Verhältnissen nicht weiter verwunderte. Normalerweise ist das ein einfach zu lösendes Problem. Man zieht zwei der drei Handschuhe aus, die man trägt, und stopft sich die betroffene Hand unter die Kleidung an die nackte Brust. Ist sie genügend erwärmt, nimmt man sie heraus, zieht die Handschuhe wieder an und macht weiter.

Ich war schon an ausgesprochen kalten Orten gewesen, doch was als nächstes geschah, war ein totaler Schock. Als ich die zwei äußeren Handschuhe auszog, gefror die Haut auf meiner Hand und meinem Unterarm augenblicklich, selbst unter dem dritten, leichten Handschuh noch. Der stechende Schmerz einer schlagartigen Erfrierung brachte mich so durcheinander, dass ich die Handschuhe in meiner linken Hand losließ, die der Wind sofort ergriff und – *wusch!* – ins Nichts beförderte.

In meinem Rucksack hatte ich noch ein Paar Handschuhe. Doch sie hätten genauso gut in meinem Kleiderschrank zu Hause liegen können. In solch einem Sturm konnte ich unmöglich den Rucksack absetzen und durchwühlen. Der Sturm war so stark, dass er mich anheben und zu Boden werfen konnte, was einmal auch passierte.

Ich hatte weder die Zeit noch die Geistesgegenwart, über das weitere Schicksal meiner rechten Hand nachzudenken oder zu überlegen, wie ich in Zukunft mit nur einer Hand als Pathologe arbeiten sollte. Ich steckte einfach die Hand wieder unter die Jacke – ein gefrorener Napoleon.

Für uns alle ging es jetzt um Leben oder Tod, wobei mit jeder

Minute letzteres immer wahrscheinlicher wurde. Aber dann rissen kurz die rasenden Wolken über unseren Köpfen auf und gaben den Blick auf den Großen Bären frei. Ich erinnere mich, dass Klev Schoening, einer der Kunden von Mountain Madness, rief: »Ich kann die Sterne sehen! Ich weiß, wo das Lager ist!«

Hoffnung. Rasch arbeiteten wir eine Strategie aus. Die stärksten von uns – darunter Beidleman und Schoening – würden so schnell sie konnten zum Lager marschieren. Wenn Schoening richtig gepeilt hätte und sie die blauen Zelte des Hochlagers fänden, würden sie eilends Hilfe organisieren und uns anderen retten.

Wenn sie es nicht schafften, war es sowieso vorbei mit uns.

Mike Groom und ich diskutierten die Situation. Ich konnte zwar noch ganz gut laufen, aber weil ich nichts sah, musste ich mich an seinen Arm klammern, was ihn bremsen würde. Da mein Leben jetzt davon abhing, dass irgendwer es bis zum Lager und wieder zurück schaffte, ehe ich erfror, stimmte ich zu, dass ich blieb.

Bei Charlotte, Sandy und Yasuko war das ohnehin keine Frage. Keine von ihnen konnte noch ohne Hilfe laufen. Also würden wir vier zurückbleiben. Als die anderen losmarschierten, blieb Tim Madsen abrupt stehen.

»Ich lasse Charlotte hier nicht zurück«, sagte er. »Ihr könnt ja losgehen, aber ich verlasse sie nicht.«

Das erforderte eine Menge Mut. Unausgesprochen gingen wohl alle davon aus, dass die Frauen und ich – und jetzt auch Tim – so gut wie tot waren. Es war die Macht der Liebe.

Als Beidleman, Groom und Schoening in den Sturm stapften, klammerte sich Yasuko stumm, verzweifelt an Neils Arm. Doch bald rutschte ihre Hand ab, und die anderen waren verschwunden. Da ließen wir uns alle aufs Eis nieder und kauerten uns wie eine Hundemeute Rücken an Rücken und Bauch an Bauch zusammen. Wir hofften, uns etwas Wärme zu bewahren und etwas von diesem Sturm abhalten zu können.

### Charlotte Fox:

Ich erinnere mich, dass Beck irgendwann zu mir sagte: »Na, Charlotte, das ist die beschissenste Sache auf der ganzen Welt, nicht wahr?« Damit hattest du verdammt Recht, Beck.

Der Schlaf war unser schlimmster Feind. Jeder Bergsteiger weiß, wenn man in solcher Kälte einnickt, dann ist man auf der Einbahnstraße in den Tod. Von dieser Regel gibt es keine Ausnahme. Die Temperatur im Innern des Körpers sinkt immer weiter, bis das Herz stehen bleibt. Also schrien wir uns an, schlugen uns und traten einander, alles, was uns wach hielt.

Charlotte schrie: »Es ist mir egal! Ich will bloß noch schnell sterben!«

»He, he!« sagte Tim zu ihr. »Falsche Antwort, Charlotte. Beweg deine Beine! Beweg deine Hände! Los!«

### Charlotte Fox:

Ich war am Erfrieren. Es tat so weh. Ich wollte bloß noch, dass es vorbei ist.

Dann drehte Sandy Pittman durch. »Ich will nicht sterben!« schrie sie. »Ich will nicht sterben! Mein Gesicht erfriert! Meine Hände erfrieren! Ich will nicht sterben!«

Ich sagte nichts. Was Sandy sagte, traf die Sache recht gut. Ganz bestimmt sah ich es genauso.

(Später erzählte Sandy mir, sie hätte mitten in diesem Frosthorror verrückterweise von einem friedlichen Teegarten geträumt. Aus irgendeinem Grund spielte ich in dieser Idylle eine Flöte. Es schmeichelte mir, dass sie an mich gedacht hatte. Und es erinnerte mich daran, dass ich irgendwann einmal in meinem Leben tatsächlich Flöte lernen wollte. Vielleicht mache ich es in meinem nächsten.)

Von dem Zeitpunkt an, da Sandy schrie, bis zum nächsten Morgen habe ich nur noch vage Erinnerungen oder gar keine. Ich begann zu erfrieren, und das war nicht unangenehm. Man fängt tatsächlich an, sich wärmer zu fühlen. Dann hatte ich ein Gefühl des Treibens. Ich fragte mich, ob mich irgendjemand über das Eis zog. Ich war nicht mehr genügend bei Sinnen, um zu wissen, was diese Empfindungen bedeuteten.

## Charlotte Fox:

Es war so stürmisch, dass ich mir die Kapuze so weit es ging über das Gesicht gezogen hatte. Ich konnte eigentlich nichts mehr sehen. Doch Tim erinnert sich, dass Beck auf einem Felsen stand, die Arme ausstreckte und rief: »Okay, jetzt ist mir das alles klar!« Dann stürzte er vornüber, und das war das Letzte, was Tim von ihm sah.

# Fünf

Irgendwie fanden Neil, Mike und Klev das Hochlager in jener Nacht, aber als es soweit war, krochen sie schon auf Händen und Knien. Keiner von ihnen konnte noch etwas zulegen. Sie würden nicht zu uns zurückkehren; sie konnten es nicht mehr. Die Sherpas im Lager weigerten sich. Es blieb nur noch einer, den man fragen konnte: der Russe Anatoli Boukreev.

Am Tag zuvor hatte Anatoli seine Pflichten als Bergführer vergessen. Während alle anderen sich den schmalen Gipfelgrat hoch- oder runterkämpften oder sich wie Klafterholz vor der Hillary-Stufe stapelten, kletterte Anatoli allein, für sich allein, ohne Sauerstoff. Schnurstracks kraxelte er hinauf, schaffte den Gipfel, und dann kam er schnurstracks wieder herunter. Weil ihm Sauerstoff fehlte, konnte er nicht in der Kälte ausharren und musste sich in sein Zelt flüchten.

Boukreev hatte sich also stundenlang ausruhen können, und wenn es in jener Nacht dabei geblieben wäre, hätte ihn die internationale Klettergemeinde wohl mit bloßen Händen in Stücke gerissen. Sehr nachsichtige Leute sind das nämlich nicht.

Doch Anatoli tat das, was kein anderer konnte oder wollte. Dreimal ging er in diesen Sturm hinaus und suchte zum einen nach Scott Fisher, der am Berg rund 350 Meter oberhalb des Südsattels erfror, und zum anderen nach uns. Zweimal trieben ihn Sturm und Kälte ins Lager zurück. Beim dritten Mal fand er unser armseliges Häufchen am Hang, und er brachte die drei aus der Fisher-Gruppe – Tim, Charlotte und Sandy – ins Lager. Yasuko und mich, die aus der Hall-Gruppe, ließ er zurück.

## Charlotte Fox:

Ich erinnere mich nur, dass plötzlich Anatoli da war. Mich ergriff er als erste. Ich stand auf, und er brachte mich ins Lager. Er führte mich an der Hand. Dann brachte er Sandy und Tim. Ich kann mich nicht erinnern, dass über Beck und Yasuko geredet wurde.

Später erzählte Anatoli mindestens drei verschiedene Varianten, was da auf dem Südsattel passiert war. Es ist egal, welche wahr ist. In jener Nacht, da er drei Menschen rettete, die anderenfalls mit Sicherheit gestorben wären, wurde Anatoli Boukreev zum Helden.

Wir wollen es dabei belassen, Anatoli soll so in Erinnerung bleiben. Am Weihnachtstag 1997 starb er in einer Lawine am Annapurna.

Was mich zum Rest der verschollenen Kletterer aus unserer Gruppe bringt: Rob Hall, Doug Hansen und Andy Harris. Doug Hansen kletterte, wie ich bereits erwähnte, nicht sehr gut. Als er im Jahr zuvor diesem Gipfel so nah gekommen war, hatte Doug beim Aufstieg eine gute Figur gemacht. Doch als er umkehrte, ließ er nach, und man musste ihm hinunterhelfen.

Es ist nicht der Körper, der einen da hinaufbringt. Es ist der Geist. Der Körper ist schon seit Stunden erschöpft, wenn man den Gipfel erreicht; nur Wille und Konzentration treiben einen an, immer weiterzumachen. Verliert man diesen Willen, diese Konzentration, ist der Körper nur noch ein totes, wertloses Ding unter dem Kopf.

Doug kletterte, bis es 14 Uhr war, dann 15 und 16 Uhr, und ignorierte das Risiko. Ich weiß nicht, warum Rob das zuließ. Doch als Doug schließlich ganz oben war, wiederholte sich das Debakel von 1995. Er hatte alle Reserven verbraucht. Er konnte nicht mehr.

Jetzt hatte Rob Hall ein höllisches Problem am Hals. Er konnte ihm nicht helfen, er konnte ihn nicht retten. Doug musste auf eigenen Füßen hinunter.

Rob funkte zum Basislager. Man sagte ihm: »Rob, das ist hart, aber du *musst* ihn zurücklassen. Du kannst ihn nicht retten. Rette dich selbst.«

Für uns, die wir ihn kannten, war es keine Überraschung, dass Rob dies nicht tat, dass er niemals Doug allein am Berg zurücklassen würde, um sich selbst zu retten. Hätte er das getan, hätte er niemals wieder in den Spiegel schauen können.

Rob, der werdende Vater, würde sich selbst verfluchen, wenn er es täte, und wenn er es nicht täte, wäre er verflucht. Er griff wieder zum Funkgerät und sagte: »Wir sind in einer verzweifelten Lage«, und bat um Hilfe. Der junge Andy Harris, der bereits ein Drittel des Weges hinunter zum Hochlager geschafft hatte und selbst ziemlich erschöpft war, hörte dies.

Andy, zerschlagen von den Anstrengungen und Verdauungsproblemen, die er sich in Lobuje zugezogen hatte, kehrte um und schuftete sich langsam wieder diesen Berg hinauf. Vom Sauerstoffvorrat nahm er mehrere Flaschen und schleppte sie den ganzen Weg bis zu Doug und Rob kurz unter den Gipfel hoch. Was dann passierte, ist unklar. In jedem Fall versuchten sie stundenlang, Doug über den messerscharfen Gipfelgrat zu kriegen.

Rob und Andy schafften es bis zum Südgipfel, Doug nicht. Anscheinend stürzte er unterwegs. Andy blieb bei Rob, bis er irgendwann in der Nacht desorientiert und physisch am Ende im Sturm verschwand. Er wurde niemals gefunden.

Später fand man Harris' Eispickel neben Robs Leiche, was darauf schließen lässt, dass Andy über seine Grenzen gegangen war. Kein Bergsteiger lässt leichtfertig seinen Eispickel zurück.

Rob durchlebte jene Nacht da oben, doch als es am nächsten Nachmittag wieder zu dunkeln begann und es keinerlei Hoffnung auf Rettung mehr gab, rief das Basislager seine Frau Jan in Neuseeland an und stellte sie über Funk zu ihrem sterbenden Gatten durch. Jeder, der auf diesem Berg ein Funkgerät hatte, wurde zum stummen Zeugen der letzten Augenblicke, die sie gemeinsam hatten. Hall hatte seinen Verstand noch beisammen. Er und Jan beschlossen in diesem Moment, ihr noch nicht geborenes Kind Sarah zu taufen.

Jan an Rob: »Fühl dich nicht einsam. Meine ganze positive Energie schicke ich dir hinüber.«

Rob an Jan: »Ich liebe dich. Schlaf gut, mein Liebling. Bitte mach dir nicht zu viel Sorgen.«

Beide wussten genau, was kommen würde. Als diese Augenblicke vorüber waren und Rob nicht länger stark sein musste, hörte man ihn im Angesicht seines eigenen Todes leise weinen. Er hatte vergessen, dass das Funkgerät noch eingeschaltet war.

# Sechs

Der Sturm legte sich am Morgen des 11. Mai. Die Windgeschwindigkeit fiel auf 50 Stundenkilometer. Stuart Hutchison ging mit drei Sherpas los, um Yasuko und mich zu suchen. Sie fanden uns nebeneinander liegend, größtenteils mit Schnee und Eis bedeckt.

Zunächst zu Yasuko. Hutchison ergriff sie und zog sie an ihrer Jacke hoch. Sie hatte eine sieben Zentimeter dicke Eisschicht auf dem Gesicht. Er pulte diese Maske ab. Ihre Haut war wie Porzellan. Ihre Augen waren starr. Doch sie atmete noch.

Er wandte sich mir zu, zog mich hoch. Entfernte das Eis von meinen Augen und aus meinem Bart, so dass er mich ansehen konnte. Wie bei Yasuko war kaum noch ein Lebensfunke in mir. Hutchison erzählte später, er habe noch niemals einen Menschen gesehen, der dem Tode so nahe war und dennoch atmete. Da er Kardiologe ist, glaube ich ihm das sofort.

Was tun? Die abergläubischen Sherpas, die den Tod und das Sterben fürchten, zögerten näher zu kommen. Aber Hutchison konnte ohnehin hier auf eine zweite Meinung verzichten. Die Antwort war: Lass sie zurück. Jeder Bergsteiger weiß, dass man niemals wieder aufwacht, wenn man im Hochgebirge erst einmal ins hypothermische Koma gefallen ist. Yasuko und ich würden sowieso sterben. Uns zurückzubringen würde nur noch weitere Leben gefährden.

Soweit es mich betrifft, nehme ich ihm diese Entscheidung nicht übel. Doch wie viel Mühe hätte es gemacht, Yasuko zurückzubringen? Sie war doch so winzig. Sie hätte wenigstens im Zelt unter anderen Menschen sterben können und nicht allein da im Eis.

Hutchison und die Sherpas gingen ins Lager zurück und erzählten allen, dass wir tot seien. Sie funkten das ans Basislager, von wo aus man Robs Büro in Christchurch informierte, welches die Nachricht nach Dallas weiterleitete. An einem warmen, sonnigen Samstagmorgen klingelte bei uns zu Hause das Telefon. Peach ging ran, und Madeleine David, die Büromanagerin von Halls Firma Adventure Consultants, sagte ihr, dass ich beim Abstieg vom Gipfelgrat umgekommen sei.

»Gibt es noch irgendwelche Hoffnung?«, fragte Peach.

»Nein«, antwortete Madeleine David. »Der Körper wurde eindeutig identifiziert. Es tut mir leid.«

Gegen vier Uhr nachmittags am Everest, nach 22 Stunden im Sturm, geschah das Wunder: Ich öffnete die Augen. Mehrere unwahrscheinliche, wenn nicht unmögliche Ereignisse folgten. Ich stand auf und taumelte allein zum Hochlager zurück. Am nächsten Tag war ich wieder auf den Beinen und überwand die Lhotse-Flanke. Dann flog ein Rettungshubschrauber so hoch hinauf wie noch nie zuvor ein anderer. Das waren die aufsehenerregenden Dinge. Das eigentliche Wunder war im Stillen geschehen: Ich öffnete die Augen und bekam eine zweite Chance.

In meinem verwirrten Zustand glaubte ich zunächst, ich läge gemütlich in meinem warmen Bett zu Hause und durch das Fenster schiene die strahlende Sonne von Texas. Als ich im Kopf klarer wurde, sah ich meine Hand – ohne Handschuh – direkt vor meinem Gesicht: Ein graues, lebloses Ding.

Ich ließ sie auf das Eis fallen. Sie prallte ab und machte dabei ein Geräusch wie ein Stück Holz. Das hatte den wunderbaren Nebeneffekt, dass ich meine Aufmerksamkeit konzentrierte: Ich bin nicht in meinem Bett. Ich bin irgendwo auf dem Berg – ich weiß nicht, wo. Ich kann nichts erkennen, aber ich weiß, dass ich allein bin.

Es dauerte eine Zeit, bis ich mir die vergangene Nacht wieder in Erinnerung rufen konnte. Als es gelang, nahm ich an, die anderen wären gerettet worden und aus irgendeinem Grund hätte man mich übersehen und zurückgelassen. Hatte ich irgendetwas gesagt, war das der Grund?

Instinktiv wusste ich, dass keiner kommen würde. Wenn sie hätten kommen wollen, wären sie schon da. Ich war auf mich allein gestellt.

Ein noch ungeklärtes Rätsel ist, warum ich nicht mehr neben Yasuko lag. Sie lag noch an der Stelle, wo Stuart Hutchison und die Sherpas sie am Morgen gefunden und zurückgelassen hatten. Ich aber erwachte am selben Nachmittag allein und ein gutes Stück von ihr entfernt aus dem Koma. Ich kann nur vermuten, dass irgendwann im Lauf des Tages ich schon einmal halbwegs zu mir gekommen war und es irgendwie ein Stück (knapp 50 Meter) in Richtung Hochlager geschafft hatte, ehe ich abermals zusammenbrach.

Irgendwann während all dem traf mich ein weiterer Schock – eine Erscheinung. Plötzlich erschien meine Familie vor meinem geistigen Auge: Peach, Bub und Meg. Kein Gruppenporträt, kein Foto aus meiner Erinnerung. Mein Unterbewusstsein zitierte sie in lebhaften, leibhaftigen Bildern herbei, als könnten sie im nächsten Augenblick zu mir sprechen. In dieser Sekunde wusste ich mit absoluter Klarheit, dass ich die Ewigkeit an diesem Ort verbringen würde, wenn ich nicht sofort aufstünde.

Ich hatte geglaubt, ich hätte mich an den Gedanken gewöhnt, auf dem Berg mein Leben zu lassen. Ja, solch ein Tod hätte sogar etwas Romantisches, Würdiges an sich. Doch selbst wenn ich mich so auf das Sterben vorbereitet hatte, war ich dazu noch nicht bereit. Ich kämpfte mich auf die Beine, nahm den Rucksack ab und warf ihn zusammen mit dem Eispickel weg. Ich hatte nur einen Versuch. Wenn ich das Lager nicht erreichte, würde ich keine Ausrüstung mehr brauchen, überlegte ich. Das ganze Zeug hätte mich nur gebremst. Einen flüchtigen Augenblick lang dachte ich daran, dass dies wahrscheinlich meine letzten irdischen Besitztümer waren.

Im gleichen Moment merkte ich, dass ich dringend pissen musste; ich hatte keine Wahl, ich musste in die Hose pinkeln. Wenigstens wurde mir vorübergehend ein wenig wärmer.

Mein erster Einfall war, eine Art Gitter abzugehen. Ich begann mit einer Reihe von Quadraten und suchte nach irgendwelchen Orientierungsmöglichkeiten. Bald jedoch merkte ich, dass mich das nicht weiterbrachte.

Dann fiel mir ein, dass in der vergangenen Nacht jemand durch den Sturm geschrien hatte: »In welcher Richtung bläst der Wind über das Hochlager?«

Die Antwort lautete: »Er kommt die Flanke hoch und weht dann quer über das Lager und den Südsattel hinauf.« Was hieß, wenn der Wind nicht gedreht hatte, musste das Lager in der Richtung liegen, aus der er kam.

Also wählte ich diese Richtung, weil ich meinte, das sei genauso gut wie all die anderen 359 Möglichkeiten, die ich hatte. Wenn ich hinfiel, beschloss ich, würde ich wieder aufstehen. Wenn ich abermals hinfiel, würde ich wieder aufstehen. Und ich würde in Bewegung bleiben, bis ich stürzen und nicht mehr aufstehen oder in das Lager hineinmarschieren oder die Flanke hinuntersausen würde.

Meine beiden Hände waren völlig durchgefroren. Mein Gesicht war von der Kälte zerstört. Ich war durch und durch unterkühlt. Ich hatte drei Tage lang nichts gegessen und zwei Tage lang nichts getrunken. Ich war fast vollständig blind. Ich war verloren.

Du kannst dich nicht um solchen Kleinkram kümmern, sagte ich zu mir. Du musst dich darauf *konzentrieren*, was getan werden muss, und du *musst* es tun. Ich begann mit ebendem immer gleichen, energiesparenden Trott, den mein Körper so gut kennt. Der Boden war uneben und mit 10 bis 20 Zentimeter tiefen Riefen übersät, die ich in dem flachen Licht des späten Nachmittags nicht sehen konnte.

Jedes Mal, wenn ich in eine dieser Riefen trat, stürzte ich. Zunächst streckte ich instinktiv die Arme aus, um den Fall zu bremsen, aber ich wollte die Auswirkungen der Erfrierungen nicht verschlimmern, indem ich meine Hände weiter verletzte, also hielt ich sie dicht an den Körper und versuchte jedes Mal, wenn ich stolperte und stürzte, auf den Rücken oder die Seite zu fallen. Ziemlich hart schlug ich auf dem gefrorenen Boden auf. *Wamm!* Jedes Mal zauberte mir der Aufprall einen Farbenwirbel in den Kopf. Dann rappelte ich mich auf und machte weiter.

Ein Teil von mir war apathisch und wollte das Schicksal akzeptieren – eine Wiederholung des vorangegangenen Nachmittags oben auf dem Balkon. Die Sonne sank immer tiefer, und ich wusste, dass es mit mir in der Sekunde, da sie verschwunden war, vorbei wäre. Ich könnte dann gar nichts mehr sehen und die Temperaturen würden wieder ins Bodenlose rutschen. Ich dachte daran, dass ich ein letztes Mal stürzen und nicht wieder aufstehen könnte und dann dem Sonnenuntergang zuschauen würde.

Das Überraschende an dieser Vorstellung war, dass sie mich überhaupt nicht erschreckte. Ich bin kein besonders tapferer Mann, und ich hätte erwartet, dass mich Entsetzen ergreift, wenn dieser Moment kommt, aber das war es ganz und gar nicht, was ich empfand.

Nein, ich war von einer riesigen, alles umfassenden Melancholie überwältigt. Dass ich meiner Familie nicht Lebewohl sagen, dass ich niemals mehr zu meiner Frau »ich liebe dich« sagen, dass ich nie wieder meine Kinder umarmen würde, das war einfach nicht zu akzeptieren.

»Lauf weiter«, sagte ich immer wieder zu mir.

Abermals begann ich zu halluzinieren und war kurz davor, den Verstand zu verlieren. Alles drehte sich um mich. Dann sah ich da diese zwei komischen blauen Felsen vor mir und ich dachte einen Moment lang: Das könnten die Zelte sein! Genauso schnell sagte ich zu mir: Halt! Wenn du da hingehst und sie nichts weiter als Felsen sind, wirst du mutlos und gibst auf. *Das darfst du nicht tun!* Du wirst jetzt schnurstracks da hingehen, und du wirst an ihnen vorbeigehen. Das macht *keinen* Unterschied.

Ich konzentrierte mich auf diese verschwommenen blauen Flecken, hin- und hergerissen zwischen der Hoffnung, dass es Zelte waren, und der Furcht, dass dem nicht so sein könnte, bis ich auf 30 Meter heran war – und da plötzlich eine Gestalt aufragte! Es war Todd Burleson, Führer einer weiteren Kletterexpedition, der im Dämmerlicht eine wahrlich seltsame Kreatur auf sich zuschlurfen sah.

Später schilderte Burleson in einem Fernsehinterview seine ersten Eindrücke von mir:

»Ich konnte nicht glauben, was ich da sah. Dieser Mann hatte kein Gesicht. Es war schwarz, völlig schwarz, als wäre es verbrannt. Der Reißverschluss seiner Jacke stand bis zur Taille offen, sie war voller Schnee. Sein rechter Arm war nackt und über seinem Kopf eingefroren. Wir brachten ihn nicht herunter. Seine Haut am Körper sah wie Marmor aus. Weißer Stein. Kein Blut darin.«

# Sieben

Todd Burlesons Verwunderung kam teils von meinem Aussehen her, teils von dem Umstand, dass er gehört hatte, oberhalb des Hochlagers seien alle, auch ich, tot.

Schnell erlangte er seine Fassung wieder, ergriff mich am Arm und brachte mich zum ersten Zelt – dem des toten Scott Fisher –, wo sie mich in zwei Schlafsäcke steckten, mir heiße Wasserflaschen unter die Arme schoben und mir eine Steroidspritze ins Bein gaben.

»Ihr *glaubt nicht*, wer hier gerade ins Lager gelatscht ist«, funkten sie an das Basislager. Die Antwort war: »Das ist unglaublich, aber es ändert nichts. Er wird sterben. Bringt ihn nicht herunter.«

Glücklicherweise sagten sie mir das nicht.

Der gängigen Ansicht nach ist es so, dass in Fällen von Hypothermie sogar ein sensationelles Wiederaufleben wie das meine bloß das Unvermeidliche verzögert. Als sie Peach anriefen und ihr sagten, dass ich nicht so tot war, wie sie gedacht hatten – aber ich wäre lebensbedrohlich verletzt –, versuchten sie, ihr keine falschen Hoffnungen zu machen. Was sie aber heraushörte, war natürlich etwas völlig anderes.

Auch ich unterwarf mich nicht dem allgemeinen Pessimismus. Da ich mich wieder mit dem Mutterschiff vereinigt hatte, war ich jetzt überzeugt, dass ich eine Chance hätte, diese Sache tatsächlich zu überleben. Aus welchem Grund auch immer, ich schien die Hypothermie ausgehalten zu haben, und ich glaubte wirklich, dass ich mich voll und ganz erholen könnte. Worüber ich zunächst einmal nicht nachdachte, war der Khumbu-Eisbruch, den man ohne Hände einfach nicht durchqueren kann. Ich musste einen anderen Weg finden, einen, den noch niemand zuvor ausprobiert hatte.

In der Nacht ließen sie mich in Scott Fishers Zelt allein, sie erwarteten wohl, dass ich sterben würde. Ein paar Mal hörte ich andere von einem »toten Kerl« im Zelt reden. Wer mag das sein? fragte ich mich, während ich zwischen Wachen und Schlafen hin- und herpendelte.

Dass der Sturm zurückkam, machte die Angelegenheit komplizierter. Er tobte genauso unbändig wie in der letzten Nacht. Das Zelt und mich schüttelte er durch, als würden wir rein gar nichts wiegen. Ich erinnerte mich, dass Scott erzählt hatte, er würde ein neues Zelt ausprobieren, es sei ein experimentelles Leichtgewicht-Modell, extrem flexibel. Ich fragte mich, ob ich wohl in ebenjenem Zelt läge und, wenn dem so war, wie gut es wohl am Boden verankert wäre. Der Sturm war mit Sicherheit stark genug, um mich mitsamt dem Zelt über den Südsattel hinwegzublasen.

Jede neue Bö drückte mir so stark gegen Brust und Gesicht, dass ich nicht atmen konnte. In der kurzen Spanne zwischen zwei Böen rollte ich mich zur Seite und fand heraus, dass ich in dieser Lage selbst dann atmen konnte, wenn der Sturm das Zelt gegen mich presste.

Die rechte Hand und der Unterarm waren bei all dem mehr als nutzlos. Sie hatten zu schwellen angefangen. Bis zur Armbanduhr war die Farbe verschwunden. Verzweifelt versuchte ich das Ding abzubeißen, aber Seiko macht verdammt gute Uhrarmbänder, es gelang mir nicht.

Trotz des Tumults und der Unbequemlichkeit muss ich in jener Nacht mehrmals das Bewusstsein verloren haben. Ich erinnere mich nicht daran, dass der Sturm den Zelteingang aufriss und das Zelt mit Schnee füllte, doch so war es. Ich erinnere mich nicht daran, dass er mir den Schlafsack heruntergerissen hatte, aber eindeutig war dem so, denn in genau dieser Lage fand ich mich bei Morgendämmerung wieder.

Peach:
Irgendwie kann ich verstehen, dass niemand bereit war, sein Leben zu riskieren, um Beck oder Yasuko zu retten. Ich kann sogar irgendwie den medizinisch begründeten Befehl des Basislagers nachvollziehen, dass man Beck im Hochlager sterben lassen sollte. Nicht verstehen kann ich jedoch, warum sie ihn in diesem Zelt über Nacht allein ließen.

Ich meine, wenn sie helle genug waren, die Anweisung der Ärztin zu verstehen, warum sollten sie dann nicht die Geistesgegenwart besessen haben, ihn nicht so ganz allein zu lassen. Wenigstens hätten sie ein paar Mal nach ihm sehen können.

Immer wieder habe ich darüber nachgedacht. Was war ihre menschliche Grundhaltung? Zusammen mit Beck im Zelt zu liegen hätte doch keinen gefährdet. Wenn er im Sterben lag, dann wäre einer da gewesen, seine letzten Worte zu hören und sie vielleicht an die Angehörigen weiterzugeben, was eine ungeheure Erleichterung für uns gewesen wäre.

Bei Tagesanbruch packten fast alle, um das Lager zu verlassen, und sie taten es sehr leise. Ich bekam davon nichts mit. Abgesehen von mir blieben nur noch Jon Krakauer sowie Todd Burleson und Pete Athans, beide Führer derselben Expedition, im Lager IV, dem Hochlager.

Ich hörte ein Geräusch draußen. »Hallo!« schrie ich. »Ist da jemand?« Krakauer, der jedes Zelt kontrollierte, bevor auch er den Berg hinabsteigen wollte, steckte den Kopf hinein. Als er mich sah, fiel ihm der Unterkiefer auf die Brust. Sie hatten mich für tot gehalten.

»Was zum Teufel muss man denn hier tun, um ein bisschen Zimmerservice zu bekommen!«, sagte ich und fügte hinzu: »Jon, wenn es dir nichts ausmacht, bitte doch Pete Athans herüber. Ich würde wirklich gern mit ihm reden.«

Athans, den ich von früheren Expeditionen her kannte, schaute herein und sah, dass ich tatsächlich noch am Leben war. Ich war voll angezogen. Ich hatte meine Stiefel an. (Ausziehen hatte ich sie nicht können, weil dann die Füße anschwellen und man sie nicht wieder anbekommt.) Also war es relativ leicht für mich, aufzustehen, mit Petes und Todds Hilfe die Steigeisen wieder anzulegen und zwei Liter Tee zu trinken. Jetzt war der tote Kerl bereit, durch die Lhotse-Flanke abzusteigen. Ich pisste wieder mein Bein hinab, während sie mir die Gletscherbrille aufsetzten. Pete hielt mich von vorn und Todd von hinten am Gurtzeug, und so legten wir ein Viertel des Abstiegs zurück, bis wir an einen Abschnitt mit Felsabbrüchen kamen, der »Gelbes Band« heißt. Dort trafen wir auf Mitglieder eines IMAX-Filmteams: Ed Viesturs, Amerikas bester Hochgebirgs-Kletterer, und Robert Schauer, ein österreichischer Kameramann, der mich den Rest des Wegs hinunter zum Lager III auf 7200 Meter Höhe eskortierte.

Dort stieß David Breashears zu uns, Filmregisseur und Leiter des IMAX-Teams. An diesem Punkt wollte ich nichts weiter als in ein Zelt zu kriechen und mich schlafen zu legen, doch David sagte nein, wir müssten weiter absteigen.

Ich sagte: »David, wenn du glaubst, dass ich das kann, dann vermute ich, ich kann es.«

Nach einer kurzen Ruhepause und weiterem Tee machten wir uns wieder auf den Weg, dieses Mal durch einen sehr steilen Teil der Flanke bis zum Lager II mitten im Tal des Schweigens auf 6400 Meter Höhe. Wir gingen so dicht beieinander, bemerkte ich, dass wir bei uns in Georgia als verheiratet gegolten hätten.

David ging vor mir. Mein einer Arm ruhte auf seinem Rucksack. Jedes Mal, wenn er einen Fuß vom Eis hob, ließ ich meine Steigeisen in den Abdruck rutschen, den er hinterlassen hatte. Hinter mir hielten mich entweder Ed oder Robert an meinem Gurtzeug fest. So schlingerten wir langsam die Flanke hinab.

Die anderen drei – David, Ed und Robert – sind Spitzen-Bergsteiger und zählen zu den berühmtesten und fähigsten Kletterern der Welt. Es entging mir nicht, dass ich, der absolute Stümper am Ende seiner Kletterkarriere, plötzlich vom Traumteam des Bergsteigens umgeben war. Eine weitere der kleinen Ironien, die das Leben so bietet.

Ich muss anmerken, dass mich die Lhotse-Flanke hinunterzugeleiten nur die letzte der selbstlosen Taten von David und dem Rest des IMAX-Teams bei dieser Katastrophe war. Als sie von der sich anbahnenden Tragödie hörten, funkten sie zum Hochlager auf dem Südsattel, wer immer ihre dort gelagerten Vorräte – Sauerstoff, Wasser, Essen, Batterien, was es auch sei – benötigte, sollte einfach ihre Zelte aufschneiden und sich nehmen, was gebraucht würde. Diese Männer erwiesen sich als wahre Mitglieder der Bruderschaft des Seils und ließen sich nicht von der ganz realen Möglichkeit irre machen, dass die Freigabe ihrer sorgsam gehüteten Vorräte ein Sieben-Millionen-Dollar-Projekt gefährdete.

Ich bin froh, dass dieser Fall nicht eintrat.

Während wir die Lhotse-Flanke hinabstiegen, fragte ich David, ob es ihm etwas ausmachen würde, wenn wir ein bisschen singen würden, um mich bei Laune zu halten. Ich bin sicher, dass er mich für verrückt hielt. Nichtsdestotrotz sangen wir bald darauf Aretha Franklins ›Chain of Fools‹, was dem Augenblick absolut angemessen war. Um die allgemeine Stimmung zu heben, versuchte ich es sogar mit makabrem Humor.

»Man hat mich gewarnt, dieser Trip würde mich einen Arm und ein Bein kosten«, sagte ich spöttisch zu David. »Bislang habe ich noch ein bisschen besser abgeschnitten.«

Unser Essenszelt im Lager II wurde in eine Krankenstation umgewandelt. Im Inneren sahen sich Dr. Ken Kamler, ein Handchirurg aus New York, und der dänische Arzt Dr. Henrik Jessen Hansen die Verwundeten an. Dazu zählte auch Gau Ming-Ho, Leiter der taiwanesischen Expedition, der auf den Spitznamen Makalu hörte. Er war ebenfalls spät am Berg in die Falle gegangen und hatte es bis zu Scott Fisher rund 350 Meter über dem Südsattel hinab geschafft, wo drei Sherpas ihn schließlich retteten. Den komatösen Fisher ließen sie zurück.

Im Lager II zogen sie mir die Ausrüstung aus – auch die Seiko –, und binnen einer Minute lag ich nackt auf dem Boden. Männer wie Frauen standen um mich herum, aber es hätte mir auch nichts ausgemacht, wenn sie Eintrittskarten verkauft hätten.

Schließlich steckten sie mich in einen Schlafsack, meine Hände legten sie in zwei Schüsseln mit warmem Wasser, um sie aufzutauen. Später wurden sie mit Silbernitrat (Höllenstein) behandelt, das man auch bei Verbrennungen verwendet – es tötet alle Keime –, und dick bandagiert, bis sie wie zwei Boxhandschuhe aussahen. Ich bekam etwas Advil, ein gefäßerweiterndes Mittel, und ein wenig Suppe.

Jemand verpasste mir eine Kochsalzlösungs-Infusion in den rechten Arm. Im Lager II war es sehr kalt. Obwohl sie den Schlauch durch warmes Wasser verlegten, meinte ich, als die Flüssigkeit in meine Venen gelangte, es würde mir ein Eiszapfen ins Herz gestoßen.

Dann hörte ich Gerüchte von einer Hubschrauber-Rettung. Dahinter steckte Peach. Es klang wie ein Märchen: Ist noch nie passiert, wird auch nicht passieren. Das tiefste Lager an diesem Berg lag noch ein ganzes Stück höher als die maximale Flughöhe des fraglichen Hubschraubers, ein EuroCopter Squirrel, der der Königlichen Nepalesischen Armee gehörte. Die Luft war hier so dünn und instabil, dass wir einfach vom Himmel fallen würden.

Das hatte Peach natürlich keiner gesagt. Und weil sie nicht wusste, dass das nicht ging, versuchte sie es. Zur Seite stand ihr eine Horde von Powerfrauen aus North Dallas – jede von denen ist meiner Ansicht nach in der Lage, von der Küche aus eines unserer Top-Fünfhundert-Unternehmen zu führen. Sie riefen jeden in den Vereinigten Staaten an. Wenn von meinen amerikanischen Lesern einer keinen Anruf von meiner Frau oder ihren Mitstreiterinnen bekam, lag das daran, dass sie oder er zufällig nicht zu Hause war.

Sie spannten die Senatorin meines Heimatstaats ein, Kay Bailey Hutchison, und genauso Tom Dashiel, den Führer der Demokratischen Minderheit im Senat; der machte dem Außenministerium die Hölle heiß, welches wiederum einen fähigen jungen Mann in der Botschaft in Katmandu kontaktierte, David Schensted, der mit einer wunderschönen nepalesischen Frau zusammenarbeitete, die Inu K. C. hieß. Die Initialen stehen für

Khatri Chhetri, und das bedeutete, dass Inu Mitglied einer Kriegerkaste war, *der* Kriegerkaste von Nepal.

K. C. zu sein ist keine leichte Aufgabe. Man lebt nach einem viel strengeren persönlichen Kodex als andere. Nachdem mehrere Piloten (vernünftigerweise) den Rettungsversuch abgelehnt hatten, sagte Inu zu Schensted: »Ich kenne einen Mann, der glaubt, dass er ein tapferes Herz hat, aber er ist noch niemals genügend herausgefordert worden, um sicher zu sein, dass dem so ist. Ich werde ihn fragen.«

Sie trafen den zweiundvierzigjährigen Lieutenant Colonel Madan K. C., als er gerade zum zweiten Schlag am ersten Loch des Königlichen Nepalesischen Golfclubs ausholte. Statt wie jeder andere Sterbliche eine so gefährliche Mission abzulehnen, nahm Madan K. C. die Herausforderung an. »Ich werde das machen«, sagte er. »Ich werde den Beck retten.«

Die beste, ja, die einzige Zeit, um eine solch gefährliche Operation am Everest riskieren zu können, ist früh am Morgen. Wie das Durchklettern des Khumbu-Eisbruchs erschwert die Sonneneinstrahlung das Fliegen in dieser Höhe, weil sie die Atmosphäre erwärmt, so dass sie noch dünner und instabiler wird. Madan wollte, dass die Luft so kalt und ruhig wie möglich war.

Um halb sechs standen wir an diesem Morgen auf und stiegen die 300 Höhenmeter durch das Tal des Schweigens bis zum Lager I an der Oberkante des Eisbruchs ab. Als wir ankamen, meldete sich das Funkgerät. Eine Stimme aus dem Basislager verkündete: »Der Hubschrauber ist da, er wird es versuchen. Er ist wegen Weathers hier. Macht euch fertig. Ein Bergsteiger. Nur ein Bergsteiger.«

## Madan:

Die amerikanische Botschaft hatte uns mitgeteilt, dass Beck Weathers verletzt am Berg in 6000 Meter Höhe lag. Wir waren noch nie so hoch geflogen, so dass wir es erst einmal unter uns diskutierten. Das ist ein sehr, sehr gefährlicher Ort, mit starken Winden. Doch wenn ich im Dienst bin, ist es meine moralische Pflicht, nicht zurückzuschrecken, wenn ich ein Leben retten kann.

Ich sagte zur amerikanischen Botschaft: »Wir versuchen es.«

Ich plante, von Katmandu um sechs Uhr morgens loszufliegen. Doch als wir zum Flughafen kamen, war dort eine Nachricht: »Sehr starker Wind. Nicht den Hubschrauber schicken.« Dann riefen sie wieder an: »Der Wind hat sich gelegt. Schickt den Hubschrauber.«

Wir starteten. Wir würden es einfach versuchen. Großes Zutrauen hatten wir nicht. Wir waren noch nie so weit oben, und man muss ganz dicht über den Khumbu-Eisbruch hinwegfliegen, um in jenes Tal zu kommen. Die Leistung der Maschine ist fast null.

Man muss sehr präzise arbeiten. Man fliegt am oberen Limit von allem.

Gerade als wir die Nachricht über Funk erhielten, kam eine Gruppe von Sherpas das Tal hinunter auf uns zu. Sie schleppten jemanden. Wie sich herausstellte, war es Makalu Gau, dessen Füße der Frost zerstört hatte, er konnte nicht mehr stehen.

Jetzt hatten wir ein Problem. Wir sprachen darüber, und ich sagte den anderen, dass ich nicht den Hubschrauber besteigen und Makalu zurücklassen könne. Ich denke, das war richtig, aber nicht der wahre Grund, warum ich es sagte. Ich wollte mir einfach nicht für den Rest meines Lebens Vorwürfe machen müssen.

Dann erblickten wir den Squirrel. Die glänzende grüne Maschine stieg direkt vor uns über die Abbruchkante und kam dann das Tal hoch, flog über uns hinweg und verschwand hinter einer Flanke. Ich fragte mich: »Ist der Kerl blöd?« Das war extrem dumm von ihm. Wenn er die Maschine aus *irgendeinem* Grund landet und nicht wieder abheben kann, ist er tot. Das *muss* er doch wissen.

Er war da oben in Zivilkleidung. Er war kein Bergsteiger. Er hatte nicht die Ausrüstung. Er hatte nicht die Erfahrung. Er hatte nicht die Fähigkeiten. Er säße über dem Khumbu-Eisbruch in der Falle, den 800 tückischsten Höhenmetern auf der Welt. Die Höhenkrankheit würde ihn umbringen, ehe er da herauskäme.

## Madan:

Wir flogen zum Lager I hoch, sahen aber niemanden. Normalerweise stellt man für eine Flugrettung eine Fahne oder etwas Ähnliches auf. Also flogen wir zum Lager II weiter und dann wieder zurück, als wir Menschen sahen, die einen Körper durch den Schnee schleppten. Er sah aus, als stecke er in Schwierigkeiten.

In dieser Höhe war der Hubschrauber zu schwer, um die Rettung zu versuchen. Mein Kopilot sagte: »Lass uns zurückfliegen. Es ist unmöglich.«

Ich sagte: »Lass es mich versuchen.«

Wichtig ist, dass man sich definitiv entscheidet. Entweder ja oder nein. Wenn man das nicht tut, macht man da oben leicht einen Fehler. Ich war mir sicher: »Okay, ich mache es jetzt.«

Also flog ich zum Basislager zurück und setzte meinen Kopiloten, überflüssige Ausrüstung und Treibstoff ab. Dann flog ich allein wieder hoch – ich hatte für 20 Minuten Treibstoff – und passierte das Lager nur einen Fuß über Grund. Ich wollte sehen, ob viel frischer Schnee hochgewirbelt würde. Wenn ja, konnte ich nicht landen. Wäre ich gelandet und hätte ich nicht wieder abheben können, wäre ich heute nicht mehr am Leben. Es waren minus zehn Grad.

Der Hubschrauber kam wieder hoch. Ein einsamer Mann. Präzise und umsichtig flog er durch das Tal, und dann setzte er die Kufen vorsichtig auf den Boden. Er wagte es nicht, sie mit dem ganzen Gewicht des Hubschraubers zu belasten. Er wusste nicht, ob er festen Grund hatte oder nur Chiffon über Luft. Man weiß hier oben nie, ob man über einer Gletscherspalte steht. Die Maschine lief mit voller Leistung. Seine Hände waren am Steuerknüppel festgefroren. Er bewegte den Kopf nicht nach links und nicht nach rechts – es würde die Tiefenwahrnehmung verändern.

Wir ergriffen Makalu wie einen Sack Kartoffeln, rannten mit ihm hinüber, warfen ihn ins Heck der Maschine und schlugen die Tür zu. Der Schwanz des Hubschraubers ging hoch. Die Maschine selbst hob nicht ab, aber sie bewegte sich auf den Eisbruch zu, an dessen Kante sie absackte – genau wie mein Herz, denn ich wusste, er würde nicht zurückkommen.

## Madan:

Als ich über das Lager I flog, banden sie einen Lumpen an den Stiel eines Eispickels, um mir die Windrichtung anzuzeigen, und sie markierten einen möglichen Landeplatz. Später erfuhr ich, dass sie das mit einer bonbonfarbenen Limonade gemacht hatten. Ich sah den kleinen Fleck auf dem Schnee. Dort war es zu abschüssig, also flog ich ein bisschen weiter nach links, wo ich zu landen beschloss. Ich sagte: »Bitte, Gott, lass es möglich sein.«

Ich befand mich zwischen zwei *riesigen* Spalten. Zu beiden Seiten des Hubschraubers waren sie nur wenige Meter entfernt. Dunkelblau waren die Spalten. Ein ganzes Haus hätte hineingepasst. Und ich stellte fest, dass es zwei Verletzte waren. Ich kümmerte mich nicht darum. Ich konnte meine Hand nicht vom Steuerknüppel nehmen, und ich wollte meinen Kopf nicht bewegen. Das hätte mein Urteilsvermögen beeinträchtigt. Ich sagte: »Nur einen«, und sie verstanden es schließlich.

Ich kam gut weg und setzte den Burschen am Basislager ab. Aber es war nicht der Beck. Also flog ich zurück, um den Beck zu holen.

Schließlich war die Rettungsaktion eigens für den Beck angesetzt worden. Es war wirklich eine sehr, sehr schwierige Mission. Es war einfach kein Spielraum für den Hubschrauber, wenn etwas schief ging. Es herrschte starker Wind – Rückenwind. Man braucht Gegenwind, weil das mehr Auftrieb gibt. Und ich musste so nahe wie möglich bei ihnen landen. Um 50 Meter zu gehen, brauchten sie eine Stunde. Ich hatte nur Treibstoff für wenige Minuten.

Ungefähr fünf Minuten lang standen wir einfach da. Wir sagten nichts, weil es nichts zu sagen gab. Und dann hörte ich eines der schönsten Geräusche, die ich in meinem gesamten Leben je gehört habe, *Wapp! Wapp! Wapp! Wapp!*, das typische Hackgeräusch eines Hubschraubers. Schon lange bevor wir die Maschine sehen konnten, hörten wir sie sich den 800-Meter-Hang hinaufquälen. Wieder kam derselbe einsame Mann in unser Blickfeld. Diesmal schien er sich mit noch mehr Autorität in dem Tal zu bewegen.

Mit derselben vollendeten Perfektion setzte er abermals die Kufen auf. Ich wartete keine Sekunde, so schnell ich konnte, rannte ich hinüber und warf mich ins Heck dieser Maschine. Sie schlugen die Tür hinter mir zu, wieder hob sich der Hubschrauberschwanz, und wir bewegten uns auf den Abhang zu, Gletscherspalten glitten unten den Kufen hinweg.

Wir schossen über die Abbruchkante, und dann zischten wir mit peitschenden Rotorblättern über unseren Köpfen jenen Hang hinunter – auf der verzweifelten Suche nach kalter, dichter, schwerer Luft, die genügend Auftrieb bot. Die Maschine unter unseren Hintern fühlte sich gut an, als sie aus freiem Fall wieder nach oben zog und wir wussten, dass wir in Sicherheit waren.

Im Basislager luden wir Makalu wieder ein. Genauso den Kopiloten. Und all die Ausrüstung, die Madan ausgeladen hatte, um seine Maschine leichter zu machen. Dann sah ich, dass Madan, als er mich holte, den Squirrel mit nur sieben Minuten Treibstoffvorrat geflogen hatte.

Madan ist für mich der außergewöhnlichste Mensch in dieser Geschichte, denn er kannte mich überhaupt nicht. Er kannte meine Familie nicht, und er hat eine eigene Familie, deren alleiniger Ernährer er ist. Sprache, Kultur, Religion und buchstäblich die halbe Welt trennten uns. Uns verband einzig, dass wir beide Menschen waren.

Dieser Mann wird sich niemals wieder fragen müssen, ob er ein tapferes Herz hat.

**Madan:**
Auf dem Rückweg nach Katmandu unterhielt ich mich mit dem Beck. Er war sehr aufgeregt, weinte, und er klopfte mir auf die Schulter. Er heulte und sagte: »Du hast mir das Leben gerettet.«

Später schrieb Peach an Madan und dankte ihm nochmals für den außerordentlichen Mut, mich von dem Berg zu holen. Später erfuhr ich von Madan, dass von den Hunderten von Rettungsflügen, bei denen er Menschen aus dem Himalaja geholt hatte, dieser der erste war, für den man ihm so sehr dankte.

Vielleicht nehmen wir es als gegeben hin, dass es Helden gibt.

# Acht

Als wir vom Berg herunter waren, erzählten David Breashears und andere mir, dass all die Toten am Everest und meine unwahrscheinliche Rückkehr international in großem Stil die Medien beschäftigten. »Seaborne« Weathers zerstörtes Gesichtsprofil erschien am 14. Mai auf der Titelseite der ›New York Times‹.

Wie viel Echo die Tragödie aber außerhalb der Klettergemeinde und unserer Familien fand, ging mir erst auf, als wir in Tribhuvan landeten. Kaum hatten wir aufgesetzt, war der Hubschrauber von Reportern umzingelt, überwiegend Japaner. Ein Blitzlichtfeuerwerk ging auf uns nieder.

Ich war eigentlich nicht bereit, vor die Presse zu treten. Ich sah aus und roch wie der Inhalt eines faulenden Müllcontainers, und so fühlte ich mich auch. Und ich hatte mir auch noch gar nicht richtig klar gemacht, was da gerade passiert war. Abgesehen davon trug ich Bergsteigerausrüstung, Stiefel und Überzeug und so weiter, nicht gerade ein bequemes Outfit für eine morgendliche Pressekonferenz im schwülen Katmandu.

Zu meiner Erleichterung wurde die Tür des Hubschraubers von David Schensted von der Botschaft geöffnet. Er stellte sich vor, schob mich an den Mikrofonen und Kameras vorbei und ab ging's zur Ciwek-Klinik in Katmandu, wo ein amerikanischer Arzt, Dr. David Schlim, mich untersuchen sollte.

In der Klinik ergriff ich die Gelegenheit zu einem ersten Anruf bei Peach zu Hause. Bis zu diesem Zeitpunkt hatte ihr noch niemand klar gesagt, was genau passiert war. Ich berichtete, ich sei zwar ziemlich grün und blau, glaubte aber, dass ich wieder in Ordnung käme. Sie erzählte, dass mein jüngerer Bruder, Dan, ebenfalls Arzt und zu der Zeit in der Notaufnahme des Medical City Hospital in Dallas beschäftigt, wo auch ich praktizierte, auf dem Weg nach Nepal war. Diese Nachricht bereitete mir besondere Freude: Ich hatte gerade angefangen, darüber nachzudenken, wie ich ohne Hände wieder nach Hause käme.

## Peach:

Ich liebe meinen Gatten zutiefst, und so war es schon immer. Doch als Beck sich im März 1996 in Richtung Mount Everest aufmachte – dort verbrachte er unseren 20. Hochzeitstag –, beschloss ich, dass er jetzt zum letzten Mal vor uns weggelaufen war. Beck lebte nur für seine Leidenschaft, und ich hatte keine Hoffnung mehr, dass unsere Ehe zu retten war. *So* wollte ich einfach nicht mehr mein Leben vergeuden.

Selbstsüchtig schien Beck entschlossen, sich entweder selbst umzubringen oder umgebracht zu werden. Er würde dies niemals zugeben, aber ich glaube, als er zum Everest ging, war er halbwegs überzeugt, dass er dort sterben würde. Ich spürte seine Furcht, auch noch am Flughafen. Ich konnte mich nicht erinnern, dass ich ihn jemals so ängstlich erlebt hatte. Er sprach darüber nicht, aber jemandem, den man gut kennt, sieht man das an. Es ist die Körpersprache, alles.

Wann immer Beck auf diese Reisen ging, hörten wir *niemals* etwas von ihm. Wochen vergingen ohne eine Nachricht. Wir hätte alle in einem Tornado umkommen können, und Beck hätte es nicht gewusst.

Diesmal jedoch hielt er Kontakt. Ich erinnere mich, dass er mich am 4. Mai zu Hause anrief und sagte, dass sie nach einem Monat am Berg alle schließlich fit für die Gipfeltour wären. Sowohl Meg als auch ich sprachen mit ihm.

Spätestens jede zweite Nacht bekam ich ein Fax von ihm. Er war nicht so selbstsicher wie sonst. Es ging ihm nicht so gut. Klagte und jammerte ein bisschen. Mr. Kugelfest hatte Angst, und er musste reden. Ich dachte bei mir: Wenn du nicht mit mir reden willst, wenn du hier bist, warum willst du dann mit mir reden, wenn du weg bist? Das ergab für mich einfach keinen Sinn.

Wenn er keine Antwort von mir bekam, machte er sich Sorgen. »Warum habe ich nichts von dir gehört?« Natürlich schrieb ich Faxe an ihn, aber ich kam nicht immer zu ihm durch.

Die eigentliche Frage war natürlich: Warum musste er dies überhaupt tun?

Als Beck weg war, sah ich im Fernsehen einen Bericht über diese Schottin, die beim Klettern in den Bergen umgekommen war. Ihr Gatte nahm später ihre zwei Kinder mit in den Himalaja, um ihnen zu zeigen, wo ihre Mutter gestorben war.

Ich weiß noch, dass ich damals dachte: Das wird ihnen ja verdammt noch mal verflucht gut tun, wenn man einem vier- beziehungsweise zweijährigen Kind sagt: »Mami ist da oben im Himmel.«

Ich dachte: Bestimmt fühlen sie sich dann besser. »Mami war eine so tapfere Frau.« Das wird ihnen nicht helfen, wenn sie hinfallen und sich die Knie aufschlagen.

Am Freitag, dem 10. Mai, erhielt ich nachts einen kurzen Anruf von Madeleine David in Neuseeland. Sie sagte, Beck hätte es nicht mit dem Rest der Kletterer auf den Gipfel geschafft, aber es gehe ihm gut und sie alle kämen jetzt vom Berg herunter. Nichts an ihrer Stimme beunruhigte mich. Doch nach dem Gespräch konnte ich nicht schlafen. Ich ging aus dem Schlafzimmer ins Wohnzimmer und legte mich auf die Couch. Dort schlief ich den Rest der Nacht.

Als sie am nächsten Morgen wieder anrief und berichtete, dass Beck tot sei, stand ich unter Schock. Meine schlimmsten Alpträume waren wahr geworden. Aber ich zeigte keine Reaktion. Es war genauso, als wenn man sich das Bein bricht. Taub. Ich konnte nicht weinen. Ich dachte nur andauernd: Oh, mein Gott, was soll ich jetzt tun? Meine Kinder hatten plötzlich keinen Vater mehr, das würde jede Menge Probleme mit sich bringen. Ich war allein im Haus mit unserem Sohn, Beck, der gerade in die Highschool gekommen war und in seinem Zimmer schlief. Unsere Tochter, Meg, die die achte Klasse besuchte, hatte die Nacht in der Schule verbracht und eine Gruppe jüngerer Kinder beaufsichtigt, die dort übernachteten.

Ich hatte absolut keine Lust, meinen Kindern zu sagen, dass ihr Vater tot war, also versuchte ich das zu verschieben. Statt in Becks Zimmer zu gehen und ihn mit der Nachricht zu wecken, machte ich zunächst ein paar Telefonanrufe. Man reagiert instinktiv, wenn die Katastrophe da ist. Mein Instinkt an jenem Morgen war, Kraft zu schöpfen. Also rief ich meinen Bruder Howie in Atlanta an und dann unsere Freunde in Dallas: Terry und Pat White, Garrett und Cecilia Boone, Jim und Marianne Ketchersid, Linda Gravelle und Victoria Bryhan. Ich telefonierte auch mit Becks jüngerem Bruder, Dan. Die meisten von ihnen schauten sofort bei mir vorbei. Im Lauf des Morgens erreichte ich noch mehrere andere liebe Freunde. Ich brauchte jetzt solche Menschen um mich.

Sie waren meine und Becks Freunde, Menschen, an die ich mich im Lauf der letzten zehn Jahre wiederholt um Hilfe gewandt habe. Treu standen sie zu uns.

Als sie angekommen waren und ich keine Entschuldigung für weiteres Zögern mehr hatte, ging ich zu meinem Sohn, weckte ihn und sagte ihm, dass sein Vater umgekommen sei. Bub sagte so etwas wie: »Du machst doch nur Spaß?« Er weinte nicht. Er weint niemals, wenn man das eigentlich erwartet. Er weint immer erst später, beim Begräbnis.

## Bub:

Ich weiß, eine Menge Leute fürchteten, dass meinem Dad am Everest etwas zustoßen könnte. Aber ich hatte nicht viel darauf gegeben. Es war nichts Neues, dass Dad weg war und auf Bergen herumkletterte. Vielleicht hätte ich etwas ahnen können – der Everest hat einen Ruf wie kein anderer Berg –, aber um ehrlich zu sein, ich glaube, ich fühlte mich einfach besser, wenn ich mir keine Gedanken machte.

Dann wurde ich an jenem Morgen mit den Worten geweckt: »Dein Dad ist umgekommen.« Das sagte Mom zu mir, dann wandte sie sich ab und verließ das Zimmer. Ich dachte: »Na ja, verrückter Traum.« Dann ging mir auf, was sie gesagt hatte. Ich wusste nicht, was ich empfinden sollte. Ich hatte eigentlich gar kein Gefühl. Ich stand auf. Die Freunde meiner Mom weinten alle. Den Rest des Vormittags ging ich mit großen Augen und offenem Mund herum. Ich verweigerte mich nicht, ich war einfach taub. Ich weiß noch, dass viel darüber geredet wurde, wie man meiner Schwester beibringen sollte, was passiert war. Alle fanden, dass weder meine Mom noch ich fahren sollten, also fuhr uns Moms Freundin Linda Gravelle hinüber zu Megs Schule.

## Meg:

Meine Naturkundelehrerin holte mich eine Stunde zu früh aus dem Bett. »Deine Mom ist da«, sagte sie.

Also zog ich mich an und ging hinunter. Alle schauten mich komisch an. Als wollten sie sagen: »Ja, weißt du …« Wir gingen hinaus, wo Mom zu mir sagte: »Dad ist gestorben.«

Einen Moment war ich schockiert, vielleicht war das nur ein Traum. Dann brach ich in Tränen aus, ließ alles fallen, was ich in den Händen hatte. Schließlich brach ich zusammen. Mein Bruder nahm meine Sachen, und meine Mom schob mich ins Auto.

Wir fuhren nach Hause, und ich saß einfach auf einem Stuhl im Wohnzimmer, es war wie in einem Traum. Das war nicht ich, das war jemand, der mich beobachtete. Schließlich kam meine Freundin Katherine Boone herüber, und auch andere, wirklich gute Freundinnen schauten vorbei, und wir saßen alle in meinem Zimmer. Ich sagte: »Ich habe ihn gebeten, nicht zu gehen! Ich habe ihm gesagt, er solle zu Hause bleiben! Ich habe gebettelt, dass er nicht zum Everest geht.«

Etwas später unterhielt ich mich mit einer anderen Freundin, Mariana Pickering, als ich meine Mom am Telefon sagen hörte: »Sind Sie sicher? Sind Sie sicher?« Dann drehte sie sich um und sagte: »Beck lebt.«

Wieder brach ich in Tränen aus. Das ist so eine Angewohnheit von mir. Dann überwältigte mich das Gefühl, dass es ihm gut ging. Ich kenne meinen Dad. Wenn er den Anfang überlebt – von was auch immer –, dann bleibt er dran, denn wir beide sind wirklich stur. Wenn er sich die ganze Nacht lang oben an diesem Berg ans Leben geklammert hatte, dann würde er jetzt nicht mehr loslassen.

Für den Samstag, als ich auf dem Mount Everest starb, hatte Meg ihr erstes richtiges Rendezvous geplant. Was Väter alles tun, um ihre Töchter von den Jungs fernzuhalten. Ich hatte mal viel Format, und ich war tief gesunken.

# Neun

## Peach:

Ich weiß heute, dass Madeleine David vermutlich versuchte, mich auf das Unvermeidliche vorzubereiten. Offensichtlich gingen alle zu diesem Zeitpunkt davon aus, dass Beck auf die eine oder andere Weise gestorben sei. Doch ich verspürte nichts als Hoffnung. Einen Moment lang herrschten Erleichterung und Freude, dann gingen wir alle geradewegs die Frage an: Wie kriegen wir ihn in Sicherheit?

Gefühle waren ein Luxus, für den ich keine Zeit hatte. Ich konzentrierte mich darauf, meine fünf Sinne beieinander zu halten, einfach weiterzumachen. Natürlich wäre ich am liebsten hysterisch geworden, wäre in mein Zimmer gegangen und hätte Dampf abgelassen. Doch wenn ich das getan hätte, wären auch meine Kinder hysterisch geworden. Das wollte ich nicht.

## Cecilia Boone:

Den ganzen Tag lang war das Haus voller Menschen. Sie kamen und gingen. Kinder. Ältere Leute. Ich wette, dass da jederzeit 25 oder 30 Personen anwesend waren. Und mittendrin war Peach, die auch noch gebatikte Hemden wusch!

Meg hatte sie an diesem Morgen aus der Schule mitgebracht, sie waren Teil ihres Projekts und mussten in kaltem Wasser gewaschen werden oder so ähnlich. Während also alle anderen am Telefon hingen und in der Stadt herumtelefonierten und Hilfe und Rat suchten, hatte Peach diese T-Shirts in der Waschmaschine!

## Peach:

Wir sorgten uns nicht darum, wie Beck vom Berg herunterkäme. Wir wussten nicht, was das bedeutete, was für eine große Sache das war. Wir wussten nur, dass er in kritischem Zustand war und dass er wahrscheinlich eine bessere medizinische Betreuung brauchte, als sie Nepal bieten konnte. Das war der Punkt.

Von Samstag bis weit in den Sonntag hinein – Muttertag – bearbeiteten alle die Telefone. Terry White, ein Hämatologe und Onkologe, und Jon Esber, Becks Partner in der Pathologie, organisierten die Suche nach dem am nächsten gelegenen medizinischen Zentrum mit in den USA ausgebildeten Ärzten. Es fand sich in Singapur.

Da wir vermuteten, Beck habe Frostschäden erlitten, leitete Terry auch die Suche nach einem Experten dafür ein. Den weltweit besten gab es in Alaska, und so planten wir dort nach Singapur einen zweiten Zwischenaufenthalt für Beck ein, wenn wir ihn erst einmal aus Nepal heraus hatten.

Unsere Suche nach einer Möglichkeit, Beck zu evakuieren, begann mit Kay Bailey Hutchison, der jungen Republikanischen Senatorin aus Texas, die mehrere von uns kannten. Ihr Büro hielt ständig Kontakt zu uns. Linda Gravelle rief unseren Gouverneur an, George W. Bush. Seine Zwillingstöchter waren mit Meg und auch mit Lindas Tochter Gwyneth zur Schule gegangen.

## Linda Gravelle:

Ich rief ihn über seine Privatleitung in Austin an und hatte seine Tochter Jenna am Apparat. Ich sagte: »Ich muss deinen Vater sprechen.« Sie antwortete: »Nun, der ist beim Joggen«, oder etwas Ähnliches. Ich erzählte ihr, was passiert war, und dass es sehr wichtig sei, dass er mich zurückrief. Als er das tat, erklärte er mir, dies sei Sache der Regierung, auf Bundesstaatsebene könne er da nichts machen. Ich antwortete: »Ich glaub das nicht! Es geht um jemanden, den Sie kennen, und Sie wollen noch nicht einmal zu helfen versuchen!«

Er antwortete: »Ich kann einfach nichts tun. Ich weiß nicht, was ich Ihnen sagen soll.«

Ich war ziemlich sauer. Wir haben ihn inzwischen mal wieder getroffen, aber das Thema wurde nicht angeschnitten.

Dann meinte jemand: »Wir müssen einen Demokraten einspannen.«

## Peach:

Cappy und Janie McGavr, Freunde von uns, standen Tom Dashiel nahe, dem Minderheitenführer im Senat. An diesem Morgen erreichten sie ihn zu Hause. Dashiel kontaktierte das Außenministerium, das die Botschaft in Katmandu einschaltete, die David Schensted mit der Aufgabe betraute, was schließlich dazu führte, dass Madan K. C. sein Leben riskierte, um das von Beck zu retten.

Madeleine David rief mich Sonntagabend gegen 22 Uhr (Dallas-Zeit) an und berichtete, es sei gelungen, Beck mit dem Hubschrauber auszufliegen. Binnen einer Stunde würde er in Katmandu sein. Ich hatte ein Ticket für einen Flug nach Nepal am folgenden Abend um 20.20 Uhr. Doch da Beck nun gerettet war und sein Bruder Dan jede Minute in Katmandu eintreffen würde, riet mir Madeleine, meinen Flug zu stornieren. Beck und Dan würden wahrscheinlich schon auf dem Heimflug sein, ehe ich überhaupt da sein konnte.

Rund drei Stunden später, gegen 1.30 Uhr früh am Montag, rief mich Beck selbst aus Katmandu an. Mitten in der Nacht von ihm zu hören, war nichts Neues. Als Beck noch Medizin studierte und mir den Hof machte, rief er mich oft des Nachts an. Ich war daran gewöhnt.

Was diesen Anruf von allen anderen davor und danach unterschied, war Becks eindeutiges Bedürfnis, in Kontakt mit mir zu sein, wirklich mit mir zu *reden*. Wir sprachen es nicht an, aber ich spürte sofort, dass mit meinem Mann etwas völlig anders war. Irgendetwas hatte ihn verwandelt – ich wusste noch nicht was –, etwas, das über die Todesgefahr hinausging. In der war er schon öfter gewesen.

Er versicherte mir, dass es ihm gut ginge und dass er von einem Dr. Schlim versorgt werde. Ich wusste nichts von der Rettungsaktion – und wie gefährlich sie war –, bis Beck sie mir bei diesem Anruf in groben Zügen schilderte. Von der Erscheinung, die er gehabt hatte, erfuhr ich erst am folgenden Tag, als wir für die ›Today‹-Show interviewt wurden.

Da erzählte er der ganzen Welt, dass er vor seinem geistigen Auge mich und die Kinder gesehen hatte. Ich war darüber sehr überrascht und zugleich traurig, weil es dazu einer solchen Tragödie bedurft hatte. Er hatte beinahe sterben müssen, ehe ihm die Augen aufgingen.

Nachdem Schlim meine Hände neu verbunden und mir ein paar Antibiotika verabreicht hatte, ging ich vom Krankenhaus ein oder zwei Straßenblöcke weiter zu einem der besseren Hotels von Katmandu, dem Yak & Yeti, und checkte ein.

Wenn Sie glauben, Sie hätten jemals in einem Hotel mit Komplettservice gewohnt, vermute ich, dass Sie keine genaue Vorstellung haben, was zu einem umfassenden Service alles dazugehören kann. Die Leute vom Yak & Yeti, die meinen hilflosen Zustand erkannten, waren so umsichtig, einen jungen Mann im Gang vor meinem Zimmer für den Fall zu stationieren, dass ich etwas brauchte – und sei es, dass mein Hintern abgewischt werden musste. Glücklicherweise musste ich ihn nicht darum bitten, ich hatte tagelang nichts gegessen, was die Sache sehr vereinfachte.

Als ich mich kurze Zeit später auf meinem Zimmer ausruhte und über meine jüngsten Erlebnisse mit dem schmalen Grat zwischen Leben und Tod nachdachte, stand mein Bruder Dan in der Tür. In der Hand hatte er einen Koffer mit allem Drum und Dran, das man in der Notaufnahme braucht, und wahrscheinlich auch mit sämtlichen Arzneimitteln, die der Menschheit bekannt sind. Ich weiß nicht, ob er auch alles für eine Herzoperation dabei hatte, aber viel dürfte daran nicht gefehlt haben.

Dan hatte mir auch Kleidung zum Wechseln mitgebracht. Ich war erleichtert, ihn zu sehen, und auch er war ziemlich aufgewühlt. Wir hatten gerade erst ein paar Worte gewechselt, als er herausplatzte: »Mach nie, *nie* wieder etwas, das dich ins Fernsehen bringt!«

## Dan:

Im Lauf der Jahre hatte ich viele, viele hundert Male die traurige Pflicht, anderen verheerende Neuigkeiten zu übermitteln. Doch mir selbst war noch nie eine solche überbracht worden. Auf der Seite des Empfängers sieht die Welt ganz anders aus.

Das Telefon klingelte um 7.22 Uhr am Sonntagmorgen. Ich schlief noch, und ehe ich den Hörer ergreifen konnte, wurde auf Voice-Mail umgeschaltet. Sofort ging ich ins nächste Zimmer und rief Peach an, die abrupt sagte: »Beck ist tot.« Sie sagte, sie würde mich später anrufen.

Ich begann zu schluchzen, wovon meine Frau Brenda aufwachte. Dann saßen sie und ich und ihr Sohn, Robert, auf dem Fußboden und beteten und weinten stundenlang. Ich schrieb einen letzten Brief an Beck. Darin stand unter anderem: »Mit Worten kann ich nicht beschreiben, wie sehr ich dich vermisse. Während meines ganzen Lebens, wann immer ich stolperte oder stürzte, warst du da, um mich aufzufangen ... Immer und immer wieder. Von allen Menschen in meinem Leben hast du mich am meisten beeinflusst. Dank deiner Liebe und Unterstützung konnte ich auch die schwersten Zeiten ertragen.«

Ich gab den Brief später Beck.

Dann erhielten wir den zweiten Anruf von Peach. Er sei in kritischem Zustand, war alles, was sie mir sagen konnte. Sofort beschloss ich, mich auf den Weg zu machen.

Es fällt mir schwer, dies zu beschreiben. Beck ist 16 Monate älter als ich. 15 oder 16 Jahre lang teilten wir uns das Zimmer. Auch auf dem College und während der Medizinerausbildung teilten wir uns Appartements. Wir stehen uns vermutlich so nahe, wie es bei zwei Brüdern nur der Fall sein kann, obwohl wir nicht sehr viele Worte darum machen. Ich liebe ihn innig.

Ich empfand es als Pflicht, ihm zu Hilfe zu kommen, ganz egal, wo er war. Ich wusste zu diesem Zeitpunkt noch nicht, wo ich hinmusste oder wie ich da hingelangen konnte. Doch ich wusste, ich würde ihn finden.

Ich vertraute nicht darauf, dass er in Nepal medizinisch ausreichend versorgt werden konnte, also ging ich mit einem Koffer in die Notaufnahme des Krankenhauses und erklärte meiner Oberschwester, was vorgefallen war. Ich sagte ihr, sie solle so viel medizinische Ausrüstung in den Koffer packen wie nur möglich. Und so packten die Schwestern Infusionen, Schienen, Bandagen, Binden, Katheter und alle möglichen Medikamente ein. Ich ging in die Apotheke und kaufte Morphium und Demerol.

Die Lufthansa war die einzige Fluglinie, die von Dallas nach Nepal flog, und das Büro wollte mir ohne Reservierung kein Einweg-Ticket nach Katmandu verkaufen. Als würde man so einen Trip aus Jux und Tollerei machen. Ich musste erst dem Chef erklären, dass ich dringend nach Nepal musste, um meinen Bruder zu suchen. Sie buchten mich auf einen Flug, der Dallas gegen 19 Uhr am Samstagabend verließ.

Ich flog zunächst nach Frankfurt am Main, wo ich einen sechsstündigen Aufenthalt hatte, dann weiter nach Dubai und schließlich nach Katmandu. Alles in allem brauchte ich gut 30 Stunden, kam also in Katmandu am Montag gegen Mittag an. Ich glaube, das war rund eine Stunde, nachdem Beck mit dem Hubschrauber vom Mount Everest heruntergebracht worden war.

Ich hatte keine Ahnung, wo er sein könnte. Als Erstes musste ich den Zöllnern erklären, was ich da alles mit mir führte, warum ich da war und was ich vorhatte. Sie waren sehr höflich und halfen mir, so gut sie konnten. Sie gaben mir ein Visum für eine Woche, und ich suchte nach einem Hotel.

Ich hatte gerade eingecheckt, da sagte zu meiner Überraschung ein Hotelangestellter, einige Leute würden nach mir suchen. Es handelte sich um zwei Angestellte von Adventure Consultants, die mich in David Schlims Büro brachten. Das alles passierte sehr schnell. Nur eine Stunde nach meiner Ankunft in Katmandu sprach ich mit David Schlim.

Er war mir sofort sympathisch. Er erzählte, er hätte auch den taiwanesischen Bergsteiger Makalu Gau untersucht, und der sei in viel schlechterem Zustand als Beck. Schlim meinte, wenigstens eine von Becks Händen wäre wieder hinzubekommen. Er sagte auch, organische Schäden hätte Beck nicht davongetragen, er hätte nur an den Extremitäten Erfrierungen dritten und vierten Grades.

David und ich sprachen vielleicht eine halbe Stunde miteinander, dann brachte er mich persönlich zum Yak & Yeti, das gerade um die Ecke lag. Ich hatte angenommen, Beck sei in einer Klinik, und erst als David mich an dem jungen Mann vorbeiführte, der vor Becks Tür stand, und wir sein Hotelzimmer betraten, ging mir auf, dass Beck nicht im Krankenhaus war, sondern hier, im Hotel.

Abgesehen von den Stiefeln trug Beck seine Bergsteigerkluft. Er roch wie ein Patient mit Verbrennungen. Im Verlauf der Jahre hatte ich zahlreiche solche Opfer behandelt, ich kannte den Geruch abgestorbenen Gewebes.

Ich habe an das Wiedersehen etwas andere Erinnerungen als Beck.

Er war sehr, sehr glücklich, am Leben, von den Toten zurück zu sein. Sehr aufgewühlt. Ich hingegen konzentrierte mich auf seine Verletzungen, die verheerend waren. Ich erkannte, dass eine Amputation nötig sein würde. Daran gab es keinen Zweifel. Seine rechte Hand war kalt wie Stein, tot. Die Haut zog sich bereits von den Knochen zurück. Sie sah aus, als hätte er sie in den Ofen gesteckt und dort vergessen.

Ich hatte jede Menge Schmerzmittel dabei, doch Beck brauchte sie nicht. Bei Verbrennungen oder Erfrierungen dritten oder vierten Grades hat man nicht viel Schmerzen. Die Nerven sind alle tot.

Seine linke Hand sah besser aus. Ich dachte, dort würde er nur die Fingerspitzen verlieren, nur die äußersten Glieder müssten amputiert werden.

Ohne seine Hände war Beck hilflos, was bedeutete, dass sich zwischen uns eine Beziehung entwickelte wie noch nie zuvor. Ich kümmerte mich um seine sämtlichen Körperfunktionen. Und ich tat es gern. Er war bis auf die Knochen abgemagert.

Am Nachmittag besuchte mich jemand von der japanischen Botschaft. Er fragte, ob ich bereit wäre, Yasuko Nambas Familie kennenzulernen. Natürlich würde ich das tun, sagte ich, obwohl ich auf dieses Treffen nicht versessen war. Der Mann von der Botschaft hatte eine kleine Schachtel Pralinen als Geschenk mitgebracht.

Als Dan und ich vom Abendessen zurückkamen, sah ich eine Gruppe Japaner an einem Tisch nahe dem Haupteingang des Yak & Yeti sitzen. Sofort wusste ich, dass es sich um Yasukos Familie handeln musste: ihren Mann, ihren Bruder und zwei Freunde.

Sie wollten alles über sie und ihre letzten Augenblicke wissen. Ich wusste eigentlich nicht, was ich ihnen erzählen sollte. Verzweifelt suchte ich nach etwas, das ihnen Trost spenden könnte. Doch so leicht mir die Worte normalerweise über die Lippen kommen, ein paar Mal in meinem Leben versiegte der Strom. So auch bei dieser Gelegenheit. Irgendwie fühlte ich mich schuldig, dass ich da stand, lebendig, während Yasuko tot war. Sinnvoll Trost spenden konnte ich da nicht.

# Zehn

Meine stärksten Eindrücke in den zwei Tagen, die Dan und ich in Katmandu verbrachten, waren die Gegensätze. Eben noch lag ich so gut wie tot auf jenem kalten, sterilen Berg, jetzt war ich sicher im warmen Katmandu, das vor Leben sprüht.

Ich erinnere mich, wie ich aus dem Fenster meines ebenerdigen Hotelzimmers in einen schönen Garten blickte. Er war voller Blumen, Vögel flatterten herum. Was für ein schriller Kontrast zum Everest! Eines Abends gab man in diesem Garten eine große Party, laut und bunt und hell erleuchtet. Um mich herum war ausgelassenes Leben, aber meine Gedanken kehrten immer wieder zu den fünf Menschen zurück, die ich ziemlich gut gekannt hatte und die jetzt erfroren auf dem Everest lagen.

Noch eine andere Art von Gegensatz erlebte ich, der ich jetzt einer Kreatur aus einem billigen Horrorfilm ähnelte. Meine Hände waren riesige Bälle von Bandagen. Mein Gesicht war rot und geschwollen, Nase und Wangen schwarz verschorft. Die Japaner, die ich in Katmandu traf, ignorierten das – als wäre mir noch nicht einmal eine Haarsträhne verrutscht. Andererseits erinnere ich mich, wie ich ins Hotelfoyer kam, wo eine nepalesische Putzfrau den Boden wischte. Sie erblickte mich und erstarrte mit weit aufgerissenem Mund, ihr Schrubber klapperte auf den Boden.

An unserem zweiten Tag in Katmandu begegnete ich nach einem Interview für das amerikanische Fernsehen in einem der Regierungsgebäude einem hohen nepalesischen Beamten mit einer Gurkha-Wache. Er fand mich faszinierend (oder abstoßend?). Er kam ganz nah, bis auf zehn Zentimeter, an mein

Gesicht heran und starrte an mir hoch und runter, als wäre ich ein anthropologisches Ausstellungsstück. Er schämte sich kein bisschen für seine Neugier.

Dr. Schlim untersuchte mich noch einmal, bevor wir abreisten. Während ich in seiner Klinik lag, erstattete ich Elizabeth Hawley Bericht, die in einem klapprigen Volkswagen vorgefahren war. Als inoffizielle Historikerin des Bergsteigens in Nepal ist sie so etwas wie eine Legende. Jeder, der aus den Bergen zurückkommt und eine Geschichte zu erzählen hat, wird von ihr peinlichst genau befragt.

Der Lufthansa-Flug nach Hause – wir ließen es uns auf den Sitzen in der ersten Klasse gut gehen – war lang und größtenteils ereignislos. Dan und ich stellten so etwas wie einen Höhenrekord für das Hineinzwängen zweier Erwachsener in die winzige Flugzeugtoilette auf. Bei unserem Zwischenaufenthalt in Frankfurt am Main sprach mich überraschenderweise eine junge Frau vom Team der Fernsehjournalistin Diane Sawyer an. Ob ich einwilligte, live über Satellit Sawyer ein Interview zu geben – jetzt auf der Stelle. Fast ohne nachzudenken stimmte ich zu. Es wäre mir nicht eingefallen, nein zu sagen.

Dann weiter nach Dallas. Als wir glücklich gelandet zum Flugsteig rollten, fing ein Mitreisender, der seit Stunden gesoffen hatte, an zu schreien: »Niemals wieder werde ich die verdammte Heimat verlassen! Ich werde *niemals* wieder weggehen!« Er schien sich seiner Sache ganz sicher.

Ich erlaubte mir den Spaß, ihn zu fragen, warum er mir meinen Text gestohlen hätte.

Als wir das Flugzeug verließen, wurden wir sofort durch eine Seitentür neben dem Ausgang geleitet. Unsere Begleiterin sagte, es wäre leichter, mit einem Haufen Reporter fertig zu werden, wenn ich mich in einem Rollstuhl durch das Abfertigungsgebäude fahren ließe. Ich willigte ein.

Kurz stellten wir uns der Presse; Bub verlas eine Erklärung, die meine Familie vorbereitet hatte. Ich war einfach nur unglaublich dankbar, wieder zurück zu sein. Es sei zwar nicht Kansas, sagte ich, aber ich wäre zu Hause.

Peach wartete auf mich in der VIP-Lounge. Jemand von der Lufthansa hatte mir eine Rose gegeben, die ich ihr reichte. Ich erkannte Liebe in ihren Augen, aber auch einen Ausdruck, der zu sagen schien: Ich bin nicht sicher, wie das sein wird, wenn wir wieder in unserem Haus sind. Doch in diesem Augenblick wollte ich nichts weiter als sie umarmen. Ich dachte an nichts anderes. Ich wollte ihr Haar riechen und ihr Gesicht an meinem spüren. Jetzt hatte ich das Gefühl, endgültig zurück zu sein, nicht mehr auf der Reise.

## Peach:

Ich war unendlich erleichtert, dass er zu Hause war. Sein Anblick machte mir überhaupt nichts aus. Er sah nicht gut aus, aber Beck ist Beck. Ich brachte einfach die Dinge auf die Reihe, immer nur eine Krise auf einmal. Er ist krank, also gehen wir das an. Irgendwann einmal muss ich ihn gemocht haben.

Beck sagte mir, dass er mich immer geliebt habe. Doch meine Definition von Liebe schließt nicht ein, was er mir und vor allem unseren Kindern angetan hatte. Wenn er mich wirklich geliebt hätte, dachte ich, hätte er das nie und nimmer getan.

Vor langer Zeit hatte ich mir eingeredet, dass ich die Beziehung zu meiner Familie wieder ins Reine bringen könnte, wenn ich mich nur darauf konzentrierte. Wenn ich mit der Kletterei aufhören könnte, dachte ich, könnten wir das gemeinsam schaffen. Jetzt, da es mit der Bergsteigerei endgültig vorbei war, war es an der Zeit, diese Hypothese zu überprüfen.

Auf dem Heimflug wich die Freude, überhaupt überlebt zu haben, einem Gefühl der Erleichterung, dass ich vom Berg herunter war und zurückkehrte. Doch dazu gesellten sich Sorgen: Was war mit meinen Verwundungen, mit der Zukunft, Peach? Zu diesem Zeitpunkt waren das alles Unbekannte.

Ich habe nicht viel Selbstvertrauen, und die meiste Zeit geht es mir nicht sonderlich gut. Berge rauf und runter zu hasten hatte mir geholfen, dieses Problem in Schach zu halten. Nun war die Zukunft plötzlich sehr ungewiss, und auf Unsicherheit bin ich nicht gerade versessen. Ich sorgte mich, dass ich verkrüppelt sein würde, *wie* verkrüppelt, wie es mit meiner Arbeit weitergehen sollte. Und mir fiel ein, dass Peach gesagt hatte, ich würde mich umbringen oder zum Krüppel machen, und da war ich nun so weit!

Ich freute mich nicht gerade auf dieses Gespräch.

Am ersten Abend zu Hause erzählte mir Peach, dass die Jahre meines besessenen Bergsteigens die Kinder und sie mir entfremdet hätten. Vor meiner Abreise hatte sie das Gefühl, das alles nicht mehr aushalten zu können, und während ich auf dem Berg war, hatte sie beschlossen, mir sofort nach meiner Rückkehr nach Dallas zu erklären, dass unsere Ehe am Ende sei und sie mich verlassen würde.

»Der Teufel soll dich holen, dass du mir das angetan hast«, fügte sie hinzu.

Ich sagte ihr, mir sei bewusst, dass ich schuld an allem sei, was mir zugestoßen ist, und dass ich die Konsequenzen zu tragen hätte. Sie müsste das nicht alles mit mir durchstehen – und ganz bestimmt nicht bloß aus Mitleid. Ich würde ihr niemals einen Vorwurf machen, wenn sie mich verließe. Ich würde es verstehen und nie und nimmer ihren Entschluss kritisieren.

Sie sagte: »Nein, ich gebe dir ein Jahr. Wenn du am Ende dieses Jahres wirklich ein anderer Mensch geworden bist, dann reden wir noch einmal darüber.«

In diesem Augenblick beschloss ich, meine ganze Kraft und Leidenschaft daran zu geben, dass ich am Ende dieses Jahres wirklich ein anderer Mensch wäre. Irgendwie würde ich nicht nur ihre Liebe wiedergewinnen, sondern auch das verlorene Vertrauen. Selbst in diesem Moment, glaubte ich, liebte Peach mich noch immer, doch der Schmerz in ihren Augen sprach Bände darüber, dass sie kein Vertrauen mehr in mich hatte.

Der einzige Lichtblick an jenem ersten Abend zu Hause war ein Schluck eines wirklich guten Single-Malt-Whiskys, ein Geschenk von unserem Freund Dan Lewis. Am nächsten Tag aß ich eine kleine Schüssel Blue-Bell-Vanilleeis. Es schmeckte absolut herrlich. In der ersten Woche zu Hause sah ich mir mit Bub und Meg die Invasion der Extraterrestrischen im Film ›Independence Day‹ an. Als wir da im dunklen Kino saßen, sahen sie sich den Film an, und ich, der ich zwischen ihnen saß, starrte abwechselnd auf meine zwei Kinder und war überglücklich.

Peach stand unter unglaublichem Stress. Jeder, den wir irgendwann einmal im Leben kennengelernt hatten, meinte, jetzt sei der richtige Moment anzurufen und sie irgendetwas zu fragen oder sich sonst wie einzumischen. Niemand merkte, dass wir Ruhe und Frieden brauchten, um unser Leben wieder in den Griff zu bekommen.

Ich fühlte mich, als hätte mich jemand auf brutalste Weise zusammengeschlagen. Ich hatte die 30 Pfund verloren, die ich mir absichtlich als Vorbereitung auf den Everest zugelegt hatte. Mein Körper war total erschöpft. Zudem entzündete sich die Einstichstelle der intravenösen Infusion, die ich am Berg in meinen rechten Arm bekommen hatte, ein weiteres Souvenir vom Everest. Die Stelle war infiziert. Sie war geschwollen und schmerzte. Wir fanden nicht genau heraus, was für ein Keim es war, nur, dass er auf eine ganze Reihe von Antibiotika nicht ansprach, bis wir schließlich eines fanden, das half.

Entgegen der Ansicht meines Bruders Dan hegte ich anfangs die Hoffnung, dass ich nur die Spitzen meiner rechten Finger verlieren würde und dass die Schäden an meiner linken Hand trivial sein könnten. Vielleicht brauchte ich eine Amputation bis zu den ersten Knöcheln, vielleicht auch bis zum Handteller. Aber ich würde mit einer mehr oder weniger funktionierenden linken Hand davonkommen und wenigstens *irgendetwas* an der rechten behalten.

Das war, bevor mein Handchirurg, Mike Doyle, einen Scan anordnete, der klar erkennen ließ, dass beide Hände tot waren: keinerlei Blutzirkulation mehr. Kurz darauf begann meine rechte Hand mit der Selbstamputation. Greg Anigian, mein plastischer Chirurg, war besorgt, dass die Sehnen abreißen und zurückschnappen könnten. Sie mussten *sofort* operieren.

Um mich drehte sich alles. Ich war Mediziner. Mir war klar, dass ich beide Hände verlieren würde und wahrscheinlich niemals wieder arbeiten könnte. Ich wusste nicht, ob es mir weiterhin möglich sein würde, meine Familie zu ernähren. Das war für mich von entscheidender Bedeutung, weil es mein Weg gewesen war, mich einzubringen. Vor dem Everest konnte ich mir auf diese Weise einreden, dass ich doch etwas Gutes tat.

## Peach:

Nachdem Beck erfahren hatte, dass er beide Hände verlieren würde, fragte er mich: »Wird dir das etwas ausmachen?«

Ich sagte: »Nein.« In Wahrheit jedoch war ich mir nicht so sicher.

Ich wurde depressiv; ich fiel nicht in das dunkle schwarze Loch wie früher, sondern hatte das, was Psychiater, glaube ich, eine reaktive Depression nennen. Anders ausgedrückt: eine sehr vernünftige Reaktion auf einen Berg Probleme.

Ich brütete über eine Zukunft, die ich allein mit Fernsehen und Herumsitzen in der Obhut irgendeiner Institution verbringen würde. Keine verlockende Aussicht. Man hatte mir Kataloge mit Prothesen und anderen Hilfsmitteln gegeben, ich weiß noch, wie ich einen Apparat betrachtete, mit dem man die Seiten eines Buches mit Hilfe der Zähne umblättert. Ich fragte mich, ob ich jemals wieder einen Hamburger essen könnte oder für den Rest meines Lebens mich mit Haferschleim durch den Strohhalm ernähren müsste. Und weil ich schon zwei schwere Depressionen durchlebt hatte, hatte ich Angst, dass das leicht wieder passieren könnte.

Man könnte sagen, ich sah die Situation nicht gerade rosig. Ungefähr an diesem Punkt ging mir auf, dass ich etwas tun musste. Erstens durfte ich mich nicht gehen lassen. Ich musste etwas finden, das dem Weitermachen von einem Tag auf den nächsten Sinn gab, worüber ich nachdenken konnte. Und für die absehbare Zukunft brauchte ich irgendetwas Konkretes, das ich physisch tun konnte.

Also traf ich eine Reihe von Entscheidungen, die größtenteils damit zu tun hatten, das tiefe Loch zu vermeiden. Unter keinen Umständen würde ich mich in Selbstmitleid ergeben, und ich würde nicht der Verantwortung für das, was ich getan hatte, und für den Schmerz, den ich anderen zugefügt habe, ausweichen. Ich fühlte mich ziemlich schuldig. Wenn irgend möglich, wollte ich Peach das Gefühl geben, dass ich das wieder gutmachte. Was es auch immer dafür brauchte, ich würde es versuchen. Damals konnte ich mir noch nicht vorstellen, wie der Weg der Wiedergutmachung, der sich mir schließlich auftat, aussehen würde und welche Prüfungen noch auf uns beide warteten. Als es in diesem Sommer im Hause Weathers plötzlich ein zweites Mal um Tod oder Leben ging, war meine Zeit gekommen, viel von dem zurückzugeben, was ich meinen Lieben gestohlen hatte.

# Zweiter Teil

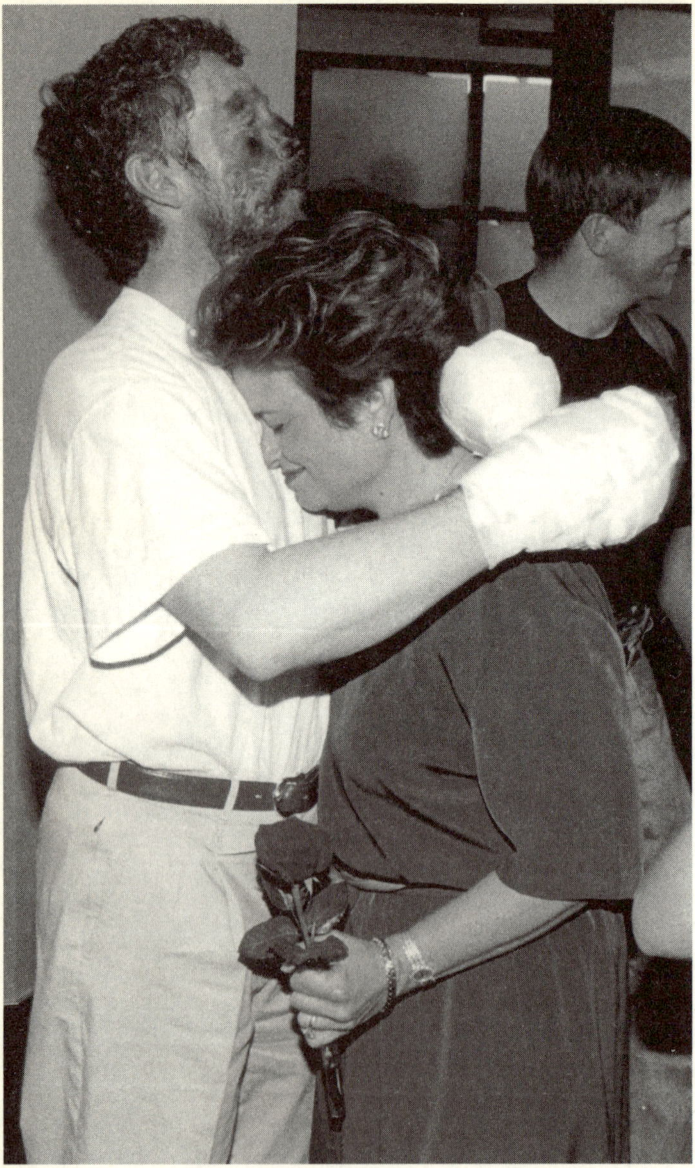

© J. Allen Hansley

# Elf

Dass wir Südstaatler alle guten Namen für unsere Hunde verschwenden, ist eine Verleumdung.

Mein Vater, Arthur Kitchings Weathers, wollte, dass alle seine Söhne Namen bekamen, die etwas hermachten. Sein Erstgeborener wurde Arthur Kitchings Weathers jr. genannt; ich wurde Seaborn Beck Weathers getauft; und mein jüngerer Bruder heißt James Daniel Weathers. Es ist nicht die Schuld meines Vaters, dass man uns heute Kit, Beck und Dan nennt.

Ich wurde am 16. Dezember 1946 in Griffin, Georgia, rund 30 Meilen südlich von Atlanta geboren. Meine Mutter, geborene Emily Williams Beck, stammt ebenfalls aus Griffin, einem Textilzentrum von rund 25 000 Einwohnern. Mein Vater wurde in Cairo, Georgia, geboren, einer Kleinstadt im Südwesten des Staates, wo sein Vater, Jesse Seaborn Weathers, als Schulinspektor und Postmeister diente und Rechtshändel schlichtete. Dad studierte politische Wissenschaften und Jura an der Emory University in Atlanta. Nach seiner Graduierung 1940 kam er im Auftrag der National Youth Administration nach Griffin, einer New-Deal-Einrichtung, die jungen Menschen Ausbildungsmöglichkeiten eröffnen sollte. In seiner Freizeit nahm er Flugstunden und machte den Pilotenschein. Meine Mutter graduierte an der University of Georgia 1946 in Biologie und kehrte nach Griffin zurück, um an der Highschool zu unterrichten. Ihren zukünftigen Gatten, den angehenden Piloten, traf sie auf einer Party. Sie heirateten an einem Samstagabend im Mai 1942.

Die Flitterwochen verbrachten Arthur und Emily in Form von gelegentlichen Unterbrechungen auf dem Weg nach Ocala, Flori-

wo mein Vater eine Flugschule der Luftwaffe besuchen sollte. Er erwartete, an die Front zu müssen, doch stattdessen machte man ihn zum Fluglehrer, und so verbrachte er den größten Teil des Krieges damit, anderen jungen Männern beizubringen, wie man Kampfflugzeuge fliegt, vor allem den P-38-Jäger. Mein Vater ist von sanftem Gemüt, und wahrscheinlich war es ihm nur recht, dass er auf niemanden schießen musste.

Nach dem Krieg verkaufte er eine Zeit lang Lebensversicherungen in Albani, Georgia. Dann intervenierte im Jahr 1948 das Schicksal in Form der sowjetischen Blockade Westberlins, die für meinen Vater und damit für seine Familie alles veränderte. Lieutenant Weathers wurde zur neu organisierten U.S. Air Force eingezogen und sollte an der Berliner Luftbrücke teilnehmen; in letzter Minute schickte man ihn aber nach Japan zur dortigen US-Besatzungsarmee. Dad machte sich im August 1948 auf den Weg dorthin, eine Woche, bevor mein Bruder Dan geboren wurde.

Für Dad ein Dreierpasch, denn wegen seines Militärdiensts war er auch nicht zu Hause gewesen, als Kit und ich auf die Welt kamen.

Zu meinen frühesten Erinnerungen zählen die an Japan, wohin unsere Mutter mich und meine Brüder im Frühling 1949 an Bord eines alten Dampfers namens S. S. Gen. M. M. Patrick brachte. Ziel unserer Reise war Shiroi, ein ehemaliger Golfclub, den die Japaner während des Zweiten Weltkriegs in einen Luftwaffenstützpunkt verwandelt hatten. Shiroi lag rund 40 Kilometer nordöstlich von Tokio. Da mein Vater auf dem College Jura belegt hatte, arbeitete er dort neben seinen anderen Pflichten auch als Militäranwalt. In Shiroi nannten ihn alle »Judge«.

Gut zwei Jahre später wurde mein Vater auf die Dobbins Air Force Base in Atlanta versetzt. Wir mieteten eine Wohnung gegenüber der Grundschule, wo ich als Fünfjähriger in die erste Klasse kam.

Eigentlich hätte ich erst einmal in den Kindergarten gehen sollen, doch das war nichts für mich. Ich wollte auf eine richtige Schule. Meine Augen waren jedoch in der Entwicklung zurückgeblieben, und wegen ihrer schwachen Muskulatur fiel mir das Lesen schwer. Infolgedessen kam ich in eine Gruppe, die Leseförderung erhielt, was mir wirklich großen Spaß machte; ich las gern, und so hatte ich noch mehr Gelegenheit dazu.

1954 packten die Weathers wieder die Koffer. Diesmal ging es zur Brooks Air Force Base nahe San Antonio. Meine Mutter entsetzte die Vorstellung, dorthin zu ziehen, wo sie das hinterste Ende der zivilisierten Welt wähnte. Ich, der ich gerade in der zweiten Hälfte der zweiten Klasse war, freute mich darauf, ein eigenes Pony zu bekommen, mit dem ich jeden Tag zur Schule reiten und das ich dann davor an einem Geländer festbinden würde, wie wir es im Kino gesehen hatten.

Wir hatten beide Unrecht. San Antonio gefiel unseren Eltern ziemlich gut, und ich bekam kein Pony.

## Dan:

Ich habe Beck immer bewundert. Stets ging er seinen eigenen Weg. Das spürte ich schon als kleines Kind, und ich war dankbar für einen großen Bruder, dem ich folgen und nacheifern konnte. Und die meiste Zeit habe ich ihn gemocht. Er ist ein Dickkopf, und es ist nicht immer einfach, mit ihm auszukommen. Meine Mom sagt immer, wir hätten uns wie Hund und Katz aufgeführt, als wir klein waren.

Die Konkurrenz war hart, ich weiß. Beck wollte immer gewinnen, egal was es war, und er gewann auch immer. Er war einfach besser.

Beck ist immer auf Touren. Er will im Rampenlicht stehen. Ständig redet er, theoretisiert oder erzählt Geschichten. Da ist auch viel Prahlerei dabei. Ich mag eher den stillen Beck, den, der mich fragt: »Wie fühlst du dich?«

Die nächste Station unseres kleinen, militärisch bedingten Wanderzirkus war Dhahran im Saudi-Arabien, Lesern vielleicht als die Basis der US Air Force bekannt, auf der im Juni 1996 bei einem Bombenanschlag 19 Amerikaner getötet wurden. Mein Vater wurde im November 1958 dorthin versetzt. Mutter folgte ihm mit uns Kindern an Ostern 1959.

Damals in den fünfziger Jahren bestand Dhahran aus einer einsamen Landepiste mit ein paar niedrigen Gebäuden sowie einer Ansammlung von etwa 40 Doppelhäusern aus Beton mit Oleanderbüschen dazwischen. In der Nähe lag ein Ölfeld von ARAMCO.

Saudi-Arabien war heiß und flach; gnadenlos brannte die Sonne. Großmutter Beck schickte uns ein Tonband mit rauschendem Regen, damit wir das Geräusch nicht vergaßen. Für uns Kinder aber war Dhahran Spitze. Jeden Abend gab es in der Offiziersmesse kostenlos Kino, und direkt gegenüber von unserem Haus lag der Swimmingpool. Viele Kinder meines Alters gab es in der dreiräumigen Wellblechbaracken-Schule nicht (insgesamt 13 in den Klassen sieben und acht), aber es reichte, um Volley- und Softball spielen zu können. Es gab sogar Baseball-Turniere mit fünf oder sechs Mannschaften, in denen vor allem die Söhne der ARAMCO-Ölarbeiter spielten. Ich war der Fänger der Air-Force-Mannschaft, der Dhahran Flyers, und schaffte in einem Jahr die meisten Home-Runs von allen.

Der Persische Golf war nur ein paar Kilometer entfernt. Dort angelten wir, und ich lernte Wasserski. Einen zauberhafteren Ort für einen nächtlichen Wasserskilauf als den Persischen Golf kann ich mir nicht vorstellen. Phosphoreszierendes Plankton funkelt hell im Mondlicht im Kielwasser des Bootes und in den Bugwellen der Skier, was eine gigantische Lightshow ergibt, wenn man hinter dem Boot kreuz und quer fährt. Selbst beim Schwimmen glitzert um einen herum das Wasser.

Ansonsten war die arabische Wüste für die Erwachsenen nicht gerade ein Garten der Lüste, vor allem wenn sie ihre Religion ernst nahmen oder bei Sonnenuntergang gern einen kühlen Drink nahmen. König Saud war uns Ungläubigen gegenüber einigermaßen tolerant, aber er duldete keine christlichen Symbole oder Insignien (Gottesdienste wurden hinter verschlossenen Türen in einem nicht als Kirche gekennzeichneten Raum abgehalten), und auf der Basis gab es nicht einen Tropfen Alkohol – eine harte Entbehrung für einige meiner Lehrer.

Es war nicht ungewöhnlich, dass die Air Force ihr Personal genau aus diesem Grund nach Dhahran schickte: Um sie mit ihrem Laster zu konfrontieren und sie davon zu befreien.

Die Schule in Dhahran reichte nur bis zur achten Klasse. Mein Bruder Kit, der bei unserer Ankunft schon in der zweiten Klasse der Highschool war, versuchte es wie einige andere Kinder mit Fernunterricht, aber das funktionierte nicht. Also verließ er Saudi-Arabien, um auf eine Highschool zu gehen. Kit kam zunächst in ein Internat in Wiesbaden, dann an eine Air-Force-Schule in Dreux südwestlich von Paris, wohin ich ihm zwei Jahre später folgte.

Die Schule in Dreux war exzellent und von sehr hohem akademischen Niveau. Abgesehen von ein paar kleinen Weinsauftouren mit meinen Kumpanen erinnere ich mich, wenn ich an das Jahr in Dreux denke, aber vor allem an die Ferien.

Zu Weihnachten flogen wir alle nach Äthiopien, um auf Safari zu gehen. Schwer bewaffnete Eskorten schützten uns vor den zahlreichen Banditen; wir jagten Gazellen, Perlhühner und Wildschweine, wenn ich mich recht erinnere.

Mit der ganzen Familie besuchten wir auch das Heilige Land. Von dieser Reise ist mir ein Zwischenfall in der Geburtskirche zu Bethlehem am deutlichsten im Gedächtnis geblieben. Ich wollte den Stern auf dem Boden der Kirche fotografieren, machte einen Schritt zurück, trat in ein Gestell mit brennenden Kerzen und setzte mich selbst in Brand. »Heiliges Feuer!« rief mein Bruder Kit, der – wie wir alle – von unserem Vater eine Schwäche für schwarzen Humor und Wortspiele geerbt hat. Selbst ich, das angesengte Ziel seines Spotts, musste lachen.

Nach rund zweieinhalb Jahren in Dhahran wurde Lieutenant Colonel Weathers wieder versetzt, diesmal auf die Sheppard Air Force Base nahe Wichita Falls in Texas; das war seine letzte Station, ehe er 1964 den Militärdienst quittierte. Kit hatte zu dieser Zeit beschlossen, sein Leben dem Rock'n'Roll zu widmen. Unsere Mutter war natürlich anderer Ansicht und zwang ihm ihre Vorstellung von Lebensinhalt auf: Zahnheilkunde.

Es war das übliche Argument: »Rockstar kannst du immer noch werden, wenn du dein Zahnarztstudium abgeschlossen hast!« Also schrieb sich mein älterer Bruder an der Midwestern State University in Wichita Falls ein, später wechselte er zu Dads Alma Mater, Emory, um Mutters Wünschen gemäß Bohren, Ziehen, Füllen und Polieren zu lernen.

## Kit:

Wir waren eine ziemlich normale Familie – nach militärischen Maßstäben. Unsere Eltern fackelten nicht lange. Wir mussten gerade stehen, und wir mussten uns den Luftwaffen-Vorschriften beugen. Auch zu Hause spurten wir und befolgten alle Regeln. Wir wagten nicht, etwas zu unterlassen, was erledigt werden musste. Auf der anderen Seite ermutigten uns unsere Eltern stets; sie sagten uns, wir könnten erreichen, was wir wollten, alles, wenn wir nur fest entschlossen waren. Unsere Familie war schon immer sehr leistungsorientiert.

Dan, Beck und ich gehen gern Risiken ein, was wir, glaube ich, unserem Vater und den ständigen Ermutigungen verdanken. Beispielsweise neigen wir alle dazu, zu schnell zu fahren. Mein jüngster Bruder, Dan, hat einen Pilotenschein. Beck verfiel dem Bergsteigen. 25 Jahre lang fuhr ich einen Heißluftballon. Kürzlich habe ich mit dem Paracycling angefangen, das ist in etwa Gleitschirmspringen mit Motor.

Mutter sorgte für Disziplin. Sie hat unser Leben stärker geprägt als unser Vater. Beispielsweise wollte sie, dass wir alle Berufe ergriffen, bei denen wir finanziell ausgesorgt hatten. Als ich mit dem Bau von Modellflugzeugen anfing, sagte sie: »Nun, du hast geschickte Hände, du solltest Zahnarzt werden.« Damals war ich noch ziemlich jung. Ich denke, sie hat unsere Lebenswege schon lange im Voraus geplant.

Dass die Familie zusammenhielt, war ihr immer wichtig. Mutter und ihre Geschwister hatten sich sehr nahe gestanden, und diesen Zusammenhalt wollte sie auch in unserer Familie beibehalten. Gemeinsam mit der Familie Urlaub zu machen bedeutet uns sehr viel, und wir halten ständig Kontakt.

Wie alle Kinder von Offizieren konnten wir keine engen Freundschaften knüpfen, weil wir ständig umzogen. Ich stand meinen Brüdern nicht ganz so nahe wie die beiden einander, doch das lag wahrscheinlich nur daran, dass ich über drei Jahre älter bin.

Von uns dreien gehe ich, glaube ich, am meisten aus mir heraus. Ich halte mich für ziemlich selbstsicher. Beck ist viel introvertierter. Ständig ist er in Gedanken. Dass er so viel in sich hineinschaut, liegt vermutlich nicht daran, dass er Angst vor anderen Menschen hat; sie scheinen ihm nur nicht so viel zu bedeuten. Von uns Brüdern ist er der Denker, der Grübler.

Im Herbst 1961 kam ich auf die Burkburnett-Highschool nahe Wichita Falls. Bildung wurde an der Burkburnett nicht gerade groß geschrieben, eher der Sport. Alljährlich wurde ein Boxturnier organisiert – nicht gerade die große Attraktion für einen 1,70 Meter großen, 55 Kilo schweren Jungen wie mich. Ich blieb an dem Tag zu Hause. Doch trotz meiner geringen Größe hackte man nicht viel auf mir herum: Ich war clever genug zu wissen, wann man den Platzhirsch in Ruhe lassen muss.

Der Unterricht war völlig anders als in Dreux. Einer der Geschichtslehrer konnte noch nicht einmal die Ortsnamen richtig aussprechen. Da ich geistig nicht sonderlich gefordert war, sammelte ich in den folgenden drei Jahren überwiegend Bestnoten ein und perfektionierte die Kunst des Schuleschwänzens.

Nicht nur mangelnde Größe hielt mich an der Burkburnett vom Sport ab, auch meine Plattfüße und meine schlechten Augen. Bei einem Campingurlaub in Europa hatte ich durch Zufall herausgefunden, dass man, wenn man einen Baum betrachtet, auch die einzelnen Blätter erkennen kann und nicht nur einen grünen Nebel sieht. Da ich in Dhahran noch beim Baseball und anderen Sportarten hatte mithalten können, kann ich nur vermuten, dass meine Kurzsichtigkeit (nachtblind bin ich auch) sich mit zunehmendem Alter verschlimmerte.

Eine Zeit lang zog ich immer meine Augenlider seitlich nach hinten, um meine Sehschärfe zu verbessern, oder borgte mir die Brille meiner Mutter, bis ich schließlich im Alter von 13 Jahren einwilligte, mir eine eigene zuzulegen. Ich hasste sie, aber Kontaktlinsen vertrug ich nicht. Ich handelte mir damit nur Infektionen und diverse allergische Reaktionen ein.

Im Juni 1964 schloss ich die Highschool ab. Voller Selbstüberschätzung bewarb ich mich an Colleges ersten Ranges wie dem Duke und dem Rice, da mir zu jener Zeit einfach nicht klar war, wie erbärmlich meine Schulbildung war. Natürlich wurde ich abgelehnt.

Also ging ich genau wie Kit an die Midwestern State und begann meine College-Ausbildung mit einem Sommerkurs in Englisch. Der Professor war ziemlich gut: Er verpasste mir eine D-Note. Mein Leben lief wie ein Film vor meinen Augen ab.

# Zwölf

Ich habe nie ein starkes Selbstwertgefühl gehabt, ganz bestimmt nicht als Erwachsener. Auf der Highschool empfand ich mich ein bisschen als Versager. Nicht gerade doof, aber irgendwie eine Niete.

Ich war auch nie sonderlich glücklich. Ich befand mich durchaus in einer Art Gleichgewicht, konnte meine Arbeit tun und funktionierte tagein, tagaus, aber ich war nie ganz im Reinen mit mir oder rundum zufrieden, niemals habe ich mich wirklich gut gefühlt. Seit meiner Zeit am College war ich immer irgendwo in der Zukunft, versuchte irgendwo hinzukommen, damit ich da herauskam, wo ich gerade drinsteckte. Nie verstand ich es, den Augenblick zu genießen.

So ungefähr fühlte ich mich, als mich zu Beginn meines Studiums an der Midwestern meine erste Depression befiel. Ängstlichkeit und geringe Selbstachtung waren meine ständigen Begleiter, doch diese Depression war akut. Zu niemandem verlor ich ein Wort darüber. Ich verkroch mich einfach ins Bett. Wenn ich zugegeben hätte, dass ich depressiv war, hätte ich Schwäche gezeigt, und das wollte ich nicht. Außerdem würde mir dann irgendjemand helfen wollen. Ich hätte darüber reden müssen, jemanden daran teilhaben lassen müssen, dass ich mich hundeelend fühlte. Ich wäre gezwungen gewesen, irgendwie damit umzugehen, und das wollte ich nicht.

Ich dachte an Selbstmord. So unerträglich war der Schmerz, das Gefühl der Hoffnungslosigkeit. Nach drei oder vier Monaten in diesem Zustand kam ich aus dem Loch heraus und fühlte mich besser – oder wenigstens nicht mehr so schlecht. Was aber blieb, war eine neue Gewissheit: Angesichts von etwas Unvorhersehbarem – einem schlimmen Unfall oder einer gefährlichen Krankheit – würde die Düsternis eines Tages wiederkommen und mich überwältigen, und dann würde ich von eigener Hand sterben.

## Dan:

Ich habe mit Beck über seine Depression gesprochen, genau wie über meine eigene. Ich glaube, Becks Gefühlshaushalt unterscheidet sich nicht sehr von meinem. Wir sind recht verwandte Seelen.

Um gegen meine Lethargie anzukämpfen, suche ich mir Aktivitäten, die mir Kraft geben: in der Notaufnahme arbeiten, Sport treiben, Flugzeuge fliegen. Ich mache Dinge, die meinen Adrenalinspiegel hoch treiben.

Beck kann eigentlich über alles reden. Das Einzige, über das ich je mit Beck sprach und von dem er keinen Schimmer hatte, das waren seine Gefühle. Er hat noch immer nicht viel Ahnung davon, versteht sie nicht voll und ganz. Vielleicht ist es für ihn eine Frage des Überlebens, aber er hat sich derart hyperintellektuell entwickelt, dass ihn das von seinen Gefühlen entfremdet hat. Beck hat um sich herum eine gigantische Mauer errichtet, auch wenn sie jetzt ein bisschen niedriger geworden ist.

Glücklicherweise behinderte die Depression nicht mein Studium. Nachdem mir der Sommerkurs in Englisch erst einmal klar gemacht hatte, wie wenig ich wusste, ging ich an der Midwestern an die Arbeit. Trotz eines sechswöchigen Ringens mit dem Pfeifferschen Drüsenfieber im ersten Semester – das mich längere Zeit ans Bett fesselte – bekam ich eine B-Note in Musik, der Rest waren A. Im Schulorchester spielte ich danach nicht mehr, obwohl es mir eigentlich Spaß gemacht hatte, was vielleicht etwas über meinen Charakter aussagt: Ein Fach, in dem ich nicht wirklich gut sein konnte, belegte ich nicht.

Als ein Kumpel eine Bemerkung über meine Schmächtigkeit fallen ließ und vorschlug, ich solle mittels Gewichtheben doch ein paar Muskeln zulegen, nahm ich den Rat an und stellte fest, dass ich die Strapazen genoss. Das schien das Zauberwort für mich zu sein: *Strapazen*.

Zum ersten Mal seit den Baseball-Turnieren hatte ich eine sportliche Leistung vorzuweisen, auf die ich stolz sein konnte. Auch wog ich bald 75 Kilo. Es war ein gutes Gefühl, zu den Stärkeren zu zählen.

Dennoch beschäftigte ich mich ständig mit dem Morgen statt mit dem Heute, was unvermeidlicherweise die Frage nach sich zog, was ich werden wollte. Ich werde lieber an dem gemessen, was ich leiste, welche Fähigkeiten ich einbringen kann, und nicht daran, wer ich bin oder wer ich zu sein vorgebe. Daher mag ich Disziplinen wie etwa Mathematik (keine Überraschung), wo man am Ende einer Aufgabe ein Ergebnis hat, das die definitive Antwort ist. Ganz im Gegensatz zur Literatur. Ich hasste die Subjektivität, die in den meisten geisteswissenschaftlichen Fächern herrscht. Bei den Naturwissenschaften weiß man hingegen ganz genau, wo es langgeht.

Jura interessierte mich aus demselben Grund. Nicht die Rhetorik bei einer Gerichtsverhandlung, sondern der noble Geist, in dem das Recht unsere Humanität kodifiziert. Recht ist Struktur. Einige der großartigsten intellektuellen Auseinandersetzungen der Geschichte drehten sich um Rechtsfragen. Das übte eine enorme Anziehungskraft auf mich aus. So ist es noch immer.

Ich glaube, ich hätte einen fähigen Notar abgegeben, weil ich gut nachvollziehen kann, mit welchen Tricks und Finten Menschen sich gegenseitig auszuhebeln versuchen. Dazu braucht man nur ein Verständnis von Taktik und Strategie. Doch Menschen zu helfen, sich ihre Motive klarzumachen, das wäre bei mir zur Katastrophe geraten. Ich weiß, ich hätte einfach meine eigene starre Weltsicht auf sie projiziert.

Auch die Medizin erschien mir verlockend, und eine Zeit lang erwog ich, einen Abschluss in beiden Fächern zu machen. Am wohlsten fühle ich mich in Situationen, in denen Intelligenz und harte Arbeit auf ziemlich vorhersehbare Weise zu einem gewünschten Ergebnis führen. Auch das Bergsteigen sprach mich unter anderem aus diesem Grund an. Dass man dabei immer mehr Können und Erfahrung ansammelt, erschien mir als Belohnung. Man kann einen Plan zur Besteigung eines Berges genauso ausarbeiten wie einen Studienplan an der medizinischen Fakultät. Zu blöd, dass das eigene Leben nicht so leicht planbar ist.

Schließlich fand ich, eine Ausbildung zum Arzt *und* zum Juristen wäre wohl doch Zeit- und Energieverschwendung. Also beschloss ich, später Medizin zu studieren, hauptsächlich weil mir das am längsten die meisten akademischen Optionen offenließ. Als Hauptfächer belegte ich Mathematik und Chemie, was je Fach 160 attestierte Semesterstunden bedeutete. Ein Stipendium in den letzten drei Jahren an der Midwestern verbesserte meinen Kontostand erheblich, trotzdem musste ich einen Sommer lang eine Vollzeitarbeit annehmen, um über die Runden zu kommen.

Ich jobbte als Fernfahrer in Texas für eine Umzugsfirma und verdiente klägliche 1,25 Dollar pro Stunde plus vier Dollar pro Tag für Motels und einen Dollar für Verpflegung. Rund 90 Stunden pro Woche klotzte ich und drückte meine Kosten, indem ich im Lastwagen schlief und mich von mitgebrachten Sandwiches ernährte. In der Regel heizte ich die dicken Brocken so lange über die Straßen, bis ich so müde war, dass ich doppelt sah; dann war es Zeit anzuhalten und zu schlafen.

Es war kein Vergnügen, in der Sommerhitze von Texas Möbel herumzufahren, aber es war lehrreich, so eine Art praktischer Anschauungsunterricht, dass man besser seinen Kopf gebraucht als seinen Rücken krumm macht. Als der September kam, war ich mehr als glücklich, hinter den Büchern statt hinter dem Lenkrad zu sitzen, und in den nächsten beiden Jahren belegte ich wieder Sommerkurse.

## Dan:

Ich folgte Beck von der Burkburnett an die Midwestern. Unser Vater quittierte den Militärdienst und nahm einen Job bei der

FAA (Federal Aviation Administration) in Memphis an. Meine Mutter unterrichtete dort ein Jahr lang Biologie. Sie, Beck und ich lebten in jenem Jahr zusammen. Im nächsten, Becks letztem Jahr an der Midwestern, teilten er und ich uns ein Appartement. Als er graduierte, wechselte ich zur University of Texas in Austin, wo ich gleichfalls Medizin studieren wollte. Bis zu diesem Zeitpunkt war ich noch hin- und hergerissen gewesen, ob ich nun Arzt oder, wie mein Vater, Pilot werden wollte.

Als ich den College-Abschluss hatte, war ich wie viele meiner Generation brennend an einer Fortsetzung der akademischen Ausbildung interessiert. Der Vietnamkrieg hatte uns klar gemacht, wie segensreich ein Studium sein konnte, wenn es die Zurückstellung vom Wehrdienst bedeutete.

Die medizinischen Ausbildungsstätten meiner Wahl waren Duke in Tennessee und die University of Texas Southwestern Medical School in Dallas. Die Southwestern nahm mich nicht nur auf, sondern bot mir auch ein Stipendium an. Nächster Aufenthalt: Dallas.

Ich fand ein passendes Doppelzimmer nahe dem Campus und lebte dort das erste Jahr allein. Meine Vermieterin kochte mir gelegentlich abends etwas zu essen; das war eine willkommene Abwechslung in einem Leben, das ansonsten mit den Pflichtübungen des ersten Jahres der Medizinerausbildung in irgendwelchen Labors verbracht wurde.

Es gab eine ungeheure Menge auswendig zu lernen, und irgendwie rackerte ich mich durch und schuftete mich vom Mittelmaß zu sehr guten Noten hoch. Ob ein Student in diesem ersten Jahr Erfolg hat, hängt davon ab, ob er ein Interesse für das entwickeln kann, was seine Professoren ihm einzuhämmern versuchen. Die Informationen selbst erweisen sich oft als beliebige Anhäufungen von Fakten, die keinerlei thematischen Zusammenhang erkennen lassen.

Im Sommer darauf bekam ich einen Job am Parkland Hospital, dem Lehrkrankenhaus der Southwestern. Meine Aufgaben entsprachen in etwa denen einer instrumentierenden OP-Schwester, die, steril verpackt wie die Chirurgen selbst, alle Materialien und Instrumente bereitlegt, Nähzeug und Schwämmchen im Auge behält und den Ärzten Skalpelle und Sonden in die Hand gibt – man kennt das aus dem Fernsehen.

Ich schob dort in jenem Sommer eine Menge Doppelschichten, und ich machte erstaunliche Erfahrungen. In der Notfallmedizin geht alles rasend schnell. Es war nicht ungewöhnlich, dass wir herumsaßen und Karten spielten und dann plötzlich, *rumms!*, die Doppeltür aufflog. »Wir haben hier was *Eiliges!*«, schrie dann meist ein Sanitäter und schob eine blutige Masse an uns vorbei.

Der Chirurg – im Parkland Hospital waren es alles Assistenzärzte im zweiten Jahr – fing dann schon einmal an, den Patienten aufzuschneiden. Von da aus ergab sich alles Weitere, mehr Leute wurden hinzugerufen, mehr Ausrüstung herbeigebracht – wenn das Opfer nicht gleich starb. Meistens dauerte es nicht länger als ein paar Minuten.

Einmal brachten sie einen Betrunkenen mit einer Schusswunde. Er drohte zu verbluten, aber er gab nicht die Erlaubnis, ihn zu operieren. Solange ein Patient mehr oder weniger bei Verstand ist, darf man nicht gegen seinen Willen das Messer an ihn setzen.

Also machte der Chirurg etwas, das in solch einer Situation ganz normal ist: Er bestellte eine Pizza. Er sagte: »Wenn die Pizza geliefert wird, dann dreht diesem Kerl die Infusion ab.« Als die Pizza kam, stoppten sie die Infusion. Es dauerte etwa 20 Minuten, bis der Bursche nicht mehr bei Bewusstsein war und wir uns an das machen konnten, was wir für nötig hielten.

In meinem zweiten Jahr an der Southwestern entdeckte ich eine Disziplin, die ideal zu meinen Stärken und Interessen passte: die Pathologie. Ein Pathologe arbeitet direkt mit dem erkrankten Gewebe, in der Regel unter dem Mikroskop. Die meisten anderen Ärzte können das nicht. Sie sehen nur Echos der Erkrankung in Gestalt der Symptome oder vielleicht Röntgenaufnahmen oder

Veränderungen in der Chemie des Körpers. In der Pathologie jedoch blickt man der Krankheit selbst ins Auge. Man hält sie in den Händen. Man beobachtet sie unmittelbar durchs Mikroskop. Das gefiel mir: Ich liebe die Genauigkeit.

Pathologe zu sein bedeutet auch, sich nicht mit Trivialem abgeben zu müssen. Kein Husten und Schnupfen, keine Kontrolluntersuchungen von kerngesunden Babys, nur Krankheiten, die Konsequenzen zeitigen. Und man bekommt all die Erkrankungen sämtlicher Körperteile unter die Augen. Seltene Krankheiten genauso wie alltägliche. Und man lernt nie aus.

Stereotyperweise gelten Pathologen als eigenbrötlerische schräge Vögel. Einige Leute verschreiben sich der Pathologie, weil sie nur schlecht mit Menschen umgehen können. Sie ziehen sich in die Pathologie zurück, statt sie zu wählen. Viele von denen sind ziemlich schrullig. Die, mit denen ich studierte, waren allerdings reichlich normal.

Unser großes Vorbild war Dr. Bruce Fallis, ein großartiger Lehrer, den wir alle verehrten. Fallis machte keine großen Umstände, und er verstand keinen Spaß. Er drillte uns intellektuell wie ein Schleifer des Marine Corps seine Soldaten physisch. Bei uns galten kompromisslose Standards. Perfekter als perfekt, das war das einzige Leistungsniveau, das er akzeptierte. Es war unmöglich, *alles* über einen Fall wissen. Niemals zuvor war ich einem Lehrer wie ihm begegnet.

Nach meinem zweiten Jahr machte ich ein Sommerpraktikum in der Autopsie des Parkland. Wir wurden instruiert, wie man eine Autopsie durchführt und all die Körperteile korrekt sortiert. Hatte man im Lauf eines Vormittags eine Autopsie durchgeführt, blieb einem bis sieben Uhr am nächsten Morgen Zeit, dann musste man die Ergebnisse dem Professor präsentieren. Was bedeutete, wenn man erst einmal herausgefunden hatte, was dem Verstorbenen zugestoßen war, ging man in die medizinische Bibliothek, arbeitete Nonstop fast 24 Stunden lang und versuchte, so viel wie möglich über das herauszufinden, was man *glaubte*, dass da passiert war. Wir wussten, dass Fallis uns unerbittlich in die Mangel nehmen würde, wenn wir nicht richtig vorbereitet waren.

Mein erster Fall war ein junger Mann, der einen Benzintank gereinigt hatte. Dieser war nicht ausreichend belüftet, und der Mann verlor das Bewusstsein. Er starb auf der Intensivstation während der Sauerstofftherapie.

Praktischerweise kannte ich Dr. Fallis' Lehrbuch in- und auswendig; vier- oder fünfmal hatte ich es gelesen. Doch, verdammt noch mal, die Krankheit, die ich da im Autopsiesaal gesehen hatte, war in dem Buch nicht beschrieben. Jetzt musste ich eine umfassende medizinische Fallgeschichte ausarbeiten, was ich noch nie gemacht hatte, und zwar über eine Erkrankung, die ich nicht identifizieren konnte.

Am nächsten Morgen um sieben vermutete ich mit schlotternden Knien eine beidseitige Pneumokokken-Pneumonie.

»In meinen 20 Medizinerjahren«, sagte Fallis hämisch, als ich geendet hatte, »habe ich nie eine schlechter vorbereitete, unfähigere Fallpräsentation erlebt. Ich bin zutiefst enttäuscht. Vielleicht gehen wir das durch und klären die Sache.«

Das war der Höhepunkt des Vormittags. In den nächsten dreieinhalb Stunden bekam ich so gut wie jede Frage gestellt, die ein Mensch nur stellen kann. Als Fallis mit mir fertig und ich zitternd im Stuhl zusammengesunken war, erklärte er mir, dass mein Leichnam an einer toxischen Sauerstoff-Pneumonitis gestorben war, was hieß, dass der hohe Sauerstoffpegel, mit dem man auf der Intensivstation versucht hatte, ihn am Leben zu halten, ihn in Wirklichkeit umgebracht hatte. Da ich von so etwas noch nie gehört hatte, hatte ich wohl kaum darauf kommen können.

# Dreizehn

## Peach:

An häusliche Katastrophen waren die Frauen in meiner Familie gewöhnt.

Meine beiden Großmütter verloren früh ihre Männer. Mein Vater starb an der Strahlenkrankheit.

Meine Mutter, Edna Howard aus Griffin, Georgia, lernte Lawrence Olson Ende der dreißiger Jahre auf einer staatlichen Versuchsfarm nicht weit von Griffin kennen (die Adresse lautet noch immer: Experiment, Georgia). Edna war Bibliotheksassistentin, Lawrence ein Agronom aus Illinois. Zu dieser Zeit arbeitete er für mehrere Forschungslaboratorien, unter anderem auch für das für Atomenergie in Oak Ridge, Tennessee.

Ich kann mich an meinen Vater kaum erinnern. In Oak Ridge war er radioaktiver Strahlung ausgesetzt gewesen, und 1951 starb er einen qualvollen Tod. Mutter, damals 41, musste mich und meine zwei älteren Brüder allein durchbringen: Howard, geboren 1941, und Wayne, geboren 1944. Sie arbeitete weiterhin in der Bibliothek, gab Unterricht und besuchte daneben noch die Abendschule in Emory, wo sie den Master-Abschluss machte.

Nie war Geld im Haus, aber ich hörte sie nicht ein Mal klagen.

Praktisch veranlagt, wie sie war, schlug sie vor, dass unsere kürzlich verwitwete Großmutter Olson bei uns wohnen sollte. Mehrfach erzählte mir Alice Olson, dass sie einfach nicht die Kraft zum Weitermachen gehabt hatte, als ihr Gatte, Carl, gestorben war. Dass sie jetzt ihre Schwiegertochter unterstützen musste, gab ihrem Leben neuen Sinn.

Mutter nahm ihre Rolle als unsere Ernährerin sehr wichtig. Sie arbeitete unheimlich viel und war nie da. Solange sie für uns sorgte, meinte sie, tue sie das, was notwendig war. Bis auf den heutigen Tag sagt sie, sie habe es »für euch Kinder« getan.

Beck ähnelt in dieser Hinsicht meiner Mutter. Beide denken praktisch, und beide sind sich selbst genug.

Natürlich nahm sie mich in den Arm und sagte mir, dass sie mich lieb hat. Doch wer mir morgens die Haare bürstete und darauf achtete, dass ich meinen Haferbrei aufaß, das war meine Großmutter.

So lange ich zurückdenken kann, schlief ich bei Alice im Zimmer, mein Bett wurde tagsüber weggeräumt. Sie war ständig aktiv und kümmerte sich um alles, vom Organisieren von Postkarten bis hin zum Bilderbuch-Anschauen mit mir. Sie tat alles, was sie konnte, um meiner Mutter nicht auf die Füße zu treten. Stets gab sie Edna nach – wahrscheinlich war das die einzige Möglichkeit, wie diese beiden starken Frauen miteinander unter demselben Dach leben konnten.

Mein großer Bruder Howard – wir nennen ihn immer noch Howie – war mein Ersatzvater, und er ist für mich der Mittelpunkt meiner Kindheit, meines Erwachsenenlebens und der ganzen Familiengeschichte. Er ist der Schlüssel zum Verständnis des Verhältnisses zwischen Beck und mir.

Da meine Mutter die meiste Zeit nicht da war, musste jemand anders mich zu den Treffen der Pfadfinderinnen und Schulveranstaltungen fahren und auch sonst mir in meiner Entwicklung Orientierungshilfen geben. Das übernahm Howie. Ich weiß noch, wie ich Howie einmal mein Zeugnis zeigte, das voller A-Noten war, und er sagte: »Warum hast du keine A-Plus?« Ich war am Boden zerstört.

Zu Beginn meiner Beziehung mit Peach betrachtete ich Howard irgendwie als Konkurrenten, einfach weil er so verdammt brillant war. Wann immer ich einen wie ihn treffe, neige ich dazu, mich mit ihm zu messen. Ich liebe den Schlagabtausch. Peach merkte das und meinte, ich solle damit aufhören, also ließ ich es sein. Und Howard übte keine Kritik an mir. Nach und nach liebte ich ihn wie einen Bruder.

## Peach:

Heute ist mir klar, dass mir aufgrund dieser Art des Heranwachsens etwas fehlte: Ein Kind braucht beide Elternteile.

Doch es machte mich stark. Ich denke, dass meine kompetente, fleißige und auf unser materielles Wohlergehen konzentrierte Mutter das Wort *aufgeben* einfach aus meinem Wortschatz tilgte. In welche Situation ich auch komme, vor allem in meiner Ehe, ich schaffe es, dass es weitergeht. In gewisser Weise hat sie mich vielleicht auch dahingehend beeinflusst, dass ich Beck und seine Art, einseitig seine eigenen Ziele zu verfolgen, akzeptieren konnte, weil das ihrem Wesen entsprach. Ein Vorbild für eine gut geführte Ehe hatte ich zu Hause wahrlich nicht. Als später die Schwierigkeiten mit Beck begannen, dachte ich infolgedessen: Wer weiß? Vielleicht sind alle Ehen so?

Ich brachte gute Noten nach Hause, ansonsten aber war ich ein Mauerblümchen, wirklich still und schüchtern. Ich glaube nicht, dass ich viel Selbstvertrauen hatte. Das hieß nicht, dass ich die Gesellschaft anderer mied, aber sie gab mir auch nicht viel. Ging ich mit jemandem aus, dachte ich hinterher nur: Igitt! Einmal fragte mich ein Kerl, den ich noch nicht einmal kannte, ob ich ihn heiraten würde, was mich zutiefst verwirrte. Ich dachte darüber nach, was Liebe eigentlich sei – ich hatte keine Ahnung.

Mit aller Macht drängte meine Mutter meine Brüder auf die besten Colleges, die sie sich leisten konnte. Howie, der sehr gescheit war, graduierte in Princeton, machte seinen Master am Georgia Institute of Technology und seinen Doktor in Textilphysik an der University of Manchester in England. Er war später für den Stoff der NASA-Raumanzüge verantwortlich.

Wayne besuchte die University of Georgia. Als ich an der Reihe war, sagte Edna: »Du weißt nicht, was du werden sollst? Warum gehst du nicht auf die University of Georgia und wirst

Lehrerin? Das ist geschickt, wenn du gleichzeitig auch eine Familie haben willst.«

Beides fand ich nicht sehr verlockend. Wenn mir überhaupt etwas im Kopf herumging, dann war es zunehmend das Gefühl, dass ich ein viel zu eingeengtes Leben führte, dass ich wirklich aus Griffin herauskommen und etwas von der Welt sehen musste. Nachdem ich die Griffin-Highschool abgeschlossen hatte, ging ich an die University of Georgia, wo ich 1971 in politischer Wissenschaft graduierte. Dann belegte ich genügend viele Kurse, um als Aushilfslehrerin arbeiten zu dürfen, was ich gerade tat, als ich 1974 Beck kennen lernte.

Margret »Peach« Olson, eine Patientin meines Bruders Kit, lernte ich 1974 auf der Heimfahrt nach Griffin kennen. Kits Frau warnte mich vor Margret. »Ich bin mir nicht sicher, Beck«, sagte sie, »aber Margret ist der Typ von Frau, die dich rumkriegen kann.«

Margret Olson war ausgesprochen hübsch, sehr klug, sehr verbindlich. Sie hat diese besondere Qualität, die einen guten Menschen auszeichnet, und das sprach mich an. Ich konnte gut und schlecht einfach nicht auseinander halten. Sie besitzt eine Sensibilität gegenüber anderen Menschen, die mir abgeht. Und irgendwann konnte ich mir vorstellen, dass ich mein Leben an der Seite dieser Frau verbringen könnte, der Mutter meiner Kinder.

## Peach:

An unsere erste Verabredung kann ich mich nicht mehr genau erinnern. Wahrscheinlich fuhren wir nach Atlanta und gingen in einer Studentenkneipe essen oder so. Doch ich weiß noch genau, was ich anhatte: marineblaue Strümpfe und ein zweiteiliges Kleid mit marineblauen Strickärmeln. Der Rest war rot, weiß und blau in einem Argyle-Muster. Ich schaudere heute noch, wenn ich daran denke, wie ich mich einmal angezogen habe.

Bei diesem ersten Rendezvous machte Beck zwar Eindruck auf mich, aber es funkte nicht zwischen uns. Rund sechs Monate später rief Jane mich an und sagte, Beck sei wieder in der Stadt und würde mich gern treffen. Sieht ihm ähnlich, auch noch das Verabreden zu delegieren!

Anlass war die ›Kit Weathers's Georgia Jamboree Show of Shows‹, ein Wochenend-Schwof: Kit spielte mit seiner Band im Saal der ehemaligen Grundschule in Griffin. Beck war ein guter Tänzer. Nachdem mir jemand ein Bier verpasst hatte – ich werde leicht betrunken –, fing ich an zu tanzen wie nie zuvor. Wir schwoften die ganze Nacht.

Beck sagte: »Ich ruf dich an«, und das machte er auch – jede Samstagnacht zu einer verrückten Zeit wie etwa zwei Uhr morgens. Später fing ich an, gegen zwei von selber aufzuwachen, und wartete auf seinen Anruf. Beck interessierte mich. Er brachte mich zum Lachen. Er war niemals langweilig. Er war ein bisschen schwer zu begreifen, eine Herausforderung. Er machte mich nachdenklich. Er war anders.

Es brauchte Jahre, bis ich schließlich merkte, dass er zwar jede Menge redet, aber nie etwas von sich selbst preisgibt. Es dauert eine Weile, bis man so etwas herausfindet.

Meine Kommilitonen bezeichneten meine zukünftige Frau zunächst als »Georgia Peach«, »Georgia-Pfirsich«. Das wurde später zu G. Peach abgekürzt. Und dann bloß noch Peach. Wieder war im Süden ein schöner Name verloren gegangen.

## Peach:

Damals machte mir der Spitzname überhaupt nichts aus. Er war nett gemeint, und er drückte Zuneigung aus.

Später jedoch, als meine Ehe in die Brüche zu gehen begann, machte mir das viel zu schaffen. Ich hatte meinen Nachnamen *und* meinen Vornamen verloren. Margret Olson war verschwunden.

Bei meinem ersten Besuch in Dallas meinte meine Mutter, ich sollte ein paar aktuelle Zeitschriften lesen und mir auf kleinen Kärtchen Notizen zu wichtigen Vorgängen in der Welt machen, damit ich eine interessante Gesprächspartnerin für Beck sei. Ich glaube, das hat sie wirklich gut gemeint.

Beck und ich besuchten uns drei- oder viermal im Verlauf des Jahres 1974, dann zog ich nach Dallas, wo ich ein Jahr an einer Privatschule unterrichtete. Natürlich hatte ich eine eigene Wohnung. Ich bin ein Südstaaten-Mädchen. Sicherlich war Beck der Grund, warum ich nach Texas ging. Aber ob das ein greifbares Anzeichen für Liebe war, weiß ich nicht. Eigentlich wollte ich nur aus Griffin heraus. Aber ich glaubte, ich liebte ihn. Ich glaubte wirklich, dass ich ihn liebte.

Nach meiner Zeit als Assistenzarzt bot man mir ein Forschungsstipendium in Boston an. Als ich Peach davon erzählte, sagte sie: »Gut, Boss, aber ich werde nicht nach Boston ziehen, ehe nicht einige Entscheidungen gefallen sind. Daran gibt es nichts zu rütteln.«

## Peach:

Ich sagte zu ihm, ich käme nicht mit nach Boston, wenn wir nicht heirateten. Zunächst war ich am Boden zerstört, weil es eines solchen Ultimatums bedurfte, dass er überhaupt daran dachte. Ich war wütend auf ihn. Dann war ich sicher, dass ich den richtigen Schritt getan hatte. Er nahm sich ein Wochenende Bedenkzeit.

Hätte sie nicht das Thema Heiraten aufgebracht, hätte ich glücklich und zufrieden einfach so mit ihr in Boston leben können. Nicht, dass ich sie nicht geliebt hätte. Aber die Vorstellung, verheiratet zu sein, fiel mir schwer. Schließlich kam ich zu dem Schluss, dass es mir mit ihr viel besser ging als ohne sie. Ich liebte sie. In Wirklichkeit hatte ich keine Ahnung. Ich wunderte mich nur, dass ich gerade acht Jahre gebraucht hatte, meine Karriere vorzubereiten, und jetzt im Begriff war, einen genauso großen Schritt zu tun, ohne mich irgendwie darauf vorbereitet zu haben.

# Vierzehn

## Peach:

Einen richtigen Heiratsantrag hat er mir nie gemacht. Er kam einfach wieder und sagte: »Ohne dich kann ich nicht leben.« Ich glaube, wir haben nur geheiratet, weil ich zum richtigen Moment am richtigen Ort war. Das ist nicht so ungewöhnlich. Ich denke, so geht es vielen Männern.

Trotz meiner 26 Jahre war ich noch so ziemlich das brave Mädchen von nebenan. In dieser Hinsicht passten wir vermutlich perfekt zueinander. Emotional war er auch nicht sonderlich weit entwickelt. Wir waren beide sehr naiv.

Wir heirateten am 24. April 1976 in der First Baptist Church. Das war ein großes Ereignis mit 400 Gästen, eben der Moment, für den man in Griffin lebt. Verlobungsringe hatten wir nicht, und das machte mir auch nichts aus. Als Ehering nahm ich den von meiner Großmutter, und für Beck kaufte ich einen bei einem Juwelen-Discounter in Dallas. Wäre ich nicht so verliebt gewesen, dann wäre mir bestimmt aufgegangen, dass er anstatt der Kameraausrüstung, die er gerade für 1200 Dollar erstanden hatte, mir auch einen hübschen kleinen Diamanten hätte kaufen können.

Wie sich herausstellte, trug Beck seinen Ehering nur bei seltenen, eher förmlichen Anlässen. Als Grund nannte er mir, er hätte Angst, mit dem Ring irgendwo hängen zu bleiben und sich zu verletzen oder gar einen Finger zu verlieren.

Beck dachte auch nicht daran, für unsere Hochzeitsnacht ein Hotelzimmer zu reservieren, also blieben wir in seinem Elternhaus in Atlanta. Schon da hätte ich etwas merken müssen.

Am nächsten Tag packten wir die Koffer und fuhren in Richtung Boston. Unsere Lokalzeitung, die immer alles im bestmöglichen Licht darzustellen versucht, berichtete, unsere Flitterwochen würden wir in Form einer »gemütlichen Reise die Atlantikküste entlang« verbringen.

Georgia hatte ich bis dahin nur selten verlassen. Abgesehen von Urlaubsreisen nach Florida und dem Jahr, das ich in Dallas lebte, war ich nur in Chicago und New Orleans gewesen und einmal mit meiner Mutter und Wayne nach New Jersey gereist, um bei Howies Examensfeier in Princeton dabei zu sein. Das war alles.

Beck war schon weiter herumgekommen, doch auch er hatte noch einen reichlich beschränkten Horizont. Auch, was das Essen anbetraf. So aß er zum Beispiel ohne besonderen Grund keinen Fisch. Als ich ihn erst einmal auf den Geschmack gebracht hatte, probierte er allerdings bereitwillig alles. Wenigstens etwas Positives.

In Boston versuchte ich, einen Job als Lehrerin zu finden. Doch an den Privatschulen dort gab es nicht viele freie Stellen, und sie waren auch nicht gut bezahlt. Außerdem gab es zahlreiche junge Ehepaare wie uns, die Konkurrenz war also groß. Als wir mein voraussichtliches Einkommen gegen die Kosten für das Hin- und Herfahren und andere Ausgaben aufrechneten, blieb praktisch nichts übrig.

Dennoch fand ich, dass ich eine Daseinsberechtigung brauchte. Wenn er bis in die Nacht arbeitete, dann musste ich auch etwas tun. Es ging um meine Selbstachtung. Irgendetwas musste ich tun, damit es so aussah, als könne ich allein für mich sorgen.

Ich machte ein Praktikum an dem Krankenhaus und half Beck, seine Forschungsunterlagen zusammenzustellen. Größtenteils hieß das, seine Notizen abzutippen. Ich war ziemlich isoliert, aber das machte mir eigentlich nichts aus. Ich bin gern allein, schon als Mädchen hatte ich viel Zeit mit mir selbst verbracht.

Ich liebe Boston, und ich liebte unsere Wohnung im zweiten Stock eines Reihenhauses in der Longwood Avenue. Die Gegend hatte Charakter. Ich konnte zu Fuß zur Arbeit, was mir sehr gefiel. Michael Dukakis, damals Gouverneur von Massachusetts, wohnte nicht weit entfernt, und manchmal begegnete ich ihm.

Meine Arbeit war nicht sonderlich aufregend. Ich war der Jüngste, und schnell fand ich heraus, dass sie mich als den für die Drecksarbeit betrachteten. Ich machte die Autopsien, auf die kein anderer Lust hatte, und schob die Schichten, die kein anderer übernehmen wollte. Dazu zählte auch ein Wochenende im Jahr 1976, als zur Zweihundertjahrfeier der USA die großen Schiffe in den Hafen einliefen. Peach und ich wollten gerade aufbrechen, als das Telefon klingelte.

»Rat mal, Kumpel, wen's erwischt hat!«

Das gesamte Wochenende verbrachte ich im Leichenschauhaus mit einem Fall nach dem anderen.

## Peach:

Erst nach einer ganzen Weile fand ich heraus, dass Beck vermutlich eine Depression hatte, als wir heirateten – und von diesem Zeitpunkt an mehr oder weniger deprimiert geblieben war. Ich hatte keinerlei Erfahrung mit Depressiven. Ich wusste nicht, was es bedeutete, wenn er sich beklagte, dieses oder jenes tue ihm weh und er wolle sich ins Bett legen. Ich wusste, dass es ihm Schwierigkeiten bereitete, seine Gefühle mitzuteilen, doch beruhigte mich dabei die Tatsache, dass er zu allen, nicht nur zu mir, so war. Zunächst glaubte ich, das würde vorübergehen. Wenn er erst einmal Vertrauen gefasst hat, dachte ich. Wenn er erfahren hat, dass ich da bin, egal was passiert. Doch dazu kam es nie.

Ständig hatte ich das Bedürfnis zu arbeiten. Ich bin nicht dafür geschaffen, mich auszuruhen und es mir gut gehen zu lassen. Für die Menschen um einen herum ist es sehr hart, wenn man selbst ständig unglücklich ist, und das war ich die meiste Zeit meines Lebens.

Ganz anders Peach. Ich bewundere, wie sie mit Menschen umgeht. Ich denke, das ist eine ihrer großen Stärken. Es fällt mir sehr schwer, ihr dabei nachzueifern. Nicht, dass ich nicht wüsste, wie man sich anderen gegenüber benimmt, wie man die passenden Gesten und Worte findet. Ich denke nur nicht daran. Es kommt mir einfach nicht in den Sinn. Ohne dass es meine Absicht gewesen wäre, war das mit ein Grund, warum ich Peach so oft enttäuscht und verärgert habe und warum ich im Lauf der Jahre sie so oft falsch verstanden habe.

## Peach:

Boston sollte der Beginn einer neuen Intimität werden. Stattdessen fing die Distanzierung an. Ich gab mir die Schuld. Ich war keine brillante Gesprächspartnerin, ganz bestimmt nicht auf den Gebieten, die für Beck interessant waren. Meine Mutter hatte dafür gesorgt, dass ich das nicht vergaß.

Ich versuchte, mit ihm zu reden, doch er verschloss sich ständig. Ich hielt ihn für so viel gebildeter als mich, und das schüchterte mich ein. Das Ganze war also nicht einzig und allein seine Schuld.

»Wie war dein Tag?« – Das brachte mich bestimmt nicht weiter. »Wie waren die Gehirntumore?« – Das funktionierte auch nicht.

Dass ich Peach so unkommunikativ vorkomme, hat unter anderem den Grund, dass ich oft im Stillen über technische Dinge nachdenke, die sie meiner Ansicht nach nicht im Geringsten interessieren: »Schatz, ist das nicht spannend, wie ein GPS-Satellit funktioniert?«

Ich weiß, für sie sind andere Dinge wichtig, sie würde gern wissen, wie ich mich fühle oder was mir gerade durch den Kopf geht. Doch für gewöhnlich sitzt da bloß eine große Null in der

Ecke. Ich denke, sie tut mir zu oft die Ehre an, überhaupt irgendwelche Gedanken zu haben.

## Peach:

Später fand ich etwas über Beck heraus. Er hat das starke Bedürfnis, unabhängig zu bleiben, nicht zur Verantwortung gezogen zu werden. Er glaubt, Frauen wollten immer die Kontrolle haben, das läge in ihrer Natur.

Was mich anbelangt, so hatte ich nichts, mit dem ich unsere Ehe hätte vergleichen können. Unglücklich war ich nicht, und Beck ist, wenn es ihm gut geht, zärtlich, großzügig und anspruchslos. Keinesfalls ist er ein Familientyrann. Also war ich es erst einmal zufrieden, dass ich einen guten Mann geheiratet hatte, der bestens für uns sorgte – und ich hoffte, dass es dabei blieb. Die Wahrheit aber ist: Wenn Sie jemanden wollen, der über Mitgefühl und Intuition verfügt, dann sollten Sie eine Frau heiraten.

# Fünfzehn

So gut uns Boston auch gefiel, ich war angenehm überrascht, als sich eines Tages Tom Dickey bei mir meldete, ein Pathologe, der gleichzeitig mit mir Assistenzarzt an der Southwestern gewesen war. Tom war ein guter Freund, er und seine Frau hatten für Peach und mich die Verlobungsfeier ausgerichtet.

Dickey und noch ein paar andere ausgesprochen fähige junge Pathologen, die ich aus meiner Zeit an der Southwestern kannte, hatten sich in Dallas mit Jim Ketchersid zusammengetan, einem hervorragenden Arzt und ausgesprochen redlichen Kollegen. Jim hat ein untrügliches Gespür dafür, das Richtige zu tun. Als Dickey vorschlug, mich ihnen anzuschließen, sagte ich ohne Zögern zu.

»Willst du nicht wissen, wie viel wir dir bezahlen?«, fragte Tom daraufhin.

»Eigentlich nicht«, antwortete ich.

»Mach keine Witze.«

»Ich denke, wenn meine Arbeit sich als gut herausgestellt hat, dann werdet ihr mir das zahlen, was sie wert ist.«

Zu meinen neuen Partnern hatte ich nicht ohne Grund umfassendes Vertrauen.

Im April 1977 kehrten Peach und ich nach Dallas zurück, wo ich meine Arbeit am Medical City Hospital aufnahm, das damals eher einer Dorfklinik glich als einer ganzen Medizinstadt. Das drei Jahre alte Gebäude mit rund 100 Betten verwandelte sich jedoch bald in einen gigantischen Komplex. Es stand so weit von der Innenstadt entfernt auf der platten Prärie, dass die Belegschaft während der Taubensaison sich hinter dem Parkplatz die Mittagspause mit Herumballern vertreiben konnte.

Die Medizin verlangt einem ziemlich viel ab. Doch ich fand vernünftige Mittel und Wege, fit zu bleiben, größtenteils indem ich lief, was billig ist, nicht viel mehr als ein Paar Turnschuhe kostet und sich fast überall durchführen lässt.

Während unseres Jahrs in Boston lief ich pro Woche 50 bis 60 Kilometer, nahm allerdings nie an Wettbewerben teil. Laufen machte mir einfach Spaß. Als wir wieder nach Dallas zogen, lebten wir ein Jahr lang in einem Haus, das nicht weit vom Medical City entfernt war, und ich joggte oft die knapp zehn Kilometer zur und von der Arbeit. Es fiel mir ziemlich leicht, auf diese Weise meinen Körper ein bisschen zu trainieren. Ich empfand mich nicht als großen Sportler. Ich wollte einfach nur fit bleiben.

Nach und nach ging mir jedoch auf, dass ich in ziemlich guter Verfassung war. Ich genoss die Genugtuung, Menschen kennen zu lernen, die halb so alt waren wie ich, *Athleten*, und die nicht schafften, was ich spielend konnte. Es waren Footballspieler der Highschool, denen ich am Ende meines ersten Sommers zurück in Dallas begegnete. Wir liefen dieselbe Strecke, und es machte mir einen Riesenspaß, bei jeder Gelegenheit ihnen davonzurennen, als würden sie auf der Stelle treten. Einige der seltenen Glücksmomente in meinem Leben.

## Peach:

Als wir wieder in Texas waren und Beck wirklich viele lange Stunden pro Tag zu arbeiten begann, fühlte ich mich einsam und immer einsamer. Ich dachte daran, Kinder zu haben. Einen sonderlichen Muttertrieb verspürte ich nicht. Insgesamt hatte ich nicht viel Zeit mit Kindern verbracht, und als Babysitter war ich schlicht eine Katastrophe gewesen. Ich bin ziemlich zimperlich, kann kein Blut sehen, noch nicht einmal mein eigenes, noch nicht einmal im Fernsehen.

Doch ich wollte wirklich ein Kind, und so beschloss ich, dass wir eins haben würden. Ganz hörte ich nicht auf, die Pille zu nehmen, wie Beck vermutete. Aber ich spielte so etwas wie russisches Roulette damit. Infolgedessen wurde im Oktober 1978 unser Sohn Beck geboren.

Es haute mich einfach um. Von der Ehe hatte ich keine Ahnung, doch dieses Unwissen war nichts im Vergleich zu meiner Ahnungslosigkeit hinsichtlich der Vaterschaft. Mich an diese Vorstellung zu gewöhnen war eine gigantische Hürde für mich, als müsste ich tektonische Platten verschieben.

## Peach:

Beck war nicht versessen darauf, mir zu Hause zu helfen. Für mich war es aber sehr erfüllend, dass dieser kleine Junge von mir Liebe und Zuwendung *forderte.* Meine ganze Kraft brachte ich dafür auf, was mich zu einem glücklicheren Menschen machte. Beck steckte all seine Energie in die Arbeit, und so konnten wir besser miteinander auskommen, glaube ich.

Zu dieser Zeit befreundete ich mich mit anderen Frauen, meist jungen Müttern wie ich; später wurden sie zu meinem unverzichtbaren Kreis von Vertrauten.

Als erste lernte ich Pat White kennen, deren Mann, Terry, wie Beck am Medical City arbeitet. Ich traf Pat bei einer Party für die Belegschaft des Medical City; wir gingen beide gerade mit unseren ersten Kindern schwanger. Später wurden ihr Sohn Charles und mein Bub dicke Freunde.

Eine weitere Freundin aus dieser Zeit ist Cecilia Boone. Wir lernten uns dadurch kennen, dass sie mich zu ihrer Fahrgemeinschaft einlud. Als die Boones dann später ein Haus in unserer Nachbarschaft kauften, wurden ihr zweites Kind, Katherine, und unsere Meggie so unzertrennlich wie Bub und Charles White, und so ist es noch heute.

## Pat White:

Ich stamme aus dem Mittelwesten, wo Offenheit eher als normal gilt als in Dallas. Diese Art ist auch einer der Züge, die ich an Peach am meisten bewundere. Auf ihre Meinung gebe ich etwas. Wir sind uns nicht immer einig, doch in 90 Prozent der Fälle sind wir der gleichen Ansicht. Ich denke, das macht uns beide ein bisschen mutiger. So etwa wie: »Ach, du siehst das genauso? Prima, dann mache ich mal so weiter.«

## Cecilia Boone:

Peach ist meine beste Freundin. Sie ist überaus praktisch veranlagt und kann aus schwierigen Situationen ihre Gefühle heraushalten. Als wir uns über ihre Beziehung zu Beck unterhielten, hatte ich niemals den Eindruck, dass sie nach Antworten suchte. Im Nachhinein betrachtet glaube ich nicht, dass sie je infrage stellte, dass Beck nun einmal so ist, wie er ist, dass er sich nicht ändern würde. Vielmehr stand die wichtige Entscheidung an, ob sie mit ihm verheiratet bleiben wollte.

Peach bezeichnete Meg als *mein* Baby, und in gewisser Weise stimmt das auch. Als sie im August 1981 auf die Welt kam, hatte ich mich an die Vaterschaft gewöhnt. Meg war kein so großer Schritt mehr. Ich hatte bereits Kontinente verschoben. Statt also überrascht zu sein, war ich glücklich. Peach hatte mir in den ersten Jahren von Beck jr. erlaubt, den Superdoktor zu spielen. Weise wie sie war, hatte sie erkannt, dass ich das nun wohl nicht mehr tun würde, dass ich mich mehr einbringen würde.

Millionen von Malen habe ich dem kleinen Mädchen den Po abgeputzt, Tonnen von Windeln habe ich gewechselt. Peach achtete darauf, dass ich jeden Abend Meggie etwas vorlas, was uns beiden viel Freude bereitete.

Instinktiv wusste Meggie, wie sie mit mir zu kommunizieren hatte. Ihr älterer Bruder war eher still; er kam nicht herbei und zupfte einen am Ärmel, wenn er etwas wollte. Meggie jedoch machte immer ganz genau klar, was sie wollte und wie es getan werden sollte. Soweit es mich betraf, funktionierte das sehr gut.

## Bub:

Dad ist sehr direkt. Er sagte einfach zu mir: »Ich habe dich lieb!« Und mit angehaltenem Atem sagte ich: »Ich hab dich auch lieb,

Dad«, und hoffte, dass keiner meiner Freunde in der Nähe war. Oft sahen wir uns im Fernsehen eine Sendung namens ›Rescue 911‹ an, in der Menschen aus diversen gefährlichen Situationen gerettet wurden. Dad schaute zu und aß mit dicken Tränen in den Augen seinen Kartoffelbrei. Als ich ihn fragte, warum er heulte, sagte er: »Wenn ich so etwas sehe, stelle ich mir dich oder deine Schwester in so einer Lage vor, und das zerreißt mich einfach innerlich.«

## Meg:

Ich war Daddys kleiner Sonnenschein. Ich weiß noch, dass er mir jede Menge vorlas. Himmel, wie sehr habe ich das gemocht! Für mich war das eine große Sache, und jahrelang haben wir das jeden Abend gemacht.

Mir gefiel es, dass er so frei herausredete. Wir saßen einfach nur herum, und plötzlich sagte er: »Weißt du, ich habe dich wirklich lieb!« Es ist prima, einen Vater zu haben, der keine Angst davor hat, so etwas zu sagen.

Ich kann mich auch noch erinnern, wie er bei ›Rescue 911‹ weinte. Das haben wir immer geguckt. Man erwartet nicht, seine Eltern heulen zu sehen. Das war irgendwie ergreifend.

Wenn mich etwas packt, dann packt es mich voll und ganz. Es machte mir niemals etwas aus, wenn Erwachsene bei ›Rescue 911‹ verwundet oder verkrüppelt wurden. Doch jedes Mal, wenn ein Kind in Gefahr war, konnte ich mir das nicht unbeteiligt ansehen, selbst wenn ich wusste, dass dem Kind nichts passieren würde. Ich musste aus dem Zimmer gehen.

## Peach:

Der andere Neuzugang in unserer Familie war Muffin, die Katze.

Als Kind war ich immer von Katzen umgeben gewesen, ich habe mit ihnen gesprochen und mir für sie Persönlichkeiten ausgedacht. Als ich dann nach der Heirat ständig allein war, fing ich damit wieder an. Da Beck in jenen Jahren Tag für Tag bis spät in die Nacht arbeitete, blieb mir viel Zeit, Muffins Persönlichkeit zu entwickeln.

Beck hatte ausgefüllte Tage, und ich sprach mit der Katze.

Sie wurde zu einem weiteren Familienmitglied und bot uns einen Mechanismus, eine Möglichkeit, wie wir miteinander kommunizieren konnten, weil wir nicht direkt miteinander sprachen. Muffin, die gemeinste Katze der Welt, wurde zu einem Überdruckventil, einem Botschafter, einem Florett. Durch ihre Vermittlung konnten wir Humor als Waffe einsetzen – oder Wut.

Im Grund ließ ich mich auf dieses Spiel ein, weil es spannend war. Einen unzutreffenderen Namen als »Muffin die Katze« hat es wohl nie gegeben. »Vlad der Pfähler« hätte besser gepasst. Teufelsbrut. Und das war der Punkt. Was die blanke Bösartigkeit anging, konnte nichts Muffin das Wasser reichen. Eine 15 oder 16 Jahre währende Terrorherrschaft wurde erst durch ihren Tod beendet.

Dann kam Baby, der, wenn das überhaupt ging, noch schlimmer war.

In unseren ausgefeilten Phantasien war Muffin unglaublich weltgewandt: eine Schriftstellerin, eine Lebedame, eine Berühmtheit, die es gewohnt war, mit den Paparazzi fertig zu werden. Sie verkehrte in Kreisen, von denen Peach und ich nur träumen konnten. Sie duldete keinerlei Schmähung. Wenn man sie nur schräg ansah, biss sie zu. Sie reiste in Chauffeurslimousinen, der Champagner floss bei ihr in Strömen. Ständig war sie blau.

Muffins Persönlichkeit wurde ständig erweitert. Sie schrieb Artikel und Bücher und wurde in der Illustrierten ›Southern Kitten‹ gefeiert.

Solche Szenarien dachten wir uns aus. Ich beispielsweise wurde ständig verklagt, weil Muffin sich mit jemandem angelegt hatte. Also hatten wir einen ganzen Stab von Rechtsanwälten verpflichtet. Sie hasste Peach und betrachtete sie im Grunde nur als die Frau-die-mich-herumträgt. Muffin wollte von mir wissen, warum ich Peach immer noch unter Vertrag hätte. Sie ließ sie einfach links liegen.

Allein dieser Charakterzug von Muffin bot Peach breiten Spielraum, mich – stets mit einem Lächeln – zu martern und zu malträtieren.

Gegen Ende ihres Lebens verschrieb sich Muffin der schwarzen Kunst und schrieb ein Buch über Dämonologie und Verwünschungen. Dies erklärte viele der üblen Dinge, die sich in der Welt ereigneten, vor allem aber in unserer Familie. Mir natürlich würde Muffin niemals etwas antun. Wenn ich in einen Schlamassel geriet, war das einfach nur verdammtes Pech.

Zu dieser Zeit kauften wir auch Missy, einen kleinen Shetland-Schäferhund. Missy war so niedlich, wie eine junge Welpin nur sein konnte. Eines Tags nahm Meg Missy an die Leine, um sie den Nachbarn gegenüber vorzustellen. Unglücklicherweise besaß diese Familie eine riesige Rottweiler-Hündin namens Hannah, die glatt den Drahtzaun durchbrach, Missy mit den Zähnen packte und das arme kleine Hündchen meterweit mit sich zerrte – wobei Meg noch immer am anderen Ende der Leine hing. Es war ein Wunder, dass Missy nicht getötet wurde.

Wir rannten hin, wickelten Missy in ein paar Handtücher und brachten sie zum Tierarzt, der sie wieder zusammenflickte. Als sie heimkam, sah sie wie Frankensteins Braut aus. Sie war in einem schlimmen Zustand. Sie konnte sich nicht bewegen, weil ihr alles weh tat.

Wir wollten sie nicht alleine lassen, also schlief ich die nächsten Nächte neben Missy auf dem Küchenfußboden. Ich glaube, es war in der zweiten Nacht, als sie sich wieder zu bewegen begann. Missy stand zitternd auf, kam herübergewackelt und leckte mir die Nase. Dann kuschelte sie sich an mich.

Von diesem Augenblick an wusste ich, wenn ich zur Tür reinkäme, würde, egal wie sauer alle anderen auf Daddy waren, Missy mich begrüßen, als wäre ich eine Ewigkeit lang weggeblieben und sei gerade mit sämtlichen Schätzen des Orients heimgekehrt.

Schließlich segnete Muffin das Zeitliche, auch wenn Peach

den Verdacht hegte, dass ihr Tod kein Zufall war. Nicht lang danach – am Vatertag 1995, dem Jahr, bevor ich zum Everest ging – präsentierte Peach mir ein kleines Katerchen, einen klauenbewehrten Terroristen namens Baby. Ich sagte zu ihr, ich hätte noch von Muffin die Nase gestrichen voll, nein danke, ich wolle wirklich keine neue Katze. Großer Fehler. Peach sagte: »Okay! Das wirst du noch bereuen.« Baby wurde *ihr* Kater.

Wann immer Peach nicht mehr wusste, wie es weitergehen sollte – wenn sie mich am liebsten als ein Stück Scheiße bezeichnet hätte –, dann war Baby stets zur Stelle und half ihr.

Ein Jahr später ging ich fort und kam als Krüppel wieder. Da waren Baby und Peach vollständig ein Herz und eine Seele. Jeder Wunsch wurde diesem Kater von den Augen abgelesen. Peach katzbuckelte vor Baby, trug ihn ständig herum, und wo immer er mich traf, funkelte er mich wütend an, den Mann, dem er seiner Ansicht nach den Thron geraubt hatte. Er war auch ein großer Lügner und sagte die übelsten Dinge über mich, einfach weil das in seinem Charakter lag. Frei erfand er Dinge, die ich angeblich zu ihm gesagt oder ihm angetan hätte. Stets musste ich mich verteidigen.

Missy war im Gegensatz dazu von unerschütterlicher Treue. An dem Tag, als ich vom Everest zurückkam, war sie sich meiner allerdings nicht so sicher. Überall dick bandagiert saß ich auf der Sofakante. Ich kam ihr wohl komisch vor. Ich roch komisch. Sie war sich wirklich nicht sicher.

So ging das rund eine Stunde lang. Schließlich trat sie dicht an mich heran und blieb mucksmäuschenstill stehen, bis sie endlich entschieden hatte: Jawohl! Das ist Dad!, und sich zu meinen Füßen legte.

Baby hatte nichts von alledem. Er hielt mich für die komischste Kreatur, die ihm je begegnet war. Ich meine, dieses Viech war einfach boshaft. Doch die Situation blieb leidlich unter Kontrolle, bis Baby eines Tags Muffins Buch mit den Verwünschungen fand. Wir stellten das daran fest, dass sich plötzlich schlimme Dinge ereigneten. Zur Erinnerung: Muffins Buch hatte weite Verbreitung gefunden; Baby war eher Analphabet, größtenteils weil er so faul war. Er konnte nicht viel. Das eine war Fressen, das andere Schlafen. Ansonsten ließ er sich bewundern.

Dann begann ich mit den Vortragsreisen, und Baby sah die Gelegenheit seines Lebens gekommen. Er schnappte sich Muffins Buch, und so gut wie jedes Mal, wenn ich fort war, richtete er irgendwo auf der Welt Unheil an. Das Problem dabei war, dass Baby nicht helle genug war, um die Verhältnismäßigkeit der Mittel zu wahren. In seiner Vorstellung war ein Löwe beispielsweise ein klitzekleines Spielzeug, das im Fernseher lebte.

Auch verstand er rein gar nichts von Geographie. Unter Raum und Zeit und Entfernungen konnte er sich nichts vorstellen. Wenn ich beispielsweise in Tennessee einen Vortrag hielt und in Florida eine Stadt von einem Tornado plattgemacht wurde, wussten wir, dass Baby einmal mehr mit seinen bösen Zauberkräften gespielt hatte.

Wir versteckten mein Notizbuch mit den Reiseterminen vor ihm – nur zur Sicherheit. Wie die Dinge lagen, wussten wir, dass er in dem Moment, da ich zur Tür hinaus war, versuchen würde, mich abstürzen zu lassen, mich ertrinken zu lassen, mich erschießen zu lassen.

Als einziger Ausweg blieb mir, ihm in den Arsch zu kriechen, mich zu erniedrigen, was ich dann schließlich mit Freuden tat und immer noch mit Freuden tun würde. Unglücklicherweise führte 1998 ein Besuch beim Tierarzt, bei dem seine Zähne gereinigt werden sollten, zu seinem plötzlichen Tod während der Anästhesie.

Wir trauerten um Baby. Obwohl er der letzte Nagel zu meinem Sarg gewesen war, vermisste ich ihn von Herzen. Wann immer Peachs Schmerz und Wut auf mich herausmussten, geschah dies durch Baby, den Kater. Ihr fiel es so leichter, ihren Gefühlen Ausdruck zu geben, und mir fiel es leichter, ihre Worte zu akzeptieren, ohne zu sehr in die Defensive zu gehen. Wie soll man sich schließlich gegen einen Kater verteidigen? Ihn bloß noch Trockenfutter fressen lassen?

# Dritter Teil

*Windy Corner, Mt. McKinley 1989*

# Sechzehn

Wenn man sich nie richtig wohl fühlt, dann erwartet man das gar nicht anders, und folglich beklagt man sein Unglücklichsein auch nicht. Man ist niemals mit sich zufrieden, aber man kommt zurecht. Das heißt nicht, dass man normal funktioniert. Emotional hat man Defizite, und die Wertschätzung persönlicher Beziehungen bleibt gering. Doch man kann tagein, tagaus einen Fuß vor den anderen setzen, genau wie man es tun muss, wenn man auf Berge steigt. Es ist sogar auf eine gewisse, bittere Weise befriedigend, wenn man einzig und allein durch Willen und Verstandeskraft Erfolg hat.

Das war meine Perspektive in den ersten Jahren unserer Ehe. Ich tat das, was ich schon immer am besten konnte – arbeiten –, und ich bemühte mich um eine ausreichend große Zahl von Herausforderungen und Ablenkungen, um meinen Geist zu beschäftigen. Natürlich war das eine Form des Weglaufens.

Ich neige dazu, mich kopfüber in alles Neue zu stürzen. Es fasziniert mich, und ich bringe alles Mögliche darüber in Erfahrung. Doch wenn der Reiz des Neuen schwindet, suche ich mir etwas anderes.

Mein erstes Hobby war ein Hobie, genauer gesagt ein Hobie Cat, ein kleines Segelboot, mit dem ich während meiner Zeit als Assistenzarzt auf den Seen in der Gegend von Dallas herumschipperte. Daran war ich mehr als nur vorübergehend interessiert. Langfristig setzte ich mir das Ziel, einmal die Welt zu umsegeln. Der Hobie Cat, dachte ich, war nur der erste Schritt einer langen, methodischen Entwicklung, die in der großen Expedition enden würde. Doch die Dinge sollten anders kommen.

Ich belegte Fernkurse in allen möglichen Fächern von Ozeanographie bis hin zu Meteorologie und erwarb mir so viel technisches Wissen und so viel seglerische Fähigkeiten, wie man das viele hundert Kilometer vom nächsten Salzwasser entfernt nur tun konnte. Ich besuchte auch eine Segelschule und stellte mir eine große Fachbibliothek zum Thema Segeln zusammen. Einige praktische Erfahrung erwarb ich in der Karibik, wo ich mir ein paar Mal ein Boot mietete.

Das Segeln glich insofern meiner späteren Bergsteigerei, als es mir abverlangte, im Lauf der Zeit die Fähigkeiten auszubilden, die meiner Ansicht nach nötig waren, um in der fernen Zukunft ein reichlich unrealistisches Ziel zu erreichen. Nach und nach legte ich die Latte höher. Beispielsweise mietete ich für den ersten Turn ein Zehn-Meter-Boot, für den zweiten schon eine Zwölfeinhalb-Meter-Yacht. Das Ganze ähnelte außerdem der Medizinerausbildung, bei der man eine schwierige Aufgabe auch erst einmal zerlegt und all die kleinen Schritte plant, die einen schließlich ans Ziel bringen. Im Verlauf dieses Prozesses erwarb ich eine ganze Reihe von Zeugnissen und Lizenzen, die wie Trophäen meine Fortschritte dokumentierten.

Über das Segeln kam ich auch zu meiner zweiten Freizeitbeschäftigung, der Amateurfunkerei. Diese Zerstreuung hielt etwa zwei Jahre vor. Es machte mir Spaß, das zu erlernen, und ich sammelte eine Lizenz nach der anderen, bis ich ganz oben war. Bis dahin hatte ich schon längst eine Hundert-Meter-Antenne in unserem Garten installiert.

Meine berufliche Laufbahn – der Teil meines Lebens, in den ich so viel Zeit und Energie steckte – gedieh prächtig. Im Gegensatz zu anderen Ärzten, die sich nach und nach eine Praxis aufbauen müssen, verfügt meine Gruppe über eine große und verlässliche Klientel, die Patienten des Medical City, für die wir per Vertrag mit dem Krankenhaus tätig werden. Monat für Monat erledigen wir unseren Job zur Zufriedenheit des Krankenhauses.

1982 wurde ich zum Vorsitzenden des 1200-köpfigen medizinischen Stabs des Medical City gewählt, was immer auf drei Jahre geschieht. Mit 35 Jahren war ich bei weitem der Jüngste, der jemals in diese Position gelangte. In meiner Zeit als Vorsitzender entwickelte ich politische und organisatorische Fähigkeiten, die nur wenigen Medizinern jemals abverlangt werden. Ich stellte fest, dass ich eine Begabung dafür hatte, große Organisationen zu leiten, dass ich Meinungen beeinflussen und die Logik hinter anstehenden Auseinandersetzungen durchschauen kann, egal, welche Argumente vorgebracht werden. Ich lasse mich auch nicht so leicht von meinem Weg abbringen.

Da wir ja als Subunternehmer für das Krankenhaus tätig waren, stellte es einen weiteren Vorteil dieses Jobs dar, dass sie einem nicht so leicht den Lebensunterhalt wegnehmen können, wenn man Chef des Stabs ist.

Das Ganze machte mir Spaß, auch wenn – oder vielleicht gerade weil – meine institutionellen und professionellen Verantwortlichkeiten immens und unerbittlich waren und mir abverlangten, alles andere, was meine Zeit in Anspruch hätte nehmen können, einfach beiseite zu schieben – vor allem meine Frau und die Kinder.

Das Familienleben war nicht meine Stärke. Darin war ich nicht gut. Ganz und gar nicht.

»Ich tue all dies doch nur für uns«, pflegte ich zu Peach zu sagen. Ob das nun wahr war oder nicht, es machte sich gut.

Mein materieller Erfolg war etwas, hinter dem ich mich verstecken konnte. Wenn man wirklich hart arbeitet und nicht nur für Brötchen, sondern auch für Butter und Schinken sorgt, und wenn man der Familie alles ermöglicht, was sie sich wünscht, dann glaubt man, dass man doch ein ganzes Bündel von dem, was von einem als Mann erwartet wird, geschafft hat. Ich sagte mir: Wie kann das schlecht sein? Ich arbeite hart. Ich sorge für all diese Dinge. Ich liebe sie.

Doch ich sollte erfahren, dass jemanden zu lieben, ihn sogar so zu lieben, dass es wehtut, zwar notwendig, aber nicht genug ist, wenn man nicht für ihn da ist. Wenn man nicht dann für die anderen da ist, wenn sie einen brauchen, dann zwingt man sie, ihr Leben allein zu leben. Sie haben keine andere Wahl. Man denkt vielleicht, dass man irgendwann aufkreuzen und sagen kann: »Hier bin ich.« Doch dann stellt man fest, dass sie schon längst nicht mehr da sind. Irgendwann endet man als alter Mann, der mit all seinen Sachen allein ist.

Möglicherweise hatte all die viele Arbeit Anfang der achtziger Jahre noch andere, belebende Auswirkungen auf mich, wenn auch im Verborgenen. Abgesehen davon, dass ich Peach und die Kinder mit finanzieller Sicherheit und körperlichem Wohlbefinden versorgen und zugleich meinen beruflichen Erfolg abpolstern konnte, haben die drei Jahre als medizinischer Verwaltungschef vielleicht auch eine erneute Depression hinausgeschoben. Einen wissenschaftlichen Beweis dafür habe ich nicht. Doch als dieses dreijährige Engagement zu Ende ging, war aus mir ganz schnell die Luft raus.

Untersuchungen zufolge scheint es so zu sein, dass diejenigen, die glauben, sie müssten Leistungen erbringen, um sich Liebe und Respekt zu verdienen – und nicht einfach sie selbst sein –, in ein emotionales Loch fallen, wenn die Gelegenheiten schwinden, sich selbst zu übertreffen.

## Terry White:

Ich kenne Beck Weathers, seit er das erste Mal unser Krankenhaus betrat. Er ist sowohl Freund als auch Kollege, und unsere Familien stehen sich sehr nahe.

Es gehört zu meinem Berufsalltag, zum Pathologen zu gehen und mir die Gewebeschnitte mit ihm anzusehen, ehe ich den Patienten besuche. Infolgedessen sehe ich Beck ziemlich häufig, vier- oder fünfmal die Woche.

Kennzeichen eines guten Pathologen ist, dass er so viele entscheidende Informationen über den Patienten wie möglich bekommen will, weil ihm oder ihr das hilft, den behandelnden Arzt wiederum mit relevanten Informationen zu versorgen. Beck macht das ganz ausgezeichnet. Wir haben eine gute Beziehung des wechselseitigen Gebens und Nehmens, was sich beruflich in hohem Maß auszahlt. Zu Becks weiteren Qualitäten zählt sein Vertrauen. Beruflich zollen wir uns gegenseitig Respekt. Und eindeutig ist er rhetorisch sehr gewandt. Er kann einen vollschwallen, dass einem schwindlig wird.

## Pat White:

Terry und Beck kleben wie Kletten zusammen. Am liebsten hängen sie zusammen über einem Doppelmikroskop, sehen sich Dias von Terrys Patienten an und lösen gemeinsam komplizierte Probleme. Sie sind schon seit Ewigkeiten befreundet.

## Terry White:

Beck ist ein scharfer Analytiker, der Fragen und Probleme zupackend angeht, was für uns von Vorteil war, als er Vorsitzender des medizinischen Stabs war. Er kann Probleme lösen und Konsens herstellen. Beck kann Leute davon überzeugen, dass seine Sicht die richtige ist. Aber er ist flexibel genug zu wissen, dass es mehr als nur eine Betrachtungsweise geben kann.

Kürzlich war ich selbst Vorsitzender des medizinischen Stabs, und ich weiß, dass einen dieser Job wirklich voll und ganz fordert. Ohne weiteres verbringt man ein Drittel seiner Zeit damit. Dann ist es plötzlich vorbei. Man ist nicht mehr die Person, von der alle anderen Führung und Entschlossenheit erwarten. Da kann man ziemlich durchhängen.

Die Planungen, die Personalfragen und das Fällen von Entscheidungen fehlten mir. Als Vorsitzender hatte ich jede Menge Feedback bekommen, und größtenteils war es positiv gewesen. Ich fühlte mich bestätigt. Als ich plötzlich nicht mehr die ganze Zeit voll auf Trab war, kam die Düsternis wieder angeschlichen. Ein brutaler Lebensabschnitt sollte beginnen.

Eine Depression überkommt einen nicht über Nacht. Es geschieht ganz allmählich. Zunächst fühlt man sich nur ein bisschen melancholisch oder nicht ganz auf der Höhe. Man achtet nicht sonderlich darauf und sagt sich: »Nun ja, jeder hat mal einen schlechten Tag; man kann nicht ständig in Bestform sein.« Im Grund versucht man, das Gefühl zu ignorieren – in der Hoffnung, dass es verschwindet. Doch es wird immer schlimmer, und irgendwann merkt man, dass da mehr ist als eine vorübergehende Niedergeschlagenheit. Nach rund sechs Monaten fühlte ich mich reichlich elend. Dafür gab es keinerlei offensichtlichen Grund. Ich fühlte mich nur, als sei ich in ein tiefes, schwarzes Loch gefallen.

Es ist reiner Zufall, dass ich gerade im Verlauf dieser zweiten Depression das Bergsteigen entdeckte. Eigentlich hatte ich ja schon ein paar Jahre zuvor einen Vorgeschmack davon bekommen, wie verlockend die Kletterei sein kann.

Das Wandern hatte mich nie sonderlich interessiert, und ich verschwendete auch keinen großen Gedanken daran, bis Peach und ich 1980 zusammen mit anderen Ärzten und ihren Familien eine Rucksacktour durch den Big-Bend-Nationalpark in Texas machten. Die Landschaft ist beeindruckend und bietet grandiose Aussichten. Zugleich aber dominiert die Chihuahua-Wüste jenseits des Rio Grande in Mexiko das Klima, es ist heiß und trocken. Doch abgesehen von meinem ständigen Durst machte mir diese Tour viel Spaß. Ich genoss die freie Natur, die wunderschönen Panoramen und auch die Kameradschaft. Das alles bereitete mir viel Freude.

Zurück ins Jahr 1985 zu den Frühstadien meiner Depression. Bei einem anderen Gruppenurlaub, diesmal im CVJM-Lager in Estes Park, Colorado, beschlossen alle Väter, früh am nächsten Morgen auf eine Wanderung von gut zwölf Kilometer zu gehen. Am nächsten Tag jedoch fiel eisiger Regen. Es war wirklich kalt und unangenehm. Außer mir stand da im ersten Frühlicht nur noch Ken Zornes, den Peach und ich über die Boones kennen gelernt hatten. Alle anderen Hütten blieben stockdunkel.

## Garrett Boone:

Cecilia und ich hatten die Gruppe organisiert, die in dem CVJM-Lager Urlaub machte. Ich weiß noch, dass Beck und Ken Zornes mich aufgefordert hatten, ihre Morgenwanderung mitzumachen. Ich antwortete, ich würde darüber nachdenken. Ich hörte den Kies knirschen, als sie morgens loszogen. Da zog ich mir die Decke über den Kopf und schlief einfach weiter.

Unbeirrt absolvierten wir unsere Wanderung, und als wir Stunden später zurückkamen, waren wir riesig stolz auf uns, weil wir so entschlossen, so tapfer und so männlich das hinter uns gebracht hatten, während alle anderen – die Vernünftigen – in ihren Betten geblieben waren.

Von da an fuhren wir alljährlich in den Estes Park, und zwischen Ken und mir entwickelte sich so eine Art Pat-und-Patachon-Beziehung.

Ken und ich sind uns überhaupt nicht ähnlich. Er ist groß und kräftig, ein richtiger Sportsmann, der unerschütterlich an seine körperliche Leistungsfähigkeit glaubt. Nie und nimmer kommt Ken in den Sinn, dass sein Körper irgendetwas nicht schaffen könnte. Er schaut sich eine Sache einfach an und sagt: »Mensch, das wird bestimmt ein Riesenspaß!«

Das Bild, das ich mir von mir machte, war überhaupt nicht das eines Athleten. Obwohl ich jeden Tag zur Arbeit joggte oder wenigstens ging und mich auch ansonsten fit hielt, machten die mir innewohnenden Selbstzweifel und die langsam meinen Geist einnebelnde Düsternis mich ängstlich. Wenn wir uns einen Gipfel anschauten, pflegte er zu sagen: »Lass uns da rauf!« Und ich pflegte zu antworten: »Vielleicht sollten wir es mit etwas Vernünftigerem versuchen.«

## Ken Zornes:

Die meisten Menschen haben keine Lust, um drei Uhr morgens aufzustehen und hinauszugehen und sich zwölf Stunden lang zu quälen. Doch genau das machten wir. Entweder es steckt in einem drin – oder nicht. Als ich einmal im Fels kletterte, riss mir eine Arterie im Finger. Wir haben uns einfach nur darüber kaputtgelacht. Wir haben uns ständig gefragt: »Na, macht's dir noch Spaß?«

Wir waren wie Igel und Hase. Wenn wir beispielsweise auf unseren Touren eine Geröllhalde hinaufmussten, ging Beck ganz methodisch vor und setzte gewissenhaft einen Fuß vor den anderen. Ich rannte 30, 40 Meter weit und blieb dann mit hängender Zunge stehen. Wo war Beck? Wenn er mich eingeholt hatte, rannte ich wieder los. Wir kamen ungefähr zur gleichen Zeit oben an, bloß auf andere Art und Weise. Stundenlang konnten wir wandern, ohne ein Wort zu verlieren. Und wenn wir dann redeten, sprach in der Regel Beck, und ich hörte zu. Das ist ebenfalls Teil dessen, was uns zu einem guten Team machte. Ich bin ganz und gar nicht gesprächig, er schon.

Wir steigerten uns in diese Trips hinein. Jedes Jahr fuhren wir dort hinauf und versuchten, neue Herausforderungen zu finden. Einmal bestiegen wir drei benachbarte Gipfel an einem Tag. Wir waren hinterher ziemlich erschöpft.

Wir schafften es auch, ein paar sehr große Dummheiten zu begehen, die wir nur mit Glück überlebten. Die eine war die Entscheidung, uns einen langen Umweg zu ersparen, indem wir einen Gletscher auf Plastikmülltüten hinunterrodelten. Ansonsten hatte ich nur einen Spazierstock mit einer kleinen Metallspitze. Wir kamen unverletzt unten an. Wir waren zu ignorant, um zu merken, wie knapp wir dem Tod entkommen waren, wie leicht wir auf dem Gletscher ins Nirwana hätten beschleunigen können, wie es dem hilflosen Chen Yu-Nan später am Everest passierte.

## Garrett Boone:

Nur um zu zeigen, wie toll es Beck auf seiner Suche nach sich selbst trieb: Bei unserem ersten Aufenthalt im Estes Park machte ich mit Ken Zornes, Kens Sohn Ben, Beck und dem kleinen Beck eine Wanderung, auf der wir übernachteten. Wir kamen so weit, wie wir geplant hatten, und bauten die Zelte auf. Die Jungs veranstalteten einen Weitpinkel-Wettbewerb von einem Felsen.

Zu meiner Überraschung kramte Beck ein Sechserpack Bier hervor. Das schien ihm das Wichtigste an dieser Wanderung überhaupt zu sein: Er hatte ein Sechserpack Bier da hinaufgeschleppt.

### Ken Zornes:

Eine unserer ersten Touren führte uns auf den Flat Top, einen sehr schönen Berg von 3600 Meter. Plötzlich kam Sturm auf. Wir hatten Windjacken an und Sandwiches dabei. Es wurde wirklich kalt und fing zu schneien an. Schulter an Schulter hockten wir uns an einen Felsen, weil wir den Weg nicht mehr sehen konnten, der uns hinuntergeführt hätte.

Ich weiß noch, dass einer sagte: »Was zum Teufel sollen wir tun? Hier sterben?«

Glücklicherweise zog das Unwetter nach rund 20 Minuten weiter. Die Sonne kam heraus, und wir nahmen einen weiteren Gipfel in Angriff. Aber wir lernten daraus. Niemals wieder gingen wir mangelhaft ausgerüstet einen Berg an.

Definitiv waren wir zunächst Schönwetter-Wanderer, doch nach und nach brachten Ken und ich uns durch Versuch und Irrtum die Grundzüge des Bergsteigens bei.

Ein Jahr nach unserer ersten Klettertour fuhr ich mit Jim Ketchersid und einer Gruppe weiterer Ärzte nach Alaska, um den Chilkoot Trail zu machen, einen berühmten, rund 50 Kilometer langen Weg, der von Skagway auf den 1570 Meter hohen Chilkoot-Pass und dann hinüber ins kanadische Yukon-Territorium führt. Zehntausende von Glückssuchern nahmen während des Goldrauschs von Alaska vor 100 Jahren denselben alten Trampelpfad. Es machte mir einen Heidenspaß, durch Wälder und Hochmoore und an alten Dosen, Flaschen, Öfen und sogar Booten vorbeizuziehen, die die Goldsucher unterwegs weggeworfen hatten.

Auf dem Chilkoot Trail bestätigte sich auch, was ich zu meiner Überraschung über das Bergsteigen herausgefunden hatte: Die anstrengende, konzentrierte Leibesertüchtigung in der Wildnis der Berge milderte meine sich vertiefende Depression, wenn auch nur für eine Weile. Da draußen konnte ich die Düsternis abschütteln, weil Berge – vor allem große Berge, wie ich feststellen sollte – einen zwingen, ganz für den Augenblick zu leben. Die Anstrengungen und die Umgebung absorbieren einen, so dass man physisch und emotional von der Welt da unten frei ist. So wurde das Bergsteigen zu meiner Form von Selbstmedikation.

### Cecilia Boone:

Als Beck und Ken in den *Familien*urlauben sich immer mehr in die Kletterei hineinsteigerten, war uns allen das nur zu bewusst. Es sollte sich doch alles um die Familie drehen, doch Beck und Ken waren entweder gar nicht da, oder sie waren erschöpft. Für alle war das ein Familienurlaub, nur nicht für sie. Sie hatten ihre eigenen Pläne. Sowohl Peach als auch Debbie Zornes waren zumindest irritiert.

Um 1987 herum war die Düsternis mein ständiger Begleiter, und in gewissem Maß hatte ich mich selbst darin gefangen, weil ich nicht bereit war, mir meinen Zustand einzugestehen und professionelle Hilfe in Anspruch zu nehmen. Mein Motiv war dabei nicht so sehr, die Wahrheit vor anderen zu verbergen, als sie vielmehr vor mir selbst zu leugnen. Ich konnte nicht zugeben, dass ich mir so eine Schwäche erlaubte.

Mein tiefes Misstrauen gegenüber der Psychiatrie und meine Angst vor Spritzen trieben mich weiter in die Isolation. Ich glaube nicht unbedingt, dass Psychologen und Psychiater Quacksalber und Scharlatane sind, doch meine damalige Vorstellung kam dem ziemlich nahe. Ich bin ein sehr konkreter Mensch; was sie machen, kommt mir ein bisschen wie Hokuspokus vor. Ich konnte einfach nicht glauben, dass es etwas nützt, wenn man einfach nur mit jemandem spricht.

Als Arzt war ich auch besorgt, dass ich meinen beruflichen Status gefährdete, wenn ich zugab, dass ich deprimiert war, dass medizinisch mit mir etwas nicht stimmte. Ganz bestimmt wollte ich nicht die Entscheidung, ob ich weiter meiner Arbeit nachgehen könne, jemand anderem überlassen. Ich hatte keinerlei Lust, regelmäßig bei jemandem vorzusprechen, um ihm zu demonstrieren, dass mit mir alles in Ordnung war.

Dabei war nichts in Ordnung.

Tiefe, tiefe Traurigkeit und Hoffnungslosigkeit hatten mich überwältigt. Es war, als würde ich in einem bodenlosen, dunklen Brunnenschacht stecken und nicht wissen, wie um alles in der Welt ich da wieder herauskommen sollte. Das schwarze Loch war viel stärker als ich.

Bei der Arbeit hatte ich schreckliche Schwierigkeiten, mich zu konzentrieren. Die Hälfte der Zeit, die ich über meine Fälle gebeugt verbrachte, dachte ich darüber nach, wie schön es wäre, wenn das Leiden endlich aufhörte – und ich kannte einen einfachen Weg, wie das geschehen könnte.

Natürlich hatte ich mich auch schon elend gefühlt, als mich am College meine erste Depression erwischte, doch damals konnte ich mich wenigstens zwischendurch drei oder vier Stunden hinlegen. Jetzt musste ich aufbleiben, ja, in Schwung bleiben, vor allem bei der Arbeit. *Nichts* durfte ich mir äußerlich anmerken lassen.

Ohne ein anderes Ventil als die Arbeit wurde es noch schwieriger, zu Hause zurechtzukommen. Wenn ich heimkam, schaffte ich es manchmal nur bis zum Garagentor, dann musste ich mich fünf Minuten setzen und versuchen, mich so weit zusammenzureißen, dass ich das Haus betreten konnte.

Wie schon beim ersten Mal stellte ich mir oft vor, einfach Schluss zu machen; ich war in der Verfassung, in der andere im Buchladen nach dem Handbuch fragen, wie man sich am besten umbringt. Man will sich einfach nicht mehr zusammenreißen. Als beste Möglichkeit erschien mir eine wirklich gute Flasche Scotch und eine große Menge Pillen. Dann fand ich, dieser Weg setze zu viele geplante Schritte voraus. Wenn es wirklich soweit war, so glaubte ich, würde ich vermutlich etwas weniger Elegantes machen.

Der absolute Tiefpunkt, an dem ich wirklich vor mir selbst erschrak, kam eines Nachts, als ich mit meiner .357er in der Hand auf dem Sofa saß und dachte, jetzt sei der richtige Augenblick, um an den See zu fahren. Die innere Gewissheit, dass ich Selbstmord begehen würde, schien sich in der Tat ausdrücken zu wollen. Ich fühlte, dass es wirklich keine andere Lösung gab, keine Möglichkeit zur Umkehr, keine Zuflucht – mit Ausnahme der Berge.

# Siebzehn

## Peach:

Ich wusste, dass Beck litt.

Zunächst fragte ich mich: Was habe ich getan? Was kann ich tun? Ich gab mir die Schuld. Lange Zeit glaubte ich, ich hätte ihn enttäuscht. Und ich hätte mich enttäuscht. Da ich ohne Vater aufgewachsen war, wollte ich vor allem anderen, dass *meine* Kinder einen Vater hatten.

Erst viel später verstand ich schließlich, dass dies nicht meine Schuld war. Ich wusste zu jenem Zeitpunkt nur, dass ich meine Sachen packen und mit den Kindern weggehen konnte, und Beck würde das noch nicht einmal bemerken, bis die nächste Rate für das Haus fällig war.

Alles nur Denkbare versuchte ich, um seine Aufmerksamkeit zu bekommen. Zuneigung und Zuwendung – das funktionierte nicht. Zuneigung und Zuwendung zurückhalten – das funktionierte auch nicht. Schließlich beschloss ich, eine so gute Arztfrau zu sein, wie es nur ging, und einfach abzuwarten, ob er von selbst da herauskäme. Ob er sich ändern würde. Das ist nur vorübergehend, redete ich mir ein. Alle Männer haben mal so eine Phase. Dann dachte ich: Vielleicht ist dies eine sehr *lange* Phase.

## Bub:

Ich habe nie daran gezweifelt, dass mein Vater mich lieb hat. Doch ich war nicht immer damit einverstanden, wie er seine Zeit verbrachte.

## Meg:

Ich erinnere mich, dass er mich einmal, als ich noch ziemlich klein war, zur Schule fuhr, und ich sagte: »Daddy, versprich mir, dass du nie auf den Mount Everest kletterst.« Er antwortete: »Okay!« Ich glaube, damals war er noch nicht so besessen wie später.

Als wir klein waren, war Mom *immer* für uns da. Dad war nur manchmal da. Ich sehnte mich nach seiner Zuneigung. Alles, was ich von ihm wollte, war, einfach da zu sein. Es ist nicht so, dass ich meine Mutter weniger gern hatte. Ganz im Gegenteil, ich habe sie heute noch lieb. Es ist nur so, dass sie immer verlässlich für uns da war, also musste ich mich nach ihrer Zuneigung *nicht* sehnen.

Ken und ich hegten den Ehrgeiz, den Longs Peak zu besteigen, einen 4345 Meter hohen Berg nordwestlich von Boulder im Rocky-Mountains-Nationalpark. Er steht an 35. Stelle der höchsten Berge der Vereinigten Staaten. Longs Peak wurde erstmals im August 1868 von John Wesley Powell bestiegen, dem Forscher und ehemaligen Union-Oberst, der in der Schlacht von Shiloh einen Arm verloren hatte.

Aufgrund seines Handicaps versuchte Powell nicht, den Longs Peak auf der berühmtesten Route zu besteigen, über eine glatte, fast 300 Meter hohe diamantenförmige Felswand, die, was nicht überrascht, als »Diamond« bekannt ist. Der Diamond, unter Kletterern genauso berühmt wie El Capitán im Yosemite-Park, stellt eine Furcht einflößende natürliche Barriere dar, vor allem wenn man den Berg in der Direttissima angehen will. Das hatten wir aber nicht vor. Es führt ein Wanderweg auf den Gipfel, der uns völlig gereicht hätte, doch wenn wir im Juli nach Estes Park kamen, versperrte der Schnee des vergangenen Winters noch immer diesen Weg. Die Parkwächter ließen keinen durch.

Wir entwickelten einen Alternativplan. Wir wussten, dass professionelle Bergführer Kletterer über den Diamond nach oben brachten und dass es Routen gab, die selbst wir krassen Amateure bewältigen konnten. Also bog ich eines schönen Tages während unseres dritten oder vierten Urlaubs dort an einem Schild an der Straße zur Colorado Mountain School ab. Dieses Schild hatte ich schon Hunderte von Malen passiert, ohne je einen Gedanken daran zu verschwenden – wie wohl jeder, der eigentlich unter Höhenangst leidet. Stellen, wo es steil hinabgeht, hatte ich noch nie gemocht. Wenn möglich, blieb ich auf sicherem Boden.

Trotzdem ging ich hinein und nahm mir ein paar Prospekte. Nachdem ich sie mit Ken durchgeblättert hatte, beschlossen wir, einen Trainingstag im Felsklettern und einen Trainingstag im Eis- und Schneeklettern zu belegen und uns dann einer sogenannten technischen Besteigung des Longs Peak anzuschließen.

Als wir auf die Minute genau zu unserem Einführungskurs antraten, stellten wir fest, dass wir die einzigen Schüler waren. Unser Lehrer schüchterte uns ziemlich ein. Er hieß Mike Caldwell, war ungefähr so alt wie ich, Ringertrainer an einer Highschool, einst College-Turner in Berkeley, Bodybuilder und ehemaliger »Mister Colorado«. Sogar seine Ohrläppchen waren muskulös.

Ken und ich setzten Pokergesichter auf, als wir mit Mike zur Lumpy Ridge fuhren, einem ausgezeichneten Felsklettergarten oberhalb von Estes Park. Er fing mit den Grundlagen an. »Das ist ein Seil. Das ist das Gurtzeug.« Dann machte er uns mit dem Tao des Felskletterns vertraut, dass man mittels Gewichtsverlagerung und Balance klettert, nicht mittels Kraft. In Mikes Fall konnte ich nicht erkennen, dass das einen Unterschied machte. Er sah stark genug aus, um den Felsbrocken, den ich zu erklimmen versuchte, einfach hochzuheben und wegzuwerfen.

Natürlich gibt es beim Felsklettern Situationen, in denen man sich einfach hochwuchten muss. Aber man lernt, mit den Füßen zu klettern, nicht mit den Händen. Ein guter Kletterer sucht nicht nach einem Halt für die Hand, er blickt nach unten, wo er die Füße hinsetzt. Und man muss sein Gewicht immer auf die Fußspitzen verlagern.

Caldwell führte uns zu einem rund drei Meter hohen Felsen,

um uns ein paar Techniken zu zeigen. Erstens, wie man im Fels einen Ansatzpunkt findet. Er deutete auf einen kristallinen Vorsprung, der wie ein großer Knopf vielleicht einen halben Zentimeter aus der Oberfläche ragte. Er legte seinen Daumen darum, dann zwei Finger über den Daumen und zog sich hoch, bis er mit der freien Hand die Oberkante des Felsens erreichte, dann rollte er sich langsam auf den Felsen hinauf. Spiderman hätte das nicht eleganter machen können. Es sah aus, als könne er das auch rückwärts im Schlaf.

Wir versuchten es nachzumachen, und bald darauf hatten wir unsere Körper an diesem Felsen ziemlich zerschunden. Wir waren überall verkratzt und bluteten. Das war unser Einführungskurs in »roter Kreide«, wie Bergsteiger die Mischung von Gesteinsstaub und Blut nennen. An einer Stelle sah ich einen Busch, der aus einer Ritze herauswuchs, und ergriff ihn. »Das hier heißt *Fels*klettern«, sagte Mike vorwurfsvoll. Ich schämte mich und ließ die Pflanze los.

Der Höhepunkt des Tages bestand darin, über ein paar Stufen zwei Seillängen – knapp 50 Meter – eine Felswand hochzuklettern.

Zum Felsklettern gehört fast stets, die hakenähnlichen Klemmkeile in Gesteinsrisse zu schlagen. Dann zieht man an diesen Dingern nach unten, und sie verkeilen sich fest. Man befestigt das Seil daran, so dass die Person hinter einem am Fels gesichert ist. Rutscht er oder sie ab, bremst das am Klemmkeil gesicherte Seil seinen oder ihren Sturz. Auch wird so verhindert, dass man selbst mitgerissen wird.

In der Regel sind Nylonseile die erste Wahl, weil sie hochelastisch sind, was im Falle eines Sturzes den Ruck mildert – es gibt so einen kleinen Bungee-Effekt. Auch ist es bei Nylon im Gegensatz zu steiferen Materialien wie etwa Stahlseilen weniger wahrscheinlich, dass die kleinen Haken, die einen am Berg halten, herausgerissen werden.

Die Felswand erhob sich über uns in einem Winkel von rund 70 Grad, und die erste Schwierigkeit bestand darin, einen Überhang in 50 Meter Höhe zu überwinden. Mike und Ken gingen die

Stufe über mir an und waren kurz darauf meinen Blicken entschwunden. Da stand ich ganz allein, diese erste Schwierigkeit vor Augen, und mein Mund war staubtrocken. Ich *hasse* die Tiefe. Nicht weit entfernt übte eine weitere Gruppe mehr oder weniger dasselbe wie wir, aber an einem viel flacheren Hang. Ich erblickte dort einen Kerl mittleren Alters, der sich – alle viere von sich gestreckt und wie ein Kleinkind greinend – an etwas klammerte, das ungefähr so gefährlich wie eine Rolltreppe aussah.

Warum gehe ich nicht einfach zu denen rüber?, fragte ich mich.

Stattdessen packte ich es an, und tatsächlich gelang es mir, die Stufe zu überwinden. Das Herz schlug mir bis zum Hals. Dann ging ich die nächste Strecke an, und als ich die Stufe halbwegs oben war, fand ich weder für meine Füße noch für meine Hände einen neuen Halt. Nach 30 Sekunden meiner Kletterkarriere hatte ich plötzlich das beunruhigende Gefühl, gleich den Abflug zu machen. Mike hatte mir zuvor gesagt, es bestünde so gut wie keine Verletzungsgefahr, und ich vertraute ihm, was wirklich ein Glaubensakt war, denn mein Körper schrie: »Lügner, Lügner!«

Dann passierte es. Ich rutschte einfach ab. Zu meiner übergroßen Erleichterung hielt der Haken über mir, und so baumelte ich dort eine Weile lang rund 20 Zentimeter vor dem Fels, bis es mir gelang, wieder einen Halt an der Wand zu finden und dieses blöde Ding hochzuklettern. Als ich oben war und Ken erzählte, was mir eben passiert war, war er sauer, dass nicht *er* abgestürzt war. Ich bot ihm an, ihn hinunterzuschubsen, wenn ihm so viel daran läge.

Am meisten überraschte mich am Felsklettern, dass es zwar die spektakulärste Art des Bergsteigens ist und körperlich sehr anstrengend sein kann, im Grunde aber ziemlich sicher ist. Man kann sich zwar Knochen brechen, aber im Allgemeinen läuft man nicht Gefahr, sich umzubringen. Das genaue Gegenteil davon ist das Begehen von Eis- und Schneefeldern, das zwar mühsam, aber ziemlich sicher aussieht, in Wirklichkeit aber viel gefährlicher als Felsklettern ist. Wenn man an so einem Hang ins Rutschen kommt, ist man tot.

Da uns diese schlichte Tatsache noch nicht bekannt war, freuten Ken und ich uns am nächsten Tag auf unser Gletschertraining. Wir glaubten, wir hätten den schwersten Teil bereits hinter uns. Man kann sich also unsere Überraschung vorstellen, als eine Mitschülerin zugab, dass sie vor dem Gletscherklettern schreckliche Angst hatte. Ich wollte ihr gerade mannhaft versichern, dass Ken und ich bereits den kleinen Hang, den wir in Angriff nehmen sollten, gesehen hätten und dass er überhaupt nicht steil sei – nichts im Vergleich zu der Felskletterei gestern.

Ehe ich mich zum Narren machen konnte, ließ sie durchblicken, dass sie bereits die Petite Grypon bestiegen hatte, die ich zu der Zeit nur von Fotos her kannte. Doch mehr musste ich gar nicht gesehen haben. Die Petite Grypon ist eine unglaublich steile, 250 Meter hohe Nadel. Ich hatte geglaubt, auf so etwas käme man nur mit einem Hubschrauber.

Und nun erzählte uns diese erfahrene Kletterin, sie hätte schreckliche Angst davor, auf den Gletscher zu gehen, und sie hätte diesen Kurs schon zweimal mitgemacht. Am Ende des Tages wussten wir, warum.

Das Entscheidende beim Eisklettern ist die Kunst, anzuhalten. Man muss wissen, wie man verhindert, dass man immer weiter rutscht, egal wie man hinfällt – auf Bauch oder Rücken, kopfüber oder kopfunter. Das Entscheidende ist, den Eispickel als Bremse einzusetzen.

Mike schlang ein Seil um einen Eis-Poller, der gewissermaßen als Anker diente. Derart gesichert, übten wir dann die verschiedenen Techniken, während des Runterrutschens irgendwie den Eispickel unter sich zu kriegen, mit der einen Hand am Axt-Ende und mit der anderen am Schaft, und dann das Gewicht darauf zu verlagern. Das ist die Kunst, die man unbedingt beherrschen muss, und das Einzige, was man dabei nicht tun darf, ist, die Füße einzusetzen. Instinktiv würde man zwar so reagieren, aber wenn man Steigeisen trägt und ein Fuß sich während des Rutschens im Eis festkrallt, bricht man sich wahrscheinlich das Bein oder den Knöchel oder man hebt gleich zum Freiflug ab.

Die Tour auf den Longs Peak – rund 30 Kilometer, ungefähr 16 Stunden – begann um zwei Uhr morgens mit einem langen

Fußmarsch zur Basis des Lamb's Slide, einem Eisfeld von gut 300 Meter, das nach Elkanah Lamb benannt ist, einem Wanderprediger, der diese tückische Strecke 1871 erstmals bewältigte. Immer wieder donnern große Felsbrocken den Lamb's Slide hinunter. An jenem Morgen konnte ich mich nur mit einem Sprung vor einem solchen retten und landete auf dem Gesicht.

Oberhalb des Lamb's Slide folgt eine Querung, die einen zum Diamond bringt. Hier machte ich erstmals mit dem typischen Bergsteigerhumor Bekanntschaft. Die Querung heißt »Broadway«, was sie mit absoluter Sicherheit nicht ist. An einigen Stellen ist das Sims nur wenige Zentimeter breit. Für einen Anfänger wie mich, noch dazu mit Höhenangst, war das beileibe nicht ideal.

Wenn man den Diamond erreicht, folgt eine relativ leichte Kletterstrecke, die mit 5,4 bewertet wird und einen nach oben auf die Spitze des Diamond bringt. Damals erschien mir die Kletterei da hoch als ziemlich schwierig, in Wirklichkeit ist sie recht leicht. Oben muss man dann einen kleinen Sprung von einem halben oder einem Meter von der Ostflanke des Bergs auf die Nordflanke machen, was keine große Sache wäre, wenn man währenddessen nichts als 750 Meter Luft unter sich hätte.

Ich hatte bereits voller Bangen von diesem Hüpfer gelesen. Ich war mit dem Prospekt in der Hand in meiner Hütte hin- und hergesprungen, bis ich plötzlich auf dem Holzfußboden ausrutschte. Ich blickte an mir herab und bemerkte, dass meine Füße – wie meine Hände – schweißnass waren.

Im Moment der Wahrheit oben am Longs Peak geriet ich Gott sei Dank jedoch nicht in Panik. Und auch der Rückweg verlief ohne Zwischenfall. Ein erhabener Moment. Dort oben hatte ich gebibbert, aber ich hatte der Angst die Stirn geboten und es geschafft.

Am selben Abend war für alle Familien in einem Restaurant ein großes Essen angesetzt. Ken und ich waren natürlich fix und fertig, aber viel zu sehr Machos, um das zuzugeben. Also zogen wir uns fein an und gingen ins Restaurant, wo ich, kaum hatte ich mich gesetzt, sofort einschlief. Mein Gesicht landete im Kartoffelbrei. Ich war weggetreten.

# Achtzehn

## Peach:

Als Beck und ich schon miteinander »gingen«, aber noch ehe ich nach Dallas zog, hatte Beck einen kleinen Hobie Cat. Dann kaufte er einen größeren. Ich glaube, einmal bin ich mit ihm gesegelt.

Nachdem er den verkauft hatte, schlossen wir uns Leuten in Dallas an, die ein richtiges Boot hatten. Das machte Spaß. Ich wusste, dass Beck davon träumte, eines Tages mit einem nach seinen Vorstellungen gebauten Boot die Welt zu umsegeln. Mir war das egal. Ich wusste nur, dass ich keinesfalls mitkäme, weil das Ding keine Klimaanlage haben würde.

Ich versuchte, seine Interessen zu teilen. In Ft. Myers, Florida, besuchten wir gemeinsam einen Segelkurs. Beck schaffte sein Kapitänspatent, und ich bekam ebenfalls irgendein Zeugnis. Fein, dachte ich, jetzt können wir in den Osterferien ein Boot chartern und die Kinder mitnehmen. Doch Beck hatte etwas anderes zu tun.

Als Nächstes kam der Amateurfunk. Nur ein kleines, kindisches Hobby. *Wie* kindisch, fand ich erst später heraus. Ich kann mich nicht erinnern, dass es mir auch nur ein einziges Mal gelang, ihn von dem Apparat wegzubekommen. Sehr gut weiß ich aber noch, dass ich ihn, als er das Interesse daran verloren hatte, fragte, ob wir nicht diesen Sendemast abbauen könnten. Die Nachbarn würden das Ding nicht sonderlich mögen. Er sagte nur: »Oh, ja, natürlich.«

Die Ausflüge nach Estes Park machten Spaß. Weniger gefiel mir, dass die ganze Verantwortung für die Kinder auf mir lastete. Das ist doch kein Familienurlaub, dachte ich.

Am deutlichsten erinnere ich mich daran, wie er und Ken mitten in der Nacht aufstanden, um Klettern zu gehen. Am selben Abend wollten wir, wie jedes Jahr, unser großes gemeinsames Essen in einem schönen Restaurant genießen. Beck sagte mir, das sei kein Problem. »Keine Sorge, bis dahin sind wir zurück.«

In letzter Minute kamen sie an und rannten unter die Dusche. Sie waren total erschöpft, und beide waren binnen Sekunden betrunken.

Ich war stocksauer.

## Ken Zornes:

Ich erinnere mich noch ganz deutlich, wie wir an jenem Tag vom Longs Peak zurückkamen. Wir waren wirklich geschlaucht. Auf dem Rückweg vom Berg sagte ich in etwa, das sei wirklich cool gewesen.

Beck antwortete: »Das macht Lust auf mehr. Was ist als Nächstes dran?«

Ich sagte: »Lass uns den McKinley besteigen.«

Beck meinte: »Geht in Ordnung.«

Wir mussten beide lachen. Schließlich gingen wir ihn dann aber tatsächlich an.

Mike Caldwell hatte vorgeschlagen, wir sollten es als Nächstes mit dem Chimborasso in Ecuador versuchen, einem 6 267 Meter hohen Vulkan, der etwas ganz Besonderes ist: Weil er genau am Äquator steht, wo die Erde am dicksten ist, ist sein Gipfel derjenige Punkt der Erdoberfläche, der am weitesten vom Zentrum des Planeten entfernt ist.

»Warum sollten wir etwas so Einfaches versuchen?«, sagte Ken. »Lass uns gleich zum McKinley.«

Ich glaube, Mike hielt das für Größenwahn. Wir hatten offensichtlich keine Ahnung, auf was wir uns da einlassen wollten.

Der McKinley ist auch als Denali bekannt, was auf Athapaskisch, der Sprache der Ureinwohner, »der Hohe« bedeutet. Er bildet den Mittelpunkt des Denali-Nationalparks in Alaska. Mit 6193 Meter ist er der höchste Berg in ganz Nordamerika, und weil er so weit nördlich liegt, auf dem 63. Breitengrad, sind die Witterungsbedingungen am McKinley von allen hohen Bergen auf der Welt am härtesten. In einer Höhe von 4000 Meter ist das Wetter am McKinley in etwa genauso wie in 8000 Meter am Everest.

Im Winter können die Temperaturen bei minus 70 Grad liegen. Sturmspitzen von 240 Stundenkilometer wurden gemessen. Hinsichtlich seiner Masse ist er der größte Berg der Erde, und er erhebt sich so hoch über seine Umgebung wie kein anderer – um fast 2500 Meter überragt er die Gletscherlandschaft um ihn herum.

Mehr als die Hälfte des Berges ist von Schnee- und Eisfeldern bedeckt, und man verbringt den größten Teil der Zeit auf Schneeschuhen und Skiern und achtet auf Gletscherspalten. Technische Feinheiten sind nicht verlangt, wenn man den McKinley besteigt. Man muss ihn angehen wie den Everest, also etappenweise die Ausrüstung hochbringen und dann selbst nachfolgen. Da einem aber keine Sherpas den größten Teil der Plackerei abnehmen, ist es ein gutes Stück Arbeit, auf den Gipfel zu kommen.

Der Denali ist auch gefährlich. Seit er erstmals im Jahr 1910 bestiegen wurde, sind annähernd hundert Kletterer auf dem Berg gestorben. Im Durchschnitt schaffen es nur 50 Prozent auf den Gipfel. Ken und ich verbrachten zusammen mit zwei weiteren Bergsteigern und zwei Bergführern der Colorado Mountain School im Mai 1989 drei Wochen am Denali. Im Jahr zuvor hatten wir weitere Kletterkurse belegt und uns zu Hause in Dallas einem rigorosen, wenn auch schlecht geplanten Konditionstraining unterzogen. Wir machten zwar auch Krafttraining und Aerobic, hauptsächlich aber liefen wir, rund 100 Kilometer in der Woche. Im selben Jahr nahmen wir auch an ein paar Marathonläufen teil. Ich schaffte es, mich ständig zu verletzen. Meine Schulter knarrte wie eine Schraubenschlüssel-Ratsche. Aber wir waren entschlossen, uns fit genug zu machen, um mit allem fertig zu werden, was der Denali möglicherweise zu bieten hatte.

Doch als wir schließlich am Berg waren, ging uns auf, dass unsere Lauferei nicht die optimale Vorbereitung gewesen war. Dort wäre man gern eine Bulldogge. Ich aber war dürr wie ein Streichholz.

Den Denali erreicht man über Anchorage und eine kleine Stadt namens Talkeetna, von wo aus einen ein Flugzeug auf 2500 Meter zum Kahiltna-Gletscher bringt, dem Ausgangspunkt oberhalb der Baumgrenze. Doch ehe man zum Berg fliegen darf, muss man im Hauptquartier der Ranger erst einen Film ansehen, der einem die vielen Gefahren erläutert, die auf einen warten.

In diesem Film gibt es vor allem viele Tote. Überzeugend erinnert er einen daran, dass diese besondere Form von Freizeitvergnügen ihre Kehrseiten hat. Am McKinley gibt es einen Bereich, der sich eine Zeit lang als besonders gefährlich für asiatische Bergsteiger erwiesen hatte. Viele von ihnen sind dort umgekommen. »Orient-Express« wird dieser Abschnitt genannt. Ein weiteres Beispiel für den Bergsteigersarkasmus.

Im Basislager ging Steve Young, unser Bergführer, mit uns zu einer enormen Spalte, in die wir alle eine Seillänge absteigen mussten, bis wir schließlich zehn Meter tief frei in der Luft baumelten. Dann mussten wir beweisen, dass wir an dem Seil hochklettern und uns aus der Spalte herausziehen konnten. Am McKinley sind die Gletscherspalten die größte Gefahr.

Bevor wir losmarschierten, vergruben wir als Letztes noch eine Flasche Wild Turkey, die Ken mitgebracht hatte, damit wir etwas hätten, mit dem wir drei Wochen später auf unseren Triumph anstoßen könnten. Ich hatte meine Wasserflasche mit Jack Daniel's gefüllt, weil ich naiverweise angenommen hatte, das sei die richtige Begleitmusik für die abendlichen Lagerfeuer auf unserem Weg nach oben. Doch ich musste bald feststellen, dass ich jeden Abend so zerschlagen war, dass ich kaum noch etwas mit mir selbst anfangen konnte, geschweige denn mit einem Glas Bourbon. Nach 48 Stunden Kletterei beschloss ich, die Wasserflasche ihrem ursprünglichen Verwendungszweck wieder zuzuführen. Ich hätte heulen können, als ich den Jack Daniel's in den Schnee schüttete.

Technisch gesehen ist der McKinley Routinearbeit: Tag für Tag seilt man sich im Abstand von vielleicht 15 Metern an, und dann zieht man im Gänsemarsch los, weil man so die Folgen minimiert, falls ein Mitglied der Gruppe in eine Gletscherspalte einbricht. Theoretisch bieten die anderen genug Halt, so dass keiner mitgerissen wird. Alle müssen sich im selben Tempo bewegen, damit das Seil gespannt bleibt. Solange es einem gut geht, kann man Tagträumen und die Gedanken schweifen lassen. Je müder man jedoch wird, desto mehr denkt man nur noch an diese eiskalte Schlange da vor einem.

Unser erstes Lager war das so genannte Med Camp auf 4 350 Meter Höhe. Es lag in einer flachen Senke und kam mir vor wie ein Zirkus. Da es bei gutem Wetter mit dem Hubschrauber angeflogen werden kann, wimmelte es an jenem ersten Tag geradezu vor Bergsteigergruppen, Kamerateams und sogar ein paar Teufelskerlen, die mutig genug waren, sich mit einem Gleitschirm den Hang hinunterzustürzen. Schneemänner und provisorische Iglus bestimmten das Bild.

Beherrscht wurde die Szenerie aber vom Ice Throne, einem wahrhaft königlichen Abtritt, der einen atemberaubenden Blick auf den nahe gelegenen Mount Foraker bietet und im Allgemeinen von allen Scheißhäusern Nordamerikas als das mit der großartigsten Aussicht gilt. Ich weiß noch, wie ich eines Abends auf dem Ice Throne saß und der Foraker vor mir in sattem, rotgoldenem Alpenglühen erstrahlte. Eine bewegende Erfahrung.

Der Ice Throne ist zugleich die höchstgelegene Toilette mit Wartung: Das, was seinen Daseinszweck ausmacht, wird mit dem Hubschrauber heruntergebracht. (Ansonsten wird eingetütet und in Gletscherspalten versenkt.)

Da kein Zelt zuverlässig den arktischen Stürmen am McKinley standhalten kann, muss man sich bei jedem Biwak einen schützenden Eiswall drumherum bauen. Doch selbst eine feste Mauer von Eisblöcken hält irgendwann dem ständigen Anstürmen nicht mehr stand und bekommt Risse, bis sie schließlich zusammenbricht.

Am Tag unserer Ankunft hatte der Sturm einen erschöpften

Vogel zum Med Camp emporgetragen, wo das orientierungslose Tier nun zitternd auf einem Skistock saß. Wir wussten, dass der unerbetene Gast ein Todeskandidat war, denn er hatte keine Chance, wieder vom Berg herunterzukommen, ehe er erfror oder verhungerte. Wie dieser Vogel waren auch wir Fremde in einem fremden Land. Es ist unmöglich, in solch einem Moment nicht über das eigene Schicksal nachzudenken.

Am nächsten Morgen fanden wir im Schnee drei noch am Seil hängende erfrorene Körper. Es waren britische Bergsteiger, die am Tag zuvor mehrfach Warnungen in den Wind geschlagen hatten, das Wetter sei oberhalb vom Med Camp zum Klettern zu schlecht. Sie waren gestürzt und umgekommen.

Die drei Toten auf halber Höhe an meinem ersten richtigen Berg ließen mich abermals innehalten. Man muss verstehen, welches Ausmaß von Verdrängung nötig ist, damit man sich am McKinley überhaupt versucht. Hätte ich wirklich akzeptiert, dass ich verletzt werden konnte, wäre ich nicht aufgebrochen.

Ehe wir die Hänge über uns angehen konnten, wartete am Berg unter uns noch Arbeit: Vorräte, die wir an einer Stelle namens Windy Corner rund 300 Meter unterhalb des Med Camp zurückgelassen hatten. Auf unserem Weg nach unten kamen wir an zwei Burschen vorbei, die offensichtlich gerade hochgekommen waren. Wir winkten ihnen zu und marschierten weiter. Dann verschlechterte sich das Wetter, der Sturm heulte. Steve Young machte uns klar, dass wir den Sturm ernst nehmen mussten, und zum ersten Mal kam mir wirklich in den Sinn, dass wir wie die Briten umkommen könnten. Wir konnten nicht viel sehen, jede Bewegung fiel schwer.

Trotzdem machten wir bei Windy Corner kehrt und stiegen wieder auf, und da standen noch immer dieselben zwei Kerle, als würden sie auf den Bus warten. Diesmal gingen wir zu ihnen hinüber. Dicht vor ihren Gesichtern wedelte ich mit der Hand. Niemand zu Hause. Höhenkrank waren sie nicht. Aber sie waren verwirrt. Wie es mir später auf dem Balkon am Everest beinahe passiert wäre, waren sie zu stark ausgekühlt und einfach stehen geblieben. Sie konnten sich nicht entschließen, entweder auf- oder abzusteigen. Wären wir nicht vorbeigekommen, wären sie vermutlich dort erfroren.

Einer der beiden war noch genug bei Sinnen, um einen Fuß vor den anderen setzen zu können, also banden wir ihn ans Ende unseres Seils. Steve Young nahm ein kürzeres Seil und band es um den anderen – der im Grunde weggetreten war – und zog ihn wie eine Marionette den Berg hoch. Oben im Med Camp brachten wir sie in das Zelt von Dr. Peter Hacket, einem Notarzt aus Colorado, der zugleich einer der weltbesten Experten für Hochgebirgs-Physiologie und ein sehr fähiger Bergsteiger ist.

Vom Med Camp schleppten wir unsere Ausrüstung auf den Gipfelgrat in rund 5 000 Meter Höhe, kehrten zurück und ruhten aus. Dann errichteten wir auf 5 250 Meter Höhe das Hochlager, wo wir Eisschutzwände bauten, unsere Ausrüstung und uns selbst sammelten und uns auf den Gipfelsturm vorbereiteten.

Dachten wir jedenfalls.

Bis hierher hatte die Kletterei nicht viel Spaß gemacht; hinzu kam, dass wir mit dem zweiten Bergführer, der etwas von einem Ex-Knacki an sich hatte, nicht zurecht kamen. Es hätte mich nicht überrascht, wären LOVE und HATE auf seine Knöchel tätowiert gewesen. Wir fanden heraus, dass Steve den Burschen engagiert hatte, weil er weniger Geld wollte als die anderen. Er ging allen auf die Nerven.

Doch auch das wäre auszuhalten gewesen, wenn wir das erreicht hätten, weswegen wir so viele Entbehrungen auf uns genommen hatten. Doch gerade als wir bereit waren, das letzte Stück anzugehen, kam starker Sturm auf, *sehr* starker Sturm. Die Temperatur fiel auf minus 40 Grad, und da blieb sie. Wir waren in unseren Schlafsäcken praktisch gefangen.

Da am McKinley zu dieser Jahreszeit die Sonne nicht untergeht, sondern nur im Vierundzwanzig-Stunden-Rhythmus einen Kreis um den Berg beschreibt, bot unsere Umgebung keinerlei Abwechslung, während wir das Wetter auszusitzen versuchten. Die eisigen Tage vergingen nur langsam in dem steten, monochromen Licht, das lediglich fast unmerklich von Hellgrau zu Dunkelgrau und wieder zurück wechselte. Ich kroch nur aus der

Wärme des Schlafsacks, um mich zu erleichtern, wobei ich jedes Mal verärgert feststellte, dass meine Hände steif gefroren waren, ehe ich den Reißverschluss aufmachen konnte. Jedes Mal musste ich in das Zelt zurückwatscheln und im Schlafsack meine Hände aufwärmen, bis sie geschmeidig genug waren, um den Reißverschluss aufzubekommen.

Eines Morgens legte sich der Wind ein bisschen. Aufgeregt suchten Ken und ich die Ausrüstung zusammen, da wir dachten, nun ginge es endlich los. Steve starrte uns mit den Händen in den Taschen an und sagte:

»Mindestens ein dummes Riesenarschloch wird es geben, das heute versucht, auf diesen Berg zu klettern. Aber ihr könnt Gift drauf nehmen, *ich* werde das nicht sein.« Ken und ich schauten uns an, dann packten wir wieder aus. Als hätte Steve es gewusst, brüllte der Sturm da draußen bald wieder wie ein Güterzug.

Wie die Ereignisse auf dem Mount Everest später bestätigen sollten, ist das Wichtigste, was ein Bergführer tun muss, dem Kunden zu sagen, wann er nicht klettern darf. Jeder Narr kann sich an den Aufstieg machen. Doch es bedarf des erfahrenen Urteils und der Disziplin, um das Gipfelfieber in Schach zu halten. Steve würde so eine Dummheit nicht begehen.

Wir blieben vier lange Tage im Hochlager, dann waren die Nahrungsvorräte zu Ende, und wir machten uns an den Rückweg. Der Sturm blies mit rund 160 Stundenkilometern. Leicht würde das nicht werden, vor allem nicht wegen einer Sache, die ich Holzkopf mir selber zuzuschreiben hatte.

In großer Kälte ziehen Bergsteiger des öfteren so genannte Dampfbarrieren-Socken an – im Grunde sind sie mit so etwas wie Plastikfolie ausgelegt –, um die Füße warm zu halten. Und ich hatte einen ganzen Dampfbarrieren-Anzug aufgetrieben, den ich mir für den Gipfel aufgespart hatte. Als klar war, dass es nach unten, nicht nach oben ging, zog ich angesichts des eisigen Sturms diesen Anzug an, was mich gewissermaßen zu einem Menschen in einer großen Einkaufstüte machte. Und das Ding hielt mich wirklich warm.

Als wir an dem Fixseil abstiegen, das zum Hochlager führte,

baute ich sehr schnell ab. Ich konnte mich kaum noch auf den Beinen halten. Ich hatte Angst zu stürzen. Es brauchte meine ganze Willenskraft, um in Bewegung zu bleiben.

Als wir schließlich am unteren Ende des Fixseils angekommen waren, erkannte Steve, was mit mir los war. Ich fiel hin, einfach so auf den Hintern.

»Gib mir deinen Rucksack«, sagte er. Er band ein Seil darum, marschierte los und zog meinen Rucksack durch den Schnee hinter sich her. Das war eine absolute Schande. Alle trugen ihre Last, nur ich nicht. Wie ein Vollidiot würde ich im Lager ankommen. Ich war gedemütigt, aber ich fiel noch zwei- oder dreimal hin, ehe wir im Med Camp ankamen.

Dort brachte mich Steve zu Dr. Hacket. Als ich den Reißverschluss aufmachte, stellte ich fest, dass ich vom Hals bis zu den Zehenspitzen schweißdurchtränkt war. In meinem tragbaren römischen Bad hatte ich mich wie einen chinesischen Hefekloß selbst gedämpft.

»Warum um alles in der Welt tragen Sie dieses Ding?«, fragte Hacket, der bei mir einen Ruhepuls von 160 maß.

Ein paar Becher Tee brachten meine Lebensgeister zurück, es folgte ein Teller Suppe und noch viel mehr Tee, über zwei Liter insgesamt.

Das Seltsamste dabei war, dass ich zwar offensichtlich dehydratisiert war, aber keinerlei Durst empfand. Ich fühlte mich nur schwach. Welche physiologischen Vorgänge dafür verantwortlich sind, ist mir schleierhaft.

Wir machten uns an den weiteren Abstieg, der Sturm heulte immer stärker. Rund 300 Meter unterhalb von Windy Corner rasteten wir zum letzten Mal, wofür ich zutiefst dankbar war. Ich fühlte mich wirklich nicht gut. Als ich die Stiefel auszog, stellte ich fest, dass der Schweiß darin schwappte. Als ich in den Schlafsack kroch, merkte ich, dass ich stank – ein durchdringender Salmiakgeruch. Wie blöd hatte ich Muskelmasse verbrannt.

Am nächsten Morgen tobte der Sturm noch immer. Wir mussten hinunter, um tiefer zu gelangen als er. Also legten wir die Schneeschuhe an und stiegen weiter ab.

Am McKinley bekam ich erstmals Probleme mit meiner Brille. Nachdem die Gläser mehrmals angelaufen und dann zugefroren waren, hatte ich sie abgesetzt, so dass ich nur wenig sah. Die Kumpels zogen mich hinterher auf, dass ich mich genauso gut in der Stadt drei Wochen lang in eine Tiefkühltruhe hätte legen können, denn mehr hätte ich auf dem McKinley ja auch nicht gesehen. Größtenteils stimmte das.

Jetzt blies uns der Sturm den Schnee so heftig entgegen, dass ich wiederholt eine regelrechte Eismaske auf dem Gesicht hatte. Immer wieder musste ich mit den Daumen den Schnee aus meinen Augen wischen, sonst wären die Lider zugefroren. Aus irgendeinem dummen Grund dachte ich nicht daran, eine Schutzbrille aufzusetzen.

In kürzester Zeit lief ich nur noch auf Automatik und setzte einfach einen Fuß vor den anderen. Ich war so erschöpft und musste mich so sehr konzentrieren, dass meine Welt auf einen Radius von vielleicht einem Meter schrumpfte. Einmal kamen wir an einem Hundeteam vorbei, und das habe ich noch nicht einmal bemerkt. Kurz darauf verlor ich einen Schneeschuh und sank sofort bis zur Brust ein. Steve war wütend auf mich und hielt mir eine gewaltige Standpauke, während wir den Schneeschuh aus anderthalb Metern Schnee ausbuddelten.

Wir kämpften uns weiter durch den Sturm. Wir spürten die wachsende Gefahr. Steve blieb schließlich stehen und sagte frei heraus: »Wir haben ein großes Problem. Ich habe keine Ahnung, ob wir noch auf dem richtigen Weg sind. Wir müssen uns eingraben.«

Der Sturm war viel zu stark, um die Zelte aufbauen zu können. Also verbrachten wir die nächsten Stunden damit, ein Loch in den Gletscher zu schaufeln. Auf Händen und Knien buddelten wir uns bis zu einer Tiefe von rund drei Metern vor, und da gruben wir eine Höhle, die groß genug für uns sechs war. Eine brutal harte Arbeit.

Als wir endlich in den Schlafsäcken lagen und uns ein bisschen aufwärmten, fühlte ich in den Fingerspitzen einen Schmerz, als würde mir jemand immer wieder mit spitzen Hämmerchen darauf schlagen. Ich hatte sie mir beim Graben erfroren, es aber nicht bemerkt. Jetzt informierten mich meine auftauenden Nervenenden mit Nachdruck, welchen Schaden sie erlitten hatten. Wie sich herausstellte, hatten mehrere meiner Finger Frostschäden bis durch die Epidermis hindurch.

## Cecilia Boone:

Ken berichtete uns später von einem Gespräch zwischen ihm und Beck in jener Schneehöhle.

»Also«, sagte Ken, »wir müssen auf der Stelle entscheiden, ob wir jemals wieder so etwas tun. Ich denke, wir sollten es nicht. Das ist die Hölle, es ist furchtbar.«

Beck antwortete: »Nein, die Entscheidung kannst du jetzt nicht fällen. Du musst warten, bis alles vorbei ist, bis du wieder zu Hause bist. Das ist jetzt nicht der richtige Zeitpunkt.«

Ken sagte: »Doch, verdammt noch mal, das ist er!«

Wir schliefen etwa sechs Stunden, und dann gruben wir uns wieder aus. Endlich hatte sich der Sturm gelegt. Der Rest des Wegs hinunter zum Basislager war problemlos – mit Ausnahme eines allerletzten Stücks namens Heartbreak Hill. Ankommende Flugzeuge landen auf dem Kahiltna-Gletscher hangabwärts, was heißt, die letzten anderthalb Kilometer des Rückwegs vom Berg steigen noch einmal an – eine unwillkommene Prüfung der eigenen Ausdauer.

Es stellte sich heraus, dass gleichzeitig mit uns noch eine weitere Gruppe herunterkam. Steves Ex-Knacki und Stellvertreter beschloss plötzlich, das Tempo zu erhöhen, um diese anderen Burschen im Schlussspurt zu schlagen. Pubertäres Gehabe. Ken und Ed Clark, ein weiterer aus unserer Gruppe, kochten vor Wut und beschimpften lautstark diesen nichtsnutzigen Bergführer.

Als wir endlich im Lager ankamen, stritten sich Ed und Ken beinahe darum, wer von ihnen diesem Knacki die Seele aus dem Leib prügeln dürfe. Schließlich beruhigten sich die beiden, was vielleicht dadurch gefördert wurde, dass Ken den supergekühlten Wild Turkey aus dem Schnee ausgebuddelt hatte. Man kann sich leicht vorstellen, was für einen Rausch zwei Kerle in unserer Verfassung von Bourbon pur in 2500 Meter Höhe binnen kurzem haben. Also luden wir die anderen ein, und sie halfen uns, die Flasche niederzumachen.

Als wir über unsere Expedition sprachen, war man allgemein der Ansicht, dass man solch einen Ort nie wieder aufsuchen wolle. Nur Ken und ich blieben dabei: »Mensch! War das nicht großartig?«

Wir fanden das alles wunderbar.

## Ken Zornes:

Wir lachten sogar über unser Gespräch in der Schneehöhle. Nachdem wir wieder gesund und munter zu Hause waren, hatten wir all das vergessen.

# Neunzehn

Daheim in Dallas begrüßten uns am Flughafen alle mit Champagner. Dann gingen wir essen. Peach war nicht so sehr nach feiern zumute wie den anderen. Ich bin mir nicht sicher, ob ihr damals aufging, dass ich so weitermachen würde.

## Peach:

Er war erschöpft – zerschlagen, erfroren und fix und fertig. Ich dachte, ein paar Schmerzen seien nicht schlecht. Ich merkte nicht, was mit ihm passierte. Später erzählte Beck auf einer Party ein paar Geschichten vom McKinley. Mike Mack, ein Thorax-Chirurg des Krankenhauses, sagte, für ihn höre es sich an, als litte Beck an einem Lungenödem.

Beck redet nicht gern über seine Gebrechen. Er sagte, er sei nur ein wenig dehydratisiert. Mack meinte, das stimme nicht.

Ich hatte ein paar Rasselgeräusche in der Lunge. Ich hätte nie gedacht, dass ich ein Ödem hatte.

## Terry White:

Nach dem McKinley fingen wir an, uns wegen des Bergsteigens Sorgen zu machen. Vier Tage hatte er da oben gesessen. Beinahe hätte ihn der Sturm vom Berg geblasen. Er hatte Erfrierungen. Doch als ihn das nicht bremsen konnte und er seine nächste Klettertour plante, fragte ich mich, was in ihm vorging, ob er überhaupt nicht an seine Familie dachte.

Sein Leben zu riskieren ist eine Sache. Einige Leute machen das zwanghaft. Würde ich das unter solchen Umständen tun? Bestimmt nicht. Das machte uns Sorgen.

Das Bergsteigen ersetzte nicht das Hochseesegeln als meine Leidenschaft, sondern schob es nur eine Zeit lang auf – zumindest was meine strategische Planung anging.

Ich erkannte, dass ich zeitliche Prioritäten setzen musste. Segeln könnte ich auch noch, wenn ich 60 wäre, nicht aber mehr auf Berge klettern. Ich war Anfang 40, und mir war durchaus klar, dass mein Körper höchstens noch ein Jahrzehnt lang gut genug funktionieren würde. Wenn ich solche Exkursionen machen wollte, war jetzt die richtige Zeit dafür.

Im Winter 1990 reiste ich nach Mexiko, um zwei Vulkane zu besteigen, die bequemerweise nur eine Taxifahrt von Mexico City entfernt liegen. Der Popocatepetl (5452 Meter) und der benachbarte Pico de Orizaba (5700 Meter) sind nicht schwer zu besteigen, auch wenn man Gletschererfahrung dafür braucht. Sie gelten im Allgemeinen als gute Aufwärmübungen für schwierigere Gipfel wie etwa den Denali, und so erwartete ich, in Mexiko verhältnismäßig wenig Probleme zu haben.

Doch ich sollte erfahren, dass es unklug ist, einem großen Berg blind zu vertrauen. Vier Jahre nachdem ich ihn bestiegen hatte, brach »El Popo« beispielsweise plötzlich aus; er ist jetzt auf unbestimmte Zeit für Bergsteiger gesperrt. Fünf Kletterer, die im Mai 1996 die Eruptionen filmen wollten, kamen ums Leben.

Die eigentliche Lehre am Popocatepetl aber war, wie alles in der richtigen Reihenfolge ineinander greifen muss, wenn man den Gipfel schaffen will, wie abhängig und zerbrechlich man beim Klettern ist, wie leicht etwas schief gehen kann, wie etwas, das auf Meereshöhe nur eine lästige Unannehmlichkeit ist, sich in großer Höhe dramatisch verschlimmern kann. Nehmen wir beispielsweise ganz normale Magenbeschwerden.

Am Popocatepetl gewöhnten wir uns wie üblich erst einmal

an die Höhe und bezogen eine Hütte, von der aus wir den Gipfelaufstieg wagen wollten. Am selben Abend begann ein Dutzend Mäuse in meinem Magen herumzurennen. Ich kenne das Gefühl gut und spürte, was kommen würde, noch ehe es mir richtig klar war.

Es traf mich mitten in der Nacht. Ich rannte zu den Toiletten, ging in die erstbeste Kabine und brachte die ganze Nacht lang der Schüssel ein Ständchen dar. Gründlich verriegelte ich die Kabinentür. Nichts um alles in der Welt würde mich da wieder herausbringen.

Noch jemand war da mit mir auf den Toiletten und gab tierische Geräusche von sich. Erst in der Morgendämmerung ging der Brechreiz genügend zurück, dass ich mich wieder in meine Koje legen konnte. Den folgenden Tag betete ich um Erlösung. Der Gedanke an Essen ließ mich würgen. Doch als die Stunde unseres Abmarschs kam, zog der andere, ein junger Kerl Anfang 20, seine Stiefel an und machte sich zum Abmarsch bereit. Das hätte ich nicht für möglich gehalten. Aber ich hätte mich verflucht, wenn ich allein zurückgeblieben wäre.

Also rollte ich mich aus dem Bett und ging davon aus, nach einem halben Kilometer erneut kotzen zu müssen, was eine ausreichende Entschuldigung wäre, wieder umzukehren und in die Koje zu kriechen. Zu meiner Überraschung ging es mir jedoch nicht so schlecht wie erwartet. Beim Aufstieg überkam den Jungen und noch ein paar weitere das Würgen – da ging wohl eine Infektion um –, und sie brachen ab. Ich marschierte mit dem Rest der Gruppe weiter. Es dauerte eine Ewigkeit, doch schließlich schafften wir es bis auf den Gipfel.

Da war es schon spät, und den letzten Teil des Rückwegs legten wir in völliger Dunkelheit zurück. Weil es mir wieder besser ging, legte ich mit einem der Bergführer einen kleinen Spurt bis zur Hütte hin, wo wir freudig entdeckten, dass jemand den Wasserboiler eingeschaltet hatte.

Nach El Popo bestiegen wir ohne Zwischenfälle den Pico de Orizaba, und als ich nach Texas zurückflog, war ich sicherer als je zuvor, dass ich im Bergsteigen mein Metier gefunden hatte.

Dieser Sport erfüllte mich auf mehrerlei Weise. Ich liebte ihn, weil er so schlicht war und weil er es mir ermöglichte, meinen Alltag vollständig hinter mir zu lassen. Er blieb meine Zuflucht vor dem dumpfen Schmerz der Depression, die mich daheim in Dallas immer isolierte, aber erträglicher wurde, da ich jetzt wusste, wie ich sie von Zeit zu Zeit abschütteln konnte. Auch freute es mich, dass ich aufgrund meiner körperlichen und geistigen Fitness dahin gelangte, wo ein paar jüngere, kräftigere und körperlich geeignetere Kletterer nicht hinkamen. Natürlich maß ich mich nicht direkt mit ihnen, wie ich schon sagte, ist Bergsteigen kein Wettkampfsport.

Ich fühlte mich auch nicht überlegen. Es gefiel mir nur, in ihrer Gesellschaft willkommen zu sein und angesichts der Herausforderungen meine Pflicht zu tun. Für jemanden, der sich so viel mit seinem Unvermögen beschäftigt hatte, bedeutete es eine unglaubliche Aufwertung seines Egos, dorthin zu gelangen, wo bisher nur eine erlesene Handvoll sehr zäher und entschlossener Athleten gewesen war.

Es war einfach erregend, auf meine Dämonen herabblicken zu können.

In der Regel hatte ich in den Bergen keine Angst, solange ich am Seil war. Ich erinnere mich, dass ich einmal frei an einem dieser kleinen Dinger baumelte, die man in die Felsritzen schlägt; unter mir kam 100 Meter weit nichts, dort flogen Vögel herum. Hatte ich *völlig* meinen Verstand verloren?, fragte ich mich.

Bei einer Klettertour in Colorado mit Ken Zornes und Steve Young waren wir gerade in einer ziemlich steilen Wand, als plötzlich ein kräftiger Wind, eiskalter Regen und Blitz und Donner aufkamen. Wir trugen bloß T-Shirts und Shorts und standen auf einem nur wenige Zentimeter breiten Sims.

Steve meinte, es sei zu gefährlich, weiterzuklettern, also bestand unser einziger Ausweg darin, uns an einer unbekannten Felswand abzuseilen. Als Befestigung diente eine kleine Felsnase, über die Young ein Stück Schlauchband legte, sich festmachte und dann am Seil nach unten entschwand. Ken war als Nächster dran und ließ mich allein da oben im Sturm zurück. Ich klammerte mich an den Felsen und fragte mich, wie wohl mein Nachruf aussehen würde. Ich beruhigte mich damit, dass es immer noch schlimmere Möglichkeiten gäbe, das herauszufinden. Immer noch besser, als mit einem Moped da hinunterzufahren.

Möglicherweise war dies der angstvollste Moment meines Lebens, ich fürchtete mich, wie es schlimmer nicht sein konnte. Ich stieß mich ab – aber nicht *zu* weit, damit das Schlauchband nicht von der Felsnase abrutschte –, und rasch war ich da, wo Steve und Ken an die Felswand genagelt frei in der Luft hingen.

Ich ließ nicht erkennen, wie viel Angst ich hatte, und schaffte es, mein heftiges Zittern auf einen späteren Zeitpunkt zu verschieben, als niemand zusah. Heute weiß ich, dass ich nach dieser Todesangst suchte. Damals hätte ich es geleugnet. Es war der Adrenalinschub, keine Frage. Schreckliche Angst kann wirklich besoffen machen.

## Peach:

Im Frühling 1991 flogen Beck, ich und die Kinder nach Boston, um unser früheres Zuhause wieder zu sehen. Abgesehen davon musste Beck dort eine Konferenz besuchen. Anschließend setzten wir Meg und Beck ins Flugzeug nach Dallas, dann gingen wir ins Hotel zurück. Beck sagte, er müsse mit mir reden.

»Ich denke an Selbstmord«, schloss er. »Und das Problem ist unsere Ehe. Ich bin wirklich unglücklich, und das ist deine Schuld.«

Zu diesem Zeitpunkt war ich immer noch bereit, dies zu glauben. In den vergangenen fünf Jahren hatte ich nicht eine Nacht keine Tränen deswegen vergossen, doch ich gab ihm nicht die Schuld. Ich war sicher, was immer nicht in Ordnung war, es war mein Fehler. Ich bat ihn, er solle es mir erklären.

»Du unterstützt mich nicht«, sagte er. »Du unterstützt meine Hobbys nicht. Ich glaube dir, wenn du sagst, dass du mich liebst, aber ich glaube nicht, dass du mich wirklich gern hast.« Der letzte Satz ließ mich nachdenken. Ich fragte mich, ob er wahr sein könnte.

Ich erzählte ihr, ich sei so verdammt deprimiert, dass ich glaubte, ich würde mir etwas antun. Doch ich denke nicht, dass ich ihr die Schuld für meine Depression unterjubelte, ich habe sie ihr nur offenbart, habe ihr enthüllt, was zu enthüllen mir so sehr, sehr schwer fiel.

Dass sie Probleme mit mir hatte, betrachtete ich nicht als ihr Versagen. Und ich erinnere mich auch nicht daran, jemals das Gefühl gehabt zu haben, dass unsere Beziehung der Grund für meine Depression sei. Jedoch überrascht es mich keineswegs, wenn sie das so aus unserem Gespräch herausgehört hat. Lange Zeit hatte ich die Tatsache verborgen, dass es mir schlecht ging. Doch ich hatte nicht die Absicht zu sagen: »Du bist schuld an dem, was mit uns nicht in Ordnung ist«, oder: »Du bist schuld an dem, was mit mir nicht in Ordnung ist.«

**Peach:**

Ich glaube, er suchte nach einer Möglichkeit, uns allen den Laufpass zu geben.

Das ist nicht wahr!

**Peach:**

Du sagtest, du bist deprimiert, und es sei meine Schuld.

Ich war selbstmordgefährdet. Peach sagte zu mir, ich bräuchte Hilfe. Obwohl es das Letzte war, was ich von mir aus tun würde, versuchte ich es. Die Frau eines Kollegen am Krankenhaus war Psychiaterin, und ich meinte, sie hätte vielleicht eine Idee, mit wem ich sprechen könnte. Sie gab mir Namen und Adresse von jemandem.

**Peach:**

Der Psychologe war entsetzt. Beck erzählte ihm, er denke an Selbstmord, und zwei weitere Mitglieder seiner Familie, ein Vetter und ein Großonkel, hätten ebenfalls Selbstmord begangen. Allerdings versuchte er, ihre Leiden zu rechtfertigen.

Ich wollte niemanden rechtfertigen. Mein Vetter hatte Jugenddiabetes. Ich denke, mein Großonkel machte sich Sorgen, dass er jemandem zur Last fallen könnte. Er glaubte, dass er nicht mehr für sich selbst sorgen könnte. Also gab er meinem Vater sein Gewehr zum Reinigen, bekam es zurück und erschoss sich damit. Ich habe dem Psychologen gesagt, ich sei immer der Überzeugung gewesen, dass ich mich einmal selbst umbringen würde.

**Peach:**

Beck kam vom Psychologen zurück und sagte mir, ich müsse ihn ebenfalls aufsuchen, weil alles, was nicht in Ordnung war, mit unserer Ehe zusammenhinge. Also ging ich hin, und der Psychologe schien absolut sicher, dass Beck sich umbringen würde. Er sagte, wir müssten alle Schusswaffen aus dem Haus schaffen.

Wir hatten ein Gewehr, eine .22er Büchse, einen .381er Revolver, eine .357er Magnum, eine .22er Pistole, eine Derringer und eine Schrotflinte. Wir übergaben alles der Polizei, auch die Schrotflinte, an die ich in diesem Zusammenhang nie gedacht hatte.

**Peach:**

Dennoch machte ich mir Sorgen um Beck, nicht so sehr, weil er selbstmordgefährdet war – das Problem lag ja auf der Hand –, sondern weil er nicht spürte, dass wir ihn liebten. Ich war unglaublich traurig, dass er sich selbst nicht mochte und das

Gefühl hatte, er müsse sich etwas beweisen. Er konnte einfach nicht hinausgehen und den Sonnenuntergang genießen. Die kleinen Dinge des Alltags bereiteten ihm keine Freude. Beck konnte nur von einem selbst gesteckten Ziel zum nächsten denken. Das macht einen Menschen sehr unglücklich.

# Zwanzig

Die Reihenfolge, in der ich die Berge anging, straft meine Behauptung Lügen, ich würde immer sorgfältig überlegen und planen. Der Denali war eine spontane Narretei. Wenn ich diese Sache logisch angegangen wäre, hätten El Popo und der Pico de Orizaba an erster Stelle gestanden. In Wirklichkeit wurde die Reihenfolge größtenteils dadurch bestimmt, dass zu einem passenden Zeitpunkt eine kompetent geführte Expedition auf einen geeigneten Gipfel führte. Die Kombination dieser Faktoren brachte mich im August 1991 zum Elbrus im Kaukasus.

Führer unserer Bergsteigergruppe war ein ungewöhnlicher Mensch namens Sergio Fitz Watkins, der behauptete, teils Mexikaner, teils Apache und teils noch etwas anderes zu sein. Sergio war eine Nervensäge. Aus irgendeinem Grund wollte er sich nicht fotografieren lassen, und er legte auch auf freundschaftliche Beziehungen keinen Wert. Sergio ließ einen wissen, dass er der Boss war und man selbst nichts, und er trieb seine Dramatisierungen ins Extrem.

In der Regel begann Sergio einen Tag am Berg mit der Feststellung: »Heute ist ein guter Tag zum Sterben!«

Ständig klauen die Leute mir meinen Text.

Von Moskau aus flogen wir in die autonome Kabardino-Balkarische Sowjetrepublik, von dort ging es mit dem Bus weiter zu einem Wintersportort am Fuß des Elbrus. Mit seinen 5633 Metern ist er der höchste Berg des Kaukasus. Und nur aus diesem Grund war ich da.

Das Hotelessen war schrecklich. Eines Tags bekamen wir zu Mittag nichts als einen Berg formloser, farbloser, irgendwelcher

Gemüse. Dann bekam ich eine Scheibe Fleisch, nur dass das überhaupt kein Fleisch war. Es war eine zwei Zentimeter dicke, zehn Zentimeter große Scheibe Fett.

In der ersten Nacht schaute ich von meinem Balkon im dritten Stock, und da stand vor mir auf einem 10 bis 15 Zentimeter breiten Sims ein kleines Kind und wollte mir Eisschrauben aus Titan verkaufen. Das Material stammte aus einer nahegelegenen Titanmine, der größten der Welt.

Dann wollten wir etwas trinken. In einem Land, das für seine Alkoholiker berühmt ist, sollte das einfach sein, dachten wir.

Oh-oh.

In unserem Hotel gab es weder Wodka noch andere Spirituosen, also gingen wir mit unseren Rucksäcken zum nächsten *Piva*-Laden. *Piva* ist Russisch und bedeutet »Bier«. In russischen Flugzeugen wird *Piva* aus gutem Grund umsonst ausgeschenkt: Niemand mit auch nur ein bisschen Geschmack würde dafür bezahlen.

Es gab auch etwas, das sie Wein nannten, aber man konnte es nur zu leicht mit etwas verwechseln, das ein Haustier mit Nierenproblemen produziert hat. Also packten wir im *Piva*-Laden doch Bier ein und klapperten damit zurück.

Die Tour begann mit einer Fahrt im Skilift rund eineinhalb Kilometer den Berg hinauf zu einer runden, blechverkleideten Hütte, die einer gigantischen Hutschachtel ähnelte. Das *Pruit* genannte Bauwerk (russisch für »Schutzhütte«) wurde 1939 gerade noch rechtzeitig fertig gestellt, dass die deutschen Truppen auf ihrem Weg zu den sowjetischen Ölfeldern am Kaspischen Meer es gleich wieder zusammenschießen konnten.

Das Ding war der reinste Saustall. Wasser, wenn man es denn zu trinken wagte, musste man sich aus einer Schmelzwasser-Zisterne vor dem Eingang holen. Die knöcheltief mit Fäkalien verdreckte Latrine stand genau daneben. Es war ein Gnadenakt, dass die Hütte später bei einer Gasexplosion zerstört wurde.

Wir machten erst mal eine leichte Bergtour zur Akklimatisierung, dann standen wir in der folgenden Nacht zum Gipfelsturm auf, der sich endlos durch Schnee hinzog. Es war sehr kalt. Als wir in rund 4 800 Meter Höhe einen Sattel erreichten, sah ein junger Rechtsanwalt aus Dallas aus, als würde er gleich ohnmächtig. Ein weiteres Mitglied unserer Gruppe, ein Schönheits-Chirurg aus Atlanta, litt an rasenden Kopfschmerzen. Deshalb machten er und der Rechtsanwalt sich gemeinsam auf den Rückweg.

Während wir anderen uns zum Gipfel hochkämpften, fiel mir ein Foto aus Dick Bass' Bergsteigermemoiren ›The Seven Summits‹ ein. Es zeigt einen Bronzekopf von Lenin, auf dem Gipfel des Elbrus auf ein wunderschönes Podest montiert. So ein Erinnerungsfoto musste ich von mir auch haben. Aber als wir endlich den Gipfel erreicht hatten, wurde ich nachdrücklich daran erinnert, dass wir in der zerfallenden Sowjetunion waren: Das Podest stand noch, doch Lenins Abbild war schon lange verschwunden, eine Rohrzange lag noch an Ort und Stelle.

Die übliche Feier zum Abschluss der erfolgreichen Tour fand in Moskau in einem gigantischen Raum statt, der an den Spiegelsaal von Versailles erinnerte. In der Mitte stand eine große Tafel, die sich unter der Last von Bergen von Essen, Krimsekt, Wodkaflaschen sowie weißem und schwarzem Kaviar bog. Ein unglaubliches Mahl.

Ringsum im Raum verteilt standen kleine Tische. Ich nahm an, sie wären für andere Gäste bestimmt, die später kämen. Und tatsächlich kamen bald Leute, meistens junge Frauen, die sich jeweils zu zweit an die Tische setzten und Aperitifs bestellten.

Ich dachte: Wie nett! Die Moskauer gehen aus! Dann fiel mir auf, dass an *allen* Tischen jeweils zwei junge Frauen saßen. Unser großer Tisch begann sich aufzulösen, da nach und nach unsere Kumpels sich zu den Mädchen setzten. Langsam, wie ich bin, ging mir endlich ein Licht auf: Unserem Hauptgang sollte noch ein weiterer folgen, der Gang in die Séparées. Die Mädchen waren allesamt Professionelle.

Keinesfalls würde ich als in der Wolle gefärbter Amerikaner mich von einer dieser Kriegsbräute einwickeln lassen, nur um dann hinterher vom KGB auseinander genommen zu werden. Doch solche Befürchtungen schreckten nicht alle aus unserer

Gruppe ab. Als ich ins Hotel zurückkam, blieb mein Zimmergenosse verschwunden.

## Peach:

Als Beck mit dem Klettern anfing, war es mit den Familienurlauben so gut wie vorbei. Gelegentlich verbrachten wir ein paar Tage am Strand. Einmal fuhren wir nach Cancun, aber er musste bald wieder aufbrechen. Dadurch bekam der Kurztrip eine ganz andere Dynamik. Als er ging, waren alle niedergeschlagen und traurig. Wir fuhren einen Tag früher nach Hause.

Nach einiger Zeit verbrachten mein Bruder Howie, seine Frau Pat und seine Tochter Laura die Ferien mit den Kindern und mir. Er wollte und konnte Beck nicht ersetzen. Aber es war wunderbar, dass ich in Howie jemanden zum Reden hatte. Außerdem kümmerte er sich rührend um die Kinder. Immer dachte er sich etwas für sie aus und hielt sie den ganzen Tag bei Laune. So etwas hätte Beck niemals gemacht. Howie veränderte das Leben der Kinder sehr, und auch meines.

## Meg:

Wenn Onkel Howie auf seinen Geschäftsreisen in Dallas Zwischenstation machte, reparierte er alles, was in unserem Haus kaputt war. Er brachte unseren Basketballkorb und Dads Dusche wieder in Ordnung und installierte auch ein unterirdisches Drainagesystem.

Meine Schwächen übersah er, und er unterstützte mich bei allem, was ich tat. Ich meine, er und seine Frau Pat kamen den ganzen Weg von Georgia herüber, nur um mich Achtklässlerin in einem Musical zu sehen. Er spielte Domino mit mir – was ich nie ganz kapiert habe –, und er brachte mir Pixy Stix mit, mit buntem Zucker gefüllte Röhrchen.

## Bub:

Onkel Howie war der Typ, der meine Schwester und mich nach dem Abendessen von unseren Eltern weglotste, damit die sich entspannen und sich mit sich selbst beschäftigen konnten, ohne sich um uns Sorgen machen zu müssen. Wenn er bei uns etwas reparierte, fuhren er und ich manchmal los, um Material oder Werkzeug zu kaufen. Einmal – ich war neun oder zehn – mussten wir zum Ersatzteilhändler Target, weil Howie eins unserer Autos reparieren wollte.

Er wusste nicht, in welcher Richtung es zu Target ging, ich aber meinte, ich wüsste es, obwohl meine Kenntnis von Dallas damals ein bisschen vage war. Bald hatten wir uns verfahren.

Eine Zeit lang ging es in die eine Richtung, bis mir klar wurde, dass wir schon zu weit waren, dann wendeten wir und fuhren zurück. Die meisten Leute hätten mich das vielleicht noch zweimal machen lassen, ehe sie an einer Telefonzelle angehalten und Mom um Hilfe gebeten hätten.

Howie machte das nicht. Geduldig fuhr er herum, damit ich es selbst herausfinden konnte. Jedes Mal, wenn wir wenden mussten, machte er einen Witz, und dann fuhr er immer in die Richtung, die ich angab. Schließlich fanden wir den Target-Laden, und es bedeutete mir ungeheuer viel, dass Howie mir geglaubt hatte, dass ich uns dort hinbringen würde.

## Peach:

Ich bezweifle, dass Beck jemals richtig aufging, dass wir Familienurlaub ohne ihn machten, und noch viel weniger, welche Rolle Howie und seine Familie jetzt für uns spielten. Beck hatte sich total in sich selbst zurückgezogen. Einmal, als ich mal wieder völlig verzweifelt war, wurde gerade für 88 Dollar eine superbillige Flugreise nach New Orleans angeboten. Unsere Freunde, die Ketchersids, schlossen sich uns an, nur Beck konnte unmöglich am frühen Freitagnachmittag seine Arbeit beenden, um den Flug noch zu erwischen. Dann fanden wir heraus, dass er die ganze Woche freigehabt hatte und es noch nicht einmal wusste. Ich war wütend auf ihn.

Das Einzige, an das er dachte, war seine Kletterei. Er wurde ungenießbar. Seine Haltung war: »Lass mich in Ruhe! Ich will von nichts hören! Kinder. Probleme. Alles.«

Im Januar 1992 ging es wieder nach Süden, diesmal zum Aconcagua in den argentinischen Anden. Mit seinen 6959 Metern ist der Aconcagua der höchste Gipfel auf dem amerikanischen Doppelkontinent, weltweit belegt er den 36. Platz. Alle noch größeren Berge liegen in Asien.

In seinem Thriller ›The Eiger Sanction‹ charakterisiert der Schriftsteller Trevanian den Aconcagua als »eine wüste Anhäufung von zerbröckelndem Fels und Eis. Er zerstört Menschen nicht mit der Noblesse einer Eigerwand oder eines Nanga Parbat, sondern indem er Nerven und Körper eines Mannes erodiert, bis er nur noch ein torkelnder, wimmernder Irrer ist.«

Trevanian hat Recht. Der Aconcagua ist kein schöner Ort. Ich kann mir nicht vorstellen, dass ihn irgendwer mehr als einmal besteigen will.

Ich buchte bei Mountain Travel Sobeck, demselben kalifornischen Ausrüster, der auch die Tour auf den Elbrus organisiert hatte, und so traf ich wieder auf den leicht reizbaren Señor Watkins, der sich diesmal weniger auffällig gab, möglicherweise weil Sergio sich einen unangenehmen Virus zugezogen hatte. Er würde es nicht auf den Gipfel schaffen.

Zuerst fliegt man nach Buenos Aires. Der nächste Halt ist die in den Bergen gelegene Stadt Mendoza, die sich für mich als Kulturschock erwies. Da ich für die Klettertour trainierte, pflegte ich um vier Uhr morgens aufzustehen und um halb acht abends ins Bett zu gehen. Aber um 19.30 Uhr gab es in Mendoza noch nicht einmal *Mittagessen*. Bis zwei oder drei Uhr morgens gingen Leute noch mit ihren Familien spazieren.

Mit einem Pick-up fuhren wir zu einem im Bau befindlichen Wintersportort, wo unsere Ausrüstung auf Maultiere umgeladen wurde, dann folgte ein Marsch von 30 Kilometern zum Aconcagua-Basislager. Auf unserem Weg kamen wir am Bergsteigerfriedhof vorbei. Sie lagen dort ziemlich dicht beieinander.

Der staubige, unbefestigte Weg endete in Plaza de Mulas, dem Anden-Äquivalent von Lobuje. Statt Yaks gibt es hier Maultiere, überall lag ihr Dung herum. Im Gegensatz zu Lobuje gibt es in Plaza de Mulas keine dauerhaft genutzten Gebäude. Die wahllos angelegte Zeltstadt war von vielleicht hundert Menschen bevölkert, die sich hinsichtlich ihrer Bergerfahrung und Ernsthaftigkeit ziemlich unterschieden – unter anderem fiel mir eine Frau in einem pinkfarbenen Skianzug auf, die ständig ihren kleinen Pudel herumtrug.

Es gab ein kleines Wasserloch, das einer Reihe von öffentlichen Zwecken zu dienen schien – zum Trinkwasserholen, zum Waschen, als Latrine. Man hatte den Eindruck, dass sich niemand sonderlich um Krankheitsgefahren kümmerte. Man musste auch aufpassen, dass man nicht mit offenem Mund im Wind stand. Es flog so viel gebrauchtes Toilettenpapier in der Luft herum – die weißen Tauben des Aconcagua –, dass man ansonsten Gefahr lief, einen Fetzen davon zu verschlucken.

Es war nur eine Frage der Zeit, bis in Plaza de Mulas Infektionen ausbrechen würden, und wir wollten in diesem Morast nicht länger als unbedingt nötig herumlungern. Tatsächlich bekam einer aus unserer Gruppe in diesem Höllenloch so grauenvolle Durchfälle, dass er mit einem Rettungshubschrauber ausgeflogen werden musste.

Meine dramatischste Erinnerung an diesen Ort hat jedoch nichts mit Schmutz und Krankheit zu tun. Wir standen da einfach nur herum, als wir plötzlich in der Ferne ein dumpfes Grollen hörten. Ich schaute hoch und sah einen gigantischen Wasserfall, wo zwei Sekunden zuvor noch nichts gewesen war. Ein enormer Strom donnerte die Bergflanke hinunter. In der Sonne glitzernd, konnte man ganze Wellen anbranden sehen.

Als ich genauer hinsah, erkannte ich, dass die herabstürzenden Massen nicht Wasser waren, sondern Fels! Diese gewaltige Menge, die da wie Gischt herabkam, bestand tatsächlich aus *Steinen*, ein *riesiger* Felssturz nur ein paar hundert Meter von uns entfernt.

Wir waren noch nicht sehr weit den Aconcagua emporgestiegen, als Sergio uns wissen ließ, dass er zu krank war, um weiterzumachen. Auf halbem Weg zum Gipfel kamen wir an eine kleine Hütte auf flacherem Gelände, wo wir eine Gruppe Kletterer trafen, die absteigen wollte. Zufällig gehörten sie auch zur Mountain-Sobeck-Gruppe; ihr Führer war Ricardo Novallo Torrez, der als erster Mexikaner den Mount Everest bestiegen hatte.

Hier wollte Sergio umkehren und unsere Gruppe in der zweifelhaften Obhut seines Stellvertreters lassen, eines Peruaners namens Augusto Ortega, der kaum Englisch sprach. Torrez hatte zwar gerade den Gipfel des Aconcagua bestiegen und war fix und fertig, aber er sah, dass Ortega vermutlich damit überfordert war, uns zum Gipfel zu bringen. Er erklärte sich bereit, die Gruppe bis zum Hochlager zu begleiten, und von dort sollte der Peruaner uns das restliche Stück nach oben und wieder zurück bringen.

Als Wind aufkam und die Temperaturen fielen, bekamen die weniger Erfahrenen unter uns Angst, dass sie Erfrierungen erleiden könnten, weil sie überhaupt nicht wussten, wie sie sich warmhalten sollten. Ihr gesunder Menschenverstand angesichts dieser sich verschärfenden Unannehmlichkeit ging mir ab. Ich, der ich in einem sehr ungünstigen Moment unter dem Gipfel des Denali gefangen gewesen war, wusste, dass man noch ganz andere Temperaturen aushalten konnte.

Folglich überraschte es mich nicht, dass wir nur wie eine Herde Schildkröten vorankamen, als wir gemeinsam zum Gipfel aufbrachen. Bald war klar, dass bei diesem Tempo es niemals alle acht bis zum Gipfel schaffen würden, und die Gruppe zog sich zum Palaver ins Hochlager zurück. Die Hälfte der Kletterer wollte abbrechen. Ich und zwei weitere Jungs wollten einen weiteren Versuch wagen. Und genau das taten wir.

Einer derjenigen, die den Berg wieder hinunterstiegen, war mein Zeltgenosse, ein älterer Kerl, der geistesabwesend mein einziges Essbesteck, einen Löffel, mitnahm. Da man die Hundefutterpampe, die wir am Berg aßen, mit irgendeinem Instrument sich in den Mund schaufeln musste, ging ich raus und suchte nach einem passenden Ersatz.

Mich umsehend erblickte ich einen Metallgriff, der aus dem Schnee ragte. Ich ergriff ihn, warf mich in die Brust, rief »Heureka!« und zog fest daran. Heraus kam eine Gabel, der zwar zwei Zinken fehlten, die dem vorgesehenen Zweck aber vollauf genügte. Ich wischte sie unter der Achsel ab und ging als wieder komplett ausgerüstetes Mitglied der letzten aufrechten Vier ins Zelt zurück.

Es war schon lange dunkel, vermutlich gegen zehn Uhr abends, als ein unerwarteter Besucher zu uns stieß. Er hieß Marty Schmidt, kam aus Neuseeland und hatte gerade zwei Polizisten den Berg hinauf- und wieder hinuntergeführt.

»He! Ist jemand da?«, rief Marty. Er trug Kletterausrüstung, aber nur Turnschuhe. »Kann mir jemand ein Paar Stiefel borgen?« Außerdem trug Marty ein Fahrrad auf der Schulter.

Wir borgten ihm die Stiefel, und weg war er. Gegen fünf oder sechs Uhr am nächsten Morgen kam Marty zurück, ohne Fahrrad. Er gab die Stiefel zurück, zog wieder die Turnschuhe an und ging zur Plaza de Mulas zurück, um dort wieder seine Klienten zu treffen.

Später erfuhren wir die Geschichte von Martys bemerkenswerter zweifacher Besteigung des Aconcagua – er hatte zwei Tage lang nicht geschlafen. Das Ganze hatte an einer höllischen Strecke namens Caneletta begonnen, einem riesigen, 45 Grad steilen Hang aus losem Gestein und Staub knapp unterhalb des Gipfels.

Schmidt und die Polizisten hatten Teile eines Fahrrads entdeckt, die über die ganze Caneletta verstreut waren: Ein Rad da, Pedale dort, die Lenkstange wieder woanders. Ich weiß nicht, ob Marty lange über das Rätsel nachdachte, das diese äußerst unwahrscheinliche Entdeckung aufgab. Da er praktisch veranlagt war, sammelte er die Teile, baute sie wieder zusammen, nahm die Maschine auf den Rücken und trug sie herunter.

Die eigentliche Überraschung kam aber erst noch. Als er mit dem Fahrrad die Plaza de Mulas erreichte, baute sich ein völlig Fremder vor ihm auf und beschuldigte ihn wütend, sein Fahrrad gestohlen zu haben!

»Was meinen Sie damit, Ihr Fahrrad gestohlen?«, fragte Marty. »Das lag in Einzelteilen herum, die über den ganzen Berg verstreut waren.«

Es stellte sich heraus, dass dieser Kerl Leute dafür bezahlt hatte, dass sie sein Fahrrad in Einzelteilen den Aconcagua hinauftrugen. Oben wollte er das Fahrzeug wieder zusammenschrauben und dann vom Gipfel damit abfahren. Vielleicht hatte er sogar einen Sponsor. Wer weiß?

Verblüfft machte Marty ihm einen Vorschlag.

»Okay, ich mache Ihnen ein Angebot«, sagte er dem Kerl. »Sie hören auf, mich anzuschreien, dass ich Ihr Fahrrad gestohlen hätte, und ich bringe es dahin zurück, wo ich es gefunden habe.«

Und genau das machte er in jener Nacht. Schmidt schleppte das Fahrrad den ganzen Weg bis kurz unter den Gipfel wieder hinauf, zerlegte es im Dunkeln, warf die Teile in die Gegend und dann stieg er wieder ab. Von allem anderen abgesehen war das eine physische Tour de force. Marty Schmidt ist ein sehr fähiger Bergsteiger.

Am nächsten Tag war das Wetter nicht besser, trotzdem machten wir vier und Augusto sich auf den Weg. Bislang war der Aufstieg nirgendwo schön gewesen, noch nicht einmal interessant, doch als wir die Caneletta erreichten, verstand ich, warum Trevanian den Aconcagua so abgrundtief verachtete.

Die Caneletta ist die vielleicht fürchterlichste Flanke auf der Welt. Man kann sie nicht schnell hinauf, weil man nicht genug Luft kriegt. Geht man jedoch zu langsam, rutscht sie einfach unter den Füßen weg.

Der Trick besteht darin, von Stein zu Stein zu gehen und sich dabei die auszusuchen, die Halt bieten. Hat man einen dieser Zaubersteine erreicht, die sich nicht bewegen, bleibt man stehen und japst lange genug nach Luft, bis das Herz aus dem Hals wieder in die Brust zurückgekehrt ist. Dann macht man weiter, wobei man für jeden Schritt, den man vorwärts kommt, drei Schritte zurückrutscht, und das geht so Stunde um Stunde. Es ist kein Spaß.

Drei Tage hatte es gedauert, von der Plaza de Mulas zum Hochlager aufzusteigen, hinzu kam eine weitere Übernachtung für unseren zweiten Versuch, dann ein weiterer Tag, um wieder hinunterzukommen. Ich hatte jedoch sehr hart trainiert und fühlte, dass sich all die Schinderei gelohnt hatte.

Ich fühlte mich wirklich gut, nachdem wir den Gipfel des Aconcagua erreicht hatten. Beim Abstieg machte ich die Vorhut unserer Gruppe, und an einer Stelle, wo eine Felsnadel die Querung überragt, die zur Caneletta führt, machte ich eine Pause, um etwas Wasser und ein paar M&Ms zu mir zu nehmen.

Direkt hinter mir ging ein Australier aus unserer Gruppe, der sich jetzt wie tot auf den Rücken fallen ließ. Schließlich stützte er sich mit dem Ellenbogen auf und sagte zu mir: »Bist du wirklich in so guter Form, wie es aussieht? Oder nimmst du bloß bessere Dopingmittel als wir?«

## Peach:

Wahrscheinlich wären wir nicht verheiratet geblieben, wenn es nicht wegen der Kinder gewesen wäre. Kinder brauchen wirklich beide Elternteile. Ihr Leben muss ausgeglichen sein. Sie brauchen Väter, die sich auf den Boden schmeißen und auf denen sie herumreiten können. Spielen zu lernen ist sehr wichtig. Unsere beiden Kinder sind ziemlich ängstlich. Sie hatten niemanden, der ihnen beibrachte, wie man Risiken abschätzt, Chancen nutzt, sich körperlich verhält. Außerdem müssen Sie wissen, dass sich niemand in meiner Familie jemals hat scheiden lassen. Keiner. Das Wort gehörte einfach nicht zu meinem Vokabular. Scheidung hielt ich für Versagen – Versagen auf der ganzen Linie.

Ich weiß noch, wie mir meine Mutter Geschichten von der alten Mrs. Soundso erzählte. Ihr Gatte hatte stets auf ihr herumgetrampelt, aber sie war bei ihm geblieben, und jetzt war er krank, und sie waren noch immer beisammen. Es ist gut, wenn man im Alter jemanden um sich hat.

Dann ging mir etwas anderes auf. Man *muss* wissen, dass man sich eine Ehe erarbeiten muss. Eine meiner Freundinnen, Victoria Bryhan, ist bei uns für eine Bemerkung berühmt, die sie einmal fallen ließ, als über eine anstehende Scheidung gesprochen wurde. »Warum lässt sie sich scheiden?«, fragte Victoria. »Sie wird doch bloß einen anderen Mann heiraten.«

Das ist die Wahrheit.

Meine Freundinnen und Freunde gaben mir Kraft: Victoria und Pat White und Linda Gravelle, Mary Ann Bristow, die auch aus Georgia stammt, Marianne Ketchersid und Cecilia Boone. Ich hatte viele Freundinnen, die meisten davon Mütter von Kindern, die mit meinen zur Schule gingen. Wir trafen uns oft. Irgendwie entwickelte sich daraus ein Verhältnis wie unter Schwestern, was witzig ist, da ich als Kind ja keine Schwestern hatte und mich auch auf dem College keiner Mädchenverbindung angeschlossen hatte.

Ich konnte sehr offen mit ihnen reden. Die meisten Menschen verbergen, was wirklich in ihrem Leben vor sich geht. Wenn man sich umschaut, kommt man leicht auf den Gedanken, dass es allen außer einem *selbst* gut geht. Das ist einfach nicht wahr. Wenn man sich wirklich zusammensetzt und die Seele offenbart, hat jede ihre kleine Geschichte zu erzählen. Und ich denke, man kann diese Geschichten miteinander teilen, ohne dabei ständig auf die Männer einzuprügeln. Ich denke, dasselbe gilt für die Jungs auch. Ich konnte mich jedoch keinem sonst anvertrauen, vor allem nicht meiner Familie. Selbst Howie hätte mich nicht verstanden. Dies war ein Problem, das ich nur mit Hilfe meiner Freundinnen angehen konnte.

Unsere Diskussionen begannen mit: »*Ich* würde meinen Mann das *niemals* tun lassen!« Dann sagte ich: »Nun, sagt mir, wie kann ich dem Einhalt gebieten? Ich bin ganz offen.« Binnen kurzem wurde daraus: »*Das* macht mein Mann nicht, aber hört zu, was er *wirklich* macht.«

Ich baute emotionale Brücken zu diesen Frauen, meinen Kumpaninnen, weil ich einfach reden musste. Ich musste meine Verwirrung und meine Wut einfach herauslassen. Und im Verlauf dieses Prozesses fand ich heraus, dass *jede* Probleme hatte. Man wird sich darüber klar, dass die Dinge bei jeder etwas anders liegen, dass wir aber alle denselben Weg gehen, nur dass die Geschichten etwas anders sind. »Papa weiß, was gut für dich ist!«: Das stimmt nicht, aber auch der Märchenprinz ist für uns nicht vorgesehen.

Eine meiner Freundinnen ließ sich gerade scheiden. Eine andere hatte einen totalen Zusammenbruch; das überraschte mich wirklich, weil ich geglaubt hatte, diese Frau wäre eine der stärksten. Wieder eine andere hatte einen Mann, der darauf versessen war, alles unter Kontrolle zu haben. Den trafen wir eines Abends in einem Restaurant mit einer anderen Frau. Der Mann einer weiteren Freundin hatte über Jahre eine Affäre; ich hatte geglaubt, die zwei würden die beste Ehe von uns allen führen. Eine hatte einen Berg von Problemen mit einem jüngeren Bruder, den sie und ihr Gatte unterstützen mussten. Eine weitere, nicht unbedingt eine Freundin, enthüllte, ihr Mann sei Alkoholiker und bräuchte dringend Hilfe.

Die perfekte Ehe, die gab es einfach nicht. Es ist wie mit den Kindern, man muss daran arbeiten, selbst wenn das einen anscheinend nicht weiterbringt, genau wie es mich nicht weiterbrachte. Dennoch predigte ich genau das, weil ich einfach nicht wollte, dass man zu schnell aufgab.

Nach dem Aconcagua feierten wir in Mendoza eine Party. Wir gingen in eine nette Kneipe ein paar Blocks von unserem Hotel entfernt und tranken jede Menge *Cervezas*. Einer der Jungs hatte eine Flasche Jack Daniel's dabei, die wir kreisen ließen.

Gegen elf oder zwölf Uhr abends war das Dinner vorbei. Die Vernünftigen aus unserer Gruppe gingen zum Hotel zurück. Die drei oder vier anderen, darunter ich, wollten weiter auf den Berg anstoßen. Zum Schluß war ich mehr als nur mäßig blau.

Doch unsere Sauftour durch Mendoza war für mich nicht der Höhepunkt dieses Trips. Der hatte sich schon in der Nacht zuvor in dem Wintersportort ereignet. Nachdem wir die 30 Kilometer von der Plaza de Mulas zurückmarschiert waren, genossen wir dort ein gutes Abendessen und tranken einen Meskal, der einem den Zahnschmelz wegätzen konnte.

Danach gingen wir alle in die Sauna und erzählten uns Bergsteigergeschichten. Irgendwann fragte ich Ricardo, wie schwierig es sei, den Everest zu besteigen. Wie nebenbei antwortete er: »Na ja, jemand wie du kann das schaffen.«

Da ging mir plötzlich ein kleines Licht auf. Ich stand an einem Scheideweg.

Keineswegs war ich die Bergsteigerei bislang dilettantisch angegangen. Ich hatte schwer geschuftet und mich auf jede Klettertour wirklich gut vorbereitet. Doch jetzt schlichen sich untypisch große Träume in mein Bewusstsein. Je nach Sichtweise war dies für mich der Anfang oder der Anfang vom Ende.

Bald bündelten sich meine Gedanken auf zwei Ziele, die etwas miteinander zu tun hatten. Ich beschloss, dass ich mein Training auf das ultimative Ziel – den Everest – ausrichten würde und dass ich im Verlauf dessen das versuchen würde, was bislang nur Dick Bass und wenigen anderen gelungen war – die Sieben Gipfel zu schaffen. Bass hatte das in vier Jahren vollbracht. Mit einem Haufen Glück, dachte ich, könnte das Unvorstellbare Wirklichkeit werden und ich mich diesem elitären Kreis anschließen.

Solch große Pläne waren höchst ungewöhnlich für jemanden, der so ängstlich war wie ich. Auf mehreren Ebenen kann ich diesen Entschluss begründen. Erstens: meine Depression schwand. Ganz war sie noch nicht weg – wenn ich zu Hause war, fühlte ich mich noch immer schrecklich –, aber sie war nicht mehr so niederschmetternd präsent wie zuvor, was ich meiner Überzeugung nach den Bergen verdankte. Obwohl meine Art und Weise, auf die Depression zu reagieren, sicherlich zum Leiden meiner Familie und zu meiner Entfremdung von ihr beitrug, hatte ich allen Grund zu der Annahme, dass das Bergsteigen mir das Leben gerettet hatte.

Zweitens hatte ich herausgefunden, wie viel Spaß es mir machte, mich in der Gesellschaft von Hochgebirgskletterern zu bewegen. Sie zeichnen sich durch Charaktereigenschaften aus, die ich bewundere. Beispielsweise bedeutet diese Art des Kletterns jede Menge Entbehrungen. Abgesehen davon sind diese Kerle auch ziemlich verbohrt, und in der Regel gelingt ihnen alles, was das Leben ihnen aufgibt.

Einen wirklich großen Berg zu besteigen, das ist nicht nur Schinderei, sondern setzt auch jede Menge geistiger Reife voraus. Es ist nichts, was man mit natürlichen Gaben allein schaffen kann. Das muss man lernen. Hochgebirgskletterer müssen Spaß dabei empfinden, sich in Situationen zu bringen, in denen sie nicht wissen, wie sie darauf reagieren werden. Das ist einer der spannendsten Aspekte dieser Art von Bergsteigen. Egal wie gut man ist, man ist sich niemals sicher, ob man es schafft. Man testet sich. Hofft, dass man sich gut schlägt, dass man nicht verzweifelt, dass man durchhält, dass einen der eigene Mut nicht verlässt, dass man alles gibt, was man zu geben hat. Doch ob es gelingt, weiß man nicht, ehe der Moment der Wahrheit kommt. Irgendwie hat man Angst, dass man sich bei der Nagelprobe als charakterschwacher Mensch, als nichts als ein Feigling erweist.

Drittens: Den Aconcagua hatte ich mit Leichtigkeit geschafft. Das war ein großer Berg, und immer wenn es schwer wurde – beispielsweise auf der Canaletta –, hatte ich ihm jede Menge entgegenzusetzen. Ich fühlte mich stark. Und im Übrigen hatte ich Höhen von 7000 Meter bewältigt, ohne irgendwelche Probleme damit zu haben. Objektiv konnte ich Torrez zustimmen, dass ich das Zeug hatte, den Everest anzugehen.

Viertens brauchte ich, wie viele andere Männer, etwas Konkretes, Externes, an dem ich mich messen konnte, so etwas wie einen Berg. In meinem früheren Leben hatte ich Zeugnisse und Zertifikate gesammelt und Hochglanzartefakte angehäuft, die ein gutes Leben versprachen. Jetzt verfolgte ich greifbarere und großartigere Ziele.

Wäre ich emotional in Ordnung gewesen, hätte ich erkannt, dass der letzte Satz Unsinn war. Meine riskante Suche nach Selbstbestätigung und meine Verantwortung als Ehemann und Vater waren schlicht unvereinbar. Rationales Vorgehen ist eigentlich kein allzu schwer zu verstehendes Konzept. Wenn man jedoch wie ich blind dem gegenüber ist, was die Vaterschaft natürlicherweise gebietet, kann man einfach nicht begreifen, wie sehr die Familie einen braucht. Und dann ist es relativ einfach, sie zu verlassen. Wenn ich nach dem von Torrez ausgelösten Ego-Trip *wirklich* eine bessere Meinung von mir gehabt hätte, wäre es nicht mehr nötig gewesen, dass ich noch weitere Berge bestieg.

Stattdessen ließ ich mich nicht davon abbringen.

Fast 18 Stunden hatte ich pro Woche trainiert, mir dabei aber falsche Vorstellungen gemacht, wie man sich in Topform bringt. Infolgedessen hatte ich mir wahrscheinlich mehr geschadet als genutzt. Beide Schultern schmerzten ständig, und ich konnte nicht mehr auf der linken Seite schlafen. Das linke Knie war arthritisch, keine zehn Kilometer konnte ich damit laufen.

Langsam kam ich zu der Überzeugung, dass ich einfach nicht genügend Kraft entwickeln konnte. Ich wusste nicht, ob das an meinen Muskeln oder meinem Skelett oder an was auch immer lag, aber ich schuftete mehr als alle anderen im Fitnessstudio, und doch hatte ich kräftemäßig bald einen Punkt erreicht, über den ich nicht hinauskam. Auf der Bank drückte ich gerade mal so viel wie ein junges Mädchen. Ich hatte wirklich schwache Knochen.

Darüber hinaus hatte ich ein Gewichtsproblem, von dem mir nicht klar war, wie ich es angehen sollte. Aus Gesprächen und Büchern wusste ich, dass Bergsteiger am Everest durchschnittlich 15 Kilo verlieren. Da ich zu der Zeit rund 75 Kilo wog, war ich eindeutig zu leicht. Irgendwie musste ich mein Gewicht um ein Fünftel erhöhen, und diese zusätzlichen Pfunde mussten ausschließlich aus Muskeln bestehen, sonst hätte ich am Everest keine Chance. Auch wollte ich meine Ausdauer verbessern. Am Berg muss man sich die Muskeln kaputtschinden und sie dennoch am nächsten Tag wieder gebrauchen können.

Dummerweise war es gerade Peach, die eine Lösung für mich fand.

## Peach:

1990 wurde bei mir Osteoporose diagnostiziert. Zum Behandlungsplan gehörte unter anderem ein Gewichtstraining zur Knochenstärkung, das ich mit Hilfe von Brent Blackmore, einem professionellen Trainer, durchführte. Binnen zwei Jahren hatte ich meine normale Knochendichte wiederhergestellt. Brent ist ein sehr umsichtiger und fähiger Trainer.

Während derselben Zeit musste ich mit ansehen, wie Beck nach und nach seinen Körper ruinierte. 18 Stunden trainierte er pro Woche, und dabei wurde er immer lahmer. Keine Schmerzen, so dachte er, hieße kein Erfolg. Für mich summierte sich das zu: kein Verstand.

Ich riet ihm, es mit einem Trainer zu versuchen. Beck meinte, ein persönlicher Trainer sei etwas für Weicheier oder so. Doch ich ließ nicht locker, bis er eines Tages widerstrebend einwilligte, Brent aufzusuchen.

## Brent Blackmore:

Beck begriff nicht, warum Peach auf einem persönlichen Trainer bestand. Schließlich sagte sie zu ihm: »Nun, ich bin nicht diejenige, die ständig verletzt ist, oder?« Beck hatte sich bereits an beiden Handgelenken die Rotatoren ruiniert, wahrscheinlich weil er mit schlechter Technik zu viel gestemmt hatte. Er wollte um jeden Preis an Kraft zulegen, ohne an die Folgen zu denken.

Peach fragte mich: »Wären Sie bereit, mit meinem Mann Beck zu arbeiten?«

Er schaute aber nicht vorbei. Sie vereinbarte einen Termin an einem Samstag um neun Uhr morgens, und endlich kam er widerstrebend zu mir.

Er erzählte, er würde für den Everest trainieren. Einen Bergsteiger hatte ich noch nie zuvor als Kunden gehabt, und ich hatte auch noch nie einen erwachsenen Athleten darauf vorbereitet, solche Anstrengungen durchzustehen. Das war eine große Herausforderung. Nach der ersten Übungsstunde ging er, ohne ein Wort zu verlieren.

Offen gestanden, ich hatte geglaubt, persönliche Trainer seien etwas für gelangweilte Hausfrauen. Brent und ich beschnupperten uns erst einmal. Er war offensichtlich fit und praktizierte, was er predigte, doch noch immer glaubte ich nicht so recht, dass ich ihn und seine Ratschläge brauchte. Als er mit mir an jenem ersten Tag fertig war, konnte ich gerade noch das Auto erreichen, dann musste ich kotzen.

## Brent Blackmore:

Mitte der folgenden Woche fragte mich Peach, ob ich noch einmal Zeit für Beck hätte. Er kam, trainierte, ging und sagte dabei nichts.

Peach vereinbarte einen dritten Termin. Endlich fragte er mich selbst, ob ich ihn weiter trainieren könnte.

Beck war in keiner sehr guten Verfassung. Wenn ich mich recht erinnere, musste er zu jener Zeit auf der linken Seite schlafen, weil seine rechte Schulter so schmerzte. Zwischen seinen rechten Ellenbogen und seinen Körper musste er ein Kissen legen. Wenn er sich aus dieser Position rollte, wachte er vor Schmerzen auf. Auch sein rechtes Knie bereitete ihm Probleme. Bestimmte Übungen mussten wir anfangs vermeiden.

Nach einiger Zeit sagte Beck: »Wissen Sie, von Samstag bis Samstag ist lang. Können Sie mit mir nicht auch unter der Woche arbeiten?« Also fingen wir an Dienstagen und Donnerstagen um halb sechs morgens an.

Ich brachte ihn wirklich auf Trab und zeigte ihm, wie er in drei Stunden pro Woche mehr erreichen konnte als in den 18 zuvor. Er musste feststellen, dass er Mittwoch morgens nach den Übungsstunden am Dienstag bei mir so einen Muskelkater hatte, dass er nicht an sein übliches Fitnesstraining denken konnte. Auch Mittwoch abends wagte er das nicht, weil er mich Donnerstag morgens wieder traf.

Ich verfolgte den Ansatz, die gegenläufigen Muskelgruppen des Oberkörpers auszubilden. Beispielsweise hatte Beck nach dem Aufwärmen Gewichte gestemmt, bis die Muskeln versagten. Also verpasste ich ihm eine Rückenübung mit ziehenden Bewegungen wie beim Rudern. Die dafür nötigen Muskeln hatte er beim Stemmen brachliegen lassen.

Wir trainierten sie, bis er nicht mehr konnte.

Dasselbe machten wir mit seinen Beinen, und so ging es immer weiter. Das ganze Training lang gingen wir von einer Maschine zur anderen. Ohne Pause. Er rackerte sich wirklich ab. Ich brachte ihn dazu, darüber nachzudenken, was seine Muskeln taten. Nahm sein Tempo raus, ließ ihn die Gewichte spüren.

Er war der beste Schüler, den ich je hatte. Sehr entschlossen.

## Garrett Boone:

Beck unterzog sich dem unglaublichen Prozess, seinen Körper von dem eines zurückhaltenden Pathologen zu dem eines Bergsteigers von Weltklasse zu transformieren. Er war ein schmächtiger Kerl gewesen, der viel Zeit damit verbrachte, sich zu Hause Dias anzusehen. Im Lauf der Zeit jedoch veränderten sich seine Brust, seine Arme und Beine vollständig. Niemals in meinem ganzen Leben habe ich jemanden so hart an etwas arbeiten sehen.

Dan Jenkins, einer meiner Lieblingsautoren, umreißt in seinem Buch ›Baja Oklahoma‹ das, was er als die »zehn Stadien der menschlichen Trunkenheit« bezeichnet. Als Bergsteiger hatte ich es geschafft, als ich die letzten beiden Stadien erreichte, »unsichtbar« und »kugelfest«.

Ich vergaß jedoch Jenkins Schlussgedanken. »Jenes letzte Stadium sollte mit Gewissheit eine Ehe beenden.«

## Meg:

Er trainierte den ganzen Tag, ich bekam ihn nie zu sehen. Und dann war er immer wochenlang weg, um auf diese Berge zu klettern. Das war wirklich schwer für mich, weil ich einfach meinen Dad vermisste und mir wünschte, er wäre da.

## Bub:

Ich habe es eigentlich nie bemerkt, wenn er weg war, denn auch wenn er da war, war er abwesend. Er pflegte um 18.30 Uhr heimzukommen, zu essen, abzuschalten und ins Bett zu gehen.

## Peach:

Beck stand um vier Uhr morgens auf, um zu trainieren, und musste abends um acht im Bett sein. Es war stinklangweilig. Wir hatten kein Sozialleben mehr.

# Einundzwanzig

## Cecilia Boone:

Ungefähr zu dieser Zeit meinte Beck, Peach brauche eine Aufgabe, der sie sich mit Hingabe widmen könne, weil seiner Ansicht nach ihr Leben ziemlich eintönig sei und dass ihr aus diesem Grund seine Bergsteigerei so sehr missfiel. Das war keine gute Idee.

## Peach:

Beck war niemals bereit, etwas mit mir oder den Kindern zu unternehmen. Es interessierte ihn einfach nicht. Dann fing er an, davon zu reden, dass ich ein Hobby brauchte oder eine Aufgabe. Anders ausgedrückt, er glaubte, ich sei unglücklich, weil ich nichts Sinnvolles tat.

Ich sprach mit Ken Zornes darüber, dass ich glaubte, Peach wäre glücklicher, wenn sie Interessen verfolgte, die ich verstehen könnte. Sie ist eine sehr kluge und fähige Person. Ich dachte, wenn sie eine Passion für etwas entwickeln würde, könnte ich auch besser verstehen, wie sie tickt.

Gut kamen wir nicht miteinander aus. Ich dachte, sie sollte wissen, dass es mir gefallen würde, wenn sie mehr Gelegenheiten hätte, Dinge zu tun, die sie anregten. Vielleicht würde das uns wieder einander näher bringen.

Oder Beck aus dem Schneider bringen.

Ich dachte darüber nach, was er gesagt hatte – dass ich doch nicht glücklich sein könnte, wenn ich nichts weiter tat, als mich nur um die Kinder zu kümmern. Und ich überlegte tatsächlich, dass ich etwas finden müsste, das mich glücklich machte. Dann ging mir eines Tages etwas Wichtiges auf: Ich *war* glücklich, es reichte mir, mich nur um die Kinder zu kümmern. Kein weiterer Bedarf.

Wenn er von da an wieder das Thema eines Hobbys für mich aufwarf, sagte ich einfach: »Lass mich in Ruhe. Ich bin absolut glücklich. Ich betrachte mich nicht als gelangweilte Stubenhockerin.«

Mir fiel es immer schwerer, mich auf etwas anderes als das Bergsteigen zu konzentrieren. Es war mittlerweile zu einer umfassenden Obsession geworden.

Zwei der Sieben Gipfel hatte ich bereits geschafft: den Elbrus (der in diesem Fall als höchster Berg Europas gilt, obwohl etwas umstritten ist, ob der Kaukasus noch zu Europa zählt) und den Aconcagua in Südamerika. Den Denali (Nordamerika) würde ich irgendwann wieder versuchen. Dann gab es neben dem Everest (Asien) noch das Vinson-Massiv in der Antarktis, den Kilimandscharo in Afrika und die Carstensz-Pyramide in Irian Jaya, der indonesischen Provinz, die die Westhälfte von Neuguinea einnimmt.

Die Carstensz-Pyramide wurde erst später dem Katalog der Sieben Gipfel hinzugefügt. Als Dick Bass sie erstmals in den achtziger Jahren schaffte, war Australien mit dem Mount Kosciusko vertreten, einem wenig beeindruckenden Hügel von 2230 Meter in New South Wales. Um ihn durch einen würdigeren Vertreter zu ersetzen – die Carstensz-Pyramide –, schaffte es der kanadische Fotojournalist Pat Morrow (der zweite Mensch nach Dick Bass, der alle Sieben Gipfel bestieg), dass Australien zur

»australo-asiatischen tektonischen Platte« umdefiniert wurde, so dass Neuguinea jetzt dazugehörte.

Von den fünf Gipfeln, die mir noch blieben, war der Everest zweifellos der härteste Brocken, aber auch das Vinson-Massiv und die Carstensz-Pyramide boten einzigartige Schwierigkeiten. Ersteres ist der geographisch entlegenste und am schwersten zugängliche der Sieben Gipfel; man gelangt nur während einer kurzen Zeitspanne im Januar dorthin, und es bietet auch nur ein einziger Veranstalter entsprechende Expeditionen an. Wie ich herausfinden sollte, kann in der Antarktis manches schief gehen.

Die Carstensz-Pyramide bereitete ganz andere Probleme. Zu jener Zeit hatte sich in Irian Jaya eine Guerilla gebildet, die gegen die indonesische Oberherrschaft kämpfte, und deren Truppen hielt man für eine ernsthafte Bedrohung für Leute wie mich, die die Carstensz-Pyramide besteigen wollten – die bei den Einheimischen Puncak Jaya, »Siegesberg«, heißt.

Also beschloss ich, dass mein nächstes Reiseziel der Arsch der Welt sein würde.

Ein paar Fakten: Mit 13,1 Millionen Quadratkilometer ist die Antarktis nach Asien, Afrika und Amerika der viertgrößte Kontinent der Erde, rund doppelt so groß wie Australien. Sie ist der im Durchschnitt am höchsten aufragende Kontinent, weil das Land unter einer 2 000 Meter dicken Eisschicht begraben liegt. An einigen Stellen sind es sogar 3 000 Meter. Es überrascht also nicht, dass die Antarktis über das meiste Süßwasser der Erde verfügt (natürlich gefroren). Einer Schätzung zufolge würde der Meeresspiegel der Welt um vier bis sechs Meter steigen, wenn all dieses Eis schmölze.

Adiós, Florida.

Im Inneren des Kontinents entdeckt man mit bloßem Auge keinerlei Leben. Die Antarktis ist eine Eiswüste. Die höchste Erhebung, das 5 139 Meter hohe Vinson-Massiv (benannt nach dem unerschrockenen amerikanischen Kongressabgeordneten Carl G. Vinson) in den Ellsworth-Bergen, wurde erst 1957 entdeckt und 1966 erstmals bestiegen. Zur Zeit meines Besuchs, im Januar 1993, hatten bislang nur 15 Expeditionen – insgesamt wahrscheinlich weniger als 50 Menschen – den Gipfel des Vinson erreicht.

»Die Antarktis«, warnte ein Prospekt, »ist eine der lebensfeindlichsten Regionen des Planeten. Die logistischen Probleme sind enorm, das Wetter ist höchst unberechenbar und ungewöhnlich stürmisch. Die Entfernungen sind gewaltig, Versorgungseinrichtungen gibt es so gut wie nicht. Der Sicherheit und der Selbstversorgung gilt daher höchste Priorität.«

Hier die Liste der Ausrüstungsgegenstände, die ich mitnahm:

*Für die Füße:*
zwei Paar leichte Polypropylen-Socken
zwei Paar dicke Polypropylen-Socken
ein Paar Janus-Doppelstiefel mit integrierter Gamasche
Überstiefel
Polar-Guard-Biwakschuhe

*Für den Körper:*
zwei Garnituren leichte Polypropylen-Unterwäsche
zwei Garnituren Polypropylen-Unterwäsche (Expeditionsgewicht)
weite Shorts
Synchilla-Latzhose
Marmot-Gore-Tex-Latzhose
Retropile-Jacke
Gore-Tex-Überjacke
Marmot-Alpinist-Parka mit Kapuze

*Für den Kopf:*
eine dicke Synchilla-Mütze
ein Nackenschutz
eine Skimütze
ein Halstuch
eine Narrenkappe (Das war mein Einfall. Ich dachte, wenn man sich schon wie ein Narr verhält, dann sollte man auch wie einer aussehen.)

einen Sonnenhut
eine Gesichtsmaske
zwei Brillen
eine Sonnenbrille mit UV-Filter
zwei Skibrillen mit 100 Prozent UV- und Infrarotschutz
zwei Brillenbänder
eine Flasche Antibeschlagmittel
ein Glasreinigungstuch
Ohrstöpsel

*Für die Hände:*
zwei Paar Polypropylen-Handschuhe (Expeditionsgewicht)
zwei Paar gefütterte Überhandschuhe

*Gepäck:*
Expeditionsrucksack
Marmot-Penguin-Schlafsack
eine Schaumstoffmatte
eine Therm-a-Rest-Schlafmatte
Dampfsperrfolie

*Technische Ausrüstung:*
Brust- und Rumpf-Gurtzeug
Steigeisen, zwölfzackig
Eispickel mit Handschlaufe
Eishammer
zwei Prusik-Schlingen, sechs Millimeter
drei verriegelbare Karabiner
vier normale Karabiner
zwei Skistöcke
einen großen Matchbeutel
Abseilachter
ein Paar Jümer-Steigklemmen
Fixseil-Schlingen
Packschlingen

*Persönliche Ausrüstung:*
Arzneimittel (darunter Aspirin und Diamox)
Schweißband
Lippencreme (Schutzfaktor 15)
Sonnencreme (Schutzfaktor 15)
Moleskin für die Füße
große Tasse
Schüssel
zwei Löffel
drei thermoisolierte Wasserflaschen
Schweizer Armeemesser
eine Tube Handcreme
Fallschirmleine
eine Rolle Isolierband
zwei Wegwerffeuerzeuge
Kamera und Filme
mehrere Packsäcke mit Nylonschnüren
Lektüre
Toilettenpapier
Kurzwellenradio
Necessaire
Karamel-Riegel
Müllsäcke
Handtuch
Geld und Tickets
Tabletten zur Wasserdesinfektion
Bactrim DS (Antibiotikum)
Imodium (gegen Durchfälle)
Pepto-Tabletten (gegen Magenprobleme)
Dalmane (leichtes Schlafmittel)
Gefrierbeutel
Netzbeutel

Die Expedition begann mit einem Flug nach Santiago de Chile und dann weiter nach Punta Arenas, einem Ort von rund 100 000 Einwohnern auf etwa 54 Grad südlicher Breite an der

Magellan-Straße in Patagonien. Punta Arenas wird gelegentlich als die südlichste Stadt der Erde bezeichnet.

Wer die Antarktis betreten darf, ist streng reglementiert. Für Zivilisten wie mich stellt ein 1985 gegründetes kanadisches Expeditionsunternehmen, Adventure Network International (ANI), praktisch die einzige Möglichkeit dar. Mein Führer, Martyn Williams aus Santa Fe, New Mexico, war neben Pat Morrow Mitgründer von ANI.

Abgesehen von unserer Gruppe, die zum Vinson-Massiv wollte, sorgte ANI noch für den Transport und die Logistik dreier weiterer Expeditionen in die Antarktis.

Die eine war die American Women's Trans-Antarctic Expedition. Die Frauen hatten Fallschirme dabei, weil sie hofften, sie könnten sich damit auf Skiern über das Eis ziehen lassen, wenn der Wind richtig stand. Der Plan funktionierte nicht. Sie schafften es bis zum Südpol, mussten dann aber nach Patriot Hills, dem Ausgangspunkt der Expeditionen, zurückkehren.

Drei japanische Abenteurer, die ebenfalls zum Südpol wollten, schafften es nicht und kamen mit erfrorenen Wangen zurück: ein Zustand, der mir noch sehr vertraut werden sollte.

Dann war da noch Erling Kagge, ein Norweger in den Dreißigern, der den ziemlich gewagten Plan gefasst hatte, allein und ohne fremde Hilfe auf Langlaufskiern von der Küste zum Südpol zu laufen. Vierzig bis fünfzig Kilometer musste er pro Tag schaffen. Sein Hauptnahrungsmittel war – Speck. Da Schweinespeck den höchsten Kaloriengehalt aller Nahrungsmittel hat, ist er zumindest theoretisch das ideale Essen für einen, der durch die endlosen gefrorenen Weiten eilt und dabei noch einen Schlitten von rund 350 Pfund Gewicht hinter sich herzieht. Der Trick besteht darin, sagte man mir, ständig kleine Happen von dem Speck zu essen. Hinsetzen und in aller Ruhe ein großes Stück davon zu sich nehmen kann man nicht, selbst wenn man wollte. Kagge hatte also am Gürtel eine kleine Tasche mit Speckstreifen, die er auf seinem Weg ständig kaute.

Eskimos ernähren sich traditionellerweise von Wal- oder Fischtran oder der Fettschicht von Robben. Das liefert ihnen ähnlich viel Energie wie Kagges Speck. Man fragt sich, warum gegen Ende unseres Jahrtausends noch niemand High-Tech-Kalorienbomben entwickelt hat. Kagges Speck schmeckte aber bestimmt noch viel besser als das sogenannte Hoosh, eine wüste Mischung, die jahrzehntelang den Arktisforschern als Standardproviant diente. Nach einem Rezept, das Malcolm Browne in der ›New York Times‹ veröffentlichte, bestand Hoosh aus Seehund- oder Pinguinfleisch, Schweineschmalz, Mehl, Kakao, Zucker, Salz und Wasser. Die gefriergetrocknete, geschmacklose Pappe, die ich bei den meisten meiner Bergtouren konsumierte, war im Vergleich dazu Ambrosia.

Kagge schaffte es bis zum Südpol. Den Nordpol hatte er bereits erobert. 1994 erreichte er mit Rob Hall den Gipfel des Everest und berichtete als erster im Radio live vom höchsten Punkt der Erde.

Martyn Williams führte außer mir noch Barbara Gurtler, eine kleine, kompakte Großmutter aus St. Louis. Weitere Zweiergruppen schlossen sich uns zur Besteigung an. Das eine Team bestand aus Charlotte Fox und Nola Royce, einer Schulverwalterin und ehemaligen Profi-Bodybuilderin aus dem Staat New York. Um sie kümmerte sich Skip Horner aus Montana, der als erster Bergführer auf allen Sieben Gipfeln war. Mit dabei war auch Sandy Pittman, die gemeinsam mit ihrem Freund Chris Kinnen kletterte. Ihr Führer war Pete Athans.

Punta Arenas liegt schon weit ab vom Schuss, aber wenn man dort angekommen ist, liegen noch rund 3 000 Kilometer vor einem. Da es für ANI unannehmbar teuer wäre, Treibstoffdepots anzulegen, muss das Unternehmen Flugzeuge einsetzen, die den 6 000-Kilometer-Flug hin und zurück mit einer Tankfüllung bewältigen. Im Januar 1993 war das eine DC-6, die es unter idealen Flugbedingungen in zwölf Stunden nach Patriot Hills und zurück schaffte. Doch dieser Teil der Welt ist meteorologisch sehr aktiv, und kaum einer kann garantieren, dass gutes Wetter einen halben Tag lang vorhält. Wir lernten Punta Arenas ziemlich gut kennen, ehe wir schließlich starteten.

Bei diesem Abenteuer hatte alles mit Verspätungen und Verzögerungen zu tun, auch der Kleinkrieg, der danach zwischen Peach und mir ausbrach.

Nach Tagen des Wartens folgte ein langer Flug nach Patriot Hills, wo uns die DC-6 ausspuckte und sofort wieder in Richtung Chile abhob. Dass dies in großer Eile geschieht, ist absolut notwendig. Wenn ein Sturm aufkommt, während das Flugzeug am Boden ist, wird es wahrscheinlich niemals wieder abheben. Wenn auf dem Rückflug mit halbleerem Tank irgendetwas schief geht – beispielsweise der Wind wechselt –, ist ein Absturz in die Magellan-Straße keineswegs auszuschließen.

Im Januar 1993 bestand Patriot Hills hauptsächlich aus ein paar großen Zelten und einigen Tunneln im Eis, die für Neuankömmlinge wie uns gegraben worden waren, die gegebenenfalls sofort einen Schutzraum brauchten. Die Tunnel werden auch als Lager genutzt. Dauerhafte überirdische Bauwerke gab es nicht. Da das Wetter bei unserer Ankunft mehr oder weniger gnädig war, bauten wir Zelte auf und errichteten Eiswälle um sie, genau wie ich es am Denali getan hatte.

Am nächsten Morgen – oder was man dafür halten muss, denn im antarktischen Sommer bleibt die Sonne 24 Stunden am Tag über dem Horizont – bestiegen wir eine zweimotorige Otter, die uns in zwei Stunden zum Basislager auf 3 000 Meter Höhe am Vinson flog. Es war sehr kalt. Wir landeten hangaufwärts, passierten ein Schild »Welcome to Vinson Beach« und luden aus. Als die Zelte standen, mussten wir Vorräte ins Lager I hochschaffen. Sie werden sich erinnern, dass auf meiner Ausrüstungsliste weder Skier noch Schneeschuhe standen, weil sowohl Barbara Gurtler als auch mir versichert worden war, wir würden sie nicht benötigen, der Schnee sei hart gefroren.

Das stimmte nicht. Die kleine, leichte Barbara hatte nicht viel Mühe damit. Ich war jedoch so schwer, dass ich bei jedem Schritt Pfostenlöcher in den Schnee stampfte, die mir bis über die Knie reichten. Das machte mir schwer zu schaffen. An einigen Gletscherspalten vorbei stiegen wir auf, lagerten das Zeug und kehrten zurück.

Alle anderen schossen den Berg in zwei Sekunden hinunter.

Ich brauchte eine Ewigkeit. 30 Stunden nach dem Start aßen wir schließlich etwas und legten uns dann endlich schlafen.

Ich glaube, es war gleich am nächsten Morgen, als ich aus meinem Zelt kroch und verblüfft drei identische Sonnen am Himmel über uns erblickte. Ich hatte bislang nicht von diesem Phänomen gehört, bei dem eine Schicht von Eiskristallen in der Atmosphäre ein Abbild der Sonne an verschiedene Stellen am Himmel reflektiert. Die zusätzlichen Sonnen verliehen der ohnehin surrealen Landschaft etwas Überirdisches, das mich an die ersten Szenen von ›Star Wars‹ und die multiplen Sonnen über Luke Skywalkers Heimatplanet erinnerte.

Im Essenszelt sah ich erstmals Rob Hall – auf einem Werbeplakat für den Bergführer-Service, den er mit seinem damaligen Partner und engen Freund Garry Ball gegründet hatte. »Hall and Ball« nannten sie sich. Das klang wie eine Rockband.

Ich war zutiefst beeindruckt, als ich erfuhr, dass Hall und Ball alle Sieben Gipfel in nur sieben Monaten geschafft hatten, eine unglaubliche logistische Leistung, die hier, wo ich stand, kulminierte, am Vinson-Massiv am 12. Dezember 1990.

Im Oktober 1993 erlag Garry Ball einem Gehirnödem oben am 8 167 Meter hohen Dhaulagiri im Himalaja, dem sechsthöchsten Berg der Welt. Rob Hall hielt im Zelt seinen Freund in den Armen, als dieser ins Koma fiel; am nächsten Tag beerdigte er Garry Ball in einer Gletscherspalte.

An unserem ersten Klettertag konnten wir problemlos in T-Shirts über ein kleines Eisfeld zum Hochlager aufsteigen. Am nächsten Tag hatten uns jedoch die Ausläufer eines Sturmgebiets erreicht, ehe wir den Gipfel erreichen konnten, und so musste die gesamte Gruppe zum Hochlager zurückkehren. Wir machten einen zweiten Versuch, und diesmal schafften wir den Gipfel. Es war ziemlich frustrierend. Da oben war nichts weiter als ein in das Eis gerammter Skistock. Der Ausblick vom Gipfel des Vinson ist angeblich spektakulär, ich werde es niemals wissen; meine Brillengläser waren mal wieder völlig vereist. Viel konnten wir ohnehin nicht sehen. Alles war grau in grau. Dann wurde das Wetter wieder schlechter. Meinen Rückweg zum Basislager legte ich mehr oder weniger blind zurück, genau wie auf dem Rückweg vom Denali. Was das Einbrechen in Gletscherspalten anging, stellte ich einen neuen Weltrekord auf: fünf Stück an einem einzigen Tag.

Die Otter traf zum verabredeten Zeitpunkt ein, um uns abzuholen, doch in Patriot Hills war das Wetter schon so hundsmiserabel, dass an einen Rückflug nicht zu denken war. Der Pilot und sein Mechaniker holten Schlafsäcke und Zelte aus dem Flugzeug und gesellten sich zu uns – in dem Metallrumpf der Maschine hätten sie die Kälte viel schneidender empfunden als im Zelt – und warteten, dass sich das Wetter besserte. Ein paar Tage lang tat es das nicht.

Wir waren gezwungen, alte Lebensmittelvorräte im Basislager auszugraben, ein paar gefrorene Eier und Gemüse, die dort seit Ewigkeiten lagerten. Sandy Pittman hatte, wie ich mich erinnere, einen großen Sack voll Köstlichkeiten mit: Meeresfrüchte, Salat, geräucherte Ente und andere Delikatessen, dazu auch noch eine Videokamera, mit der sie sich im Zelt Filme ansehen konnte. *Einiges* von ihrem Luxus teilte sie mit anderen. Doch Sandy, im Allgemeinen eine gute Kameradin und fähige Bergsteigerin, hatte auch noch eine Flasche Jack Daniel's, und die teilte sie *nicht* mit mir, egal wie lange ich mit meinem kleinen Blechbecher vor ihrem Zelt stand.

Ansonsten passierte wenig da draußen in der Einöde, ausgenommen vielleicht, dass Barbara Gurtler versuchte, unser Essenszelt in Brand zu setzen. Sie machte beim Anzünden des Ofens etwas falsch, die Flammen schlugen die Seitenwand des Zelts hoch, so dass wir anderen uns entweder mit einem Kopfsprung in den Schnee retteten oder beim Löschen halfen.

Abgesehen von diesem Mini-Brandanschlag hatte Barbara auch sonst einiges an unserer Ernährungsweise auszusetzen. Martyn beispielsweise kannte ein Gericht, das er Dalagrum-Dinner nannte: Er kochte einfach alles zusammen, was da rumlag.

In diesem Zusammenhang kam es auch zu einer Verbindung zwischen mir und dem vielleicht größten Bergsteiger des Jahrhunderts, Reinhold Messner. Als wir die alten Lebensmittelvorräte ausgruben, fanden wir auch eine Packung Schokoladenpudding, auf der Messners Name stand. Es war Jahre her, dass er hier gewesen war. Wie ich es sehe, habe ich wenigstens in gewisser Weise einmal mit Reinhold diniert.

Spät am zweiten Tag unseres eisigen Exils senkten sich dicke Wolken rings um uns her herab, was uns Sorgen machte. Gleichzeitig stellten wir fest, dass die Otter festgefroren war. Wir ruckten und zerrten an dem Flugzeug und versuchten, es mit Schaufeln vom Eis zu lösen. Kurz bevor die Sicht endgültig gegen Null ging, bekamen wir das Flugzeug frei, sprangen hinein und starteten Richtung Patriot Hills, wo uns die DC-6 für den Rückflug nach Punta Arenas abholen würde.

So war es jedenfalls geplant.

Auf ihrem Weg von Chile herüber bekam das große Flugzeug einen Motorschaden und kehrte um. Austauschmotoren für die DC-6 sind nie so reichlich vorhanden, wie man sich das wünscht – erst in Florida konnte einer aufgetrieben werden –, also blieb uns nichts anderes übrig, als uns sieben oder acht Tage lang den Hintern abzufrieren, bis der große Vogel wieder in der Luft war.

## Nola Royce:

In Patriot Hills gab es ein solarbetriebenes Funkgerät, mit dem wir Punta Arenas erreichen konnten. Als klar war, dass wir eine Weile festsaßen, gaben wir alle die Namen unserer Familien und Freunde durch, die wissen mussten, warum wir uns verspäteten. Die Nachrichten sollten von Punta Arenas aus weitergeleitet werden. Einige Menschen begreifen einfach nicht, dass man da draußen in dieser gottverlassenen Einöde nicht einfach zum nächsten Telefon greifen kann.

Ich weiß nicht, wie viele Nachrichten durchkamen, meine jedenfalls nicht. Meine Tante in New York versuchte verzweifelt herauszufinden, was mit mir passiert war, sie war einfach außer sich. Niemand hatte sie kontaktiert.

## Peach:

Wenn Beck auf diese Touren ging, rief er nie zu Hause an, um zu hören, ob alles in Ordnung war. Er blieb einfach wochenlang weg und meldete sich nicht.

Daran war ich gewöhnt. Ich war jedoch nicht darauf vorbereitet, am Flughafen, wo ich ihn abholen sollte, festzustellen, dass er nicht in dem Flugzeug war. Das machte mich völlig fertig.

Ich rief beim Veranstalter an. Sie sagten mir, er müsse wohlauf sein, denn wenn er tot wäre, dann hätten sie schon Kontakt mit mir aufgenommen! Ich rief einen Bekannten in einem Reisebüro an, der herausfand, dass irgendjemand Becks Heimflug storniert hatte. Erst Tage später erfuhr ich von dem Motorschaden der DC-6 – und dass Beck wohlauf war.

Dieser Zwischenfall war ein Wendepunkt.

## Pat White:

Ich weiß noch, wie viel Angst Peach hatte. Tagelang wusste sie nicht, wo zum Teufel ihr Mann steckte, wie es ihm ging, ob er tot oder lebendig war. Ein fürchterlicher Vorgeschmack auf das, was sie durchmachen musste, als man ihr sagte, er sei auf dem Everest gestorben. Ich blieb bei ihr, bis sie eine Nachricht bekommen würde. Uns war zumute, als hätten wir ein Messer im Bauch. Peach schwor, so etwas würde sie nicht noch einmal durchmachen. Ich spürte ihre Wut – und ihre Entschlossenheit.

In Patriot Hills waren wir zwar nicht in Gefahr, aber es gab auch nicht viel zu tun, während wir darauf warteten, dass die DC-6 repariert wurde. Also machten sich einige von uns nützlich. ANI besaß eine einmotorige Cessna, die das Unternehmen das ganze Jahr über in Patriot Hills stationiert hatte. In der Vergangenheit hatten sie bei Saisonende immer ein großes Loch ins Eis gegraben und dann das Flugzeug mit der Nase voran darin versenkt. Dann hatten sie das Loch mit Schnee gefüllt und nur ein Stück Schwanz der Cessna herausgucken lassen, damit sie das Flugzeug im folgenden Sommer wiederfanden. Deshalb gruben wir jetzt eine unterirdische Eisgrotte, in die wir das Flugzeug vorsichtig rückwärts hinabließen, dann sicherten wir die Höhle mit Sperrholzplatten und legten eine Rampe an, damit die Cessna geschützt war und im nächsten Jahr problemlos wieder herausgezogen werden konnte.

Wir waren gerade damit fertig geworden – Patriot Hills kam uns langsam wie eine Strafkolonie vor –, als die DC-6 in Sicht kam, die mich sicher wieder auf den Heimweg zu Peach bringen sollte.

Als ich schließlich in Dallas landete, hatte sich das Klima merklich abgekühlt; die Fahrt vom Flughafen nach Hause verlief reichlich frostig. Peach teilte mir mit, dass wir einen Termin beim Eheberater hatten.

# Vierter Teil

*Meg, Beck, Peach und Beck II, Herbst 1999*

# Zweiundzwanzig

## Peach:

Ich glaube, Beck hatte keinen Schimmer, wie viele Qualen mir diese Episode bereitet hatte. In drei Monaten hatte ich rund 40 Pfund verloren, und die Haare fielen mir aus.

Bei unseren Gesprächen – wenn man sie denn überhaupt so nennen konnte – hackte Peach die meiste Zeit auf mir herum. Meine Eltern hatten sich nie gestritten, und auch sonst hatte ich noch keinen Ehekrach miterlebt. Als Peach jetzt ihre Wut herausließ, zog ich mich folglich zurück, woraufhin sie sich noch elender fühlte. Umso härter ging sie mich das nächste Mal an.

Als sie mich schließlich genug zusammengestaucht hatte, ging es ans Argumentieren. Größtenteils schwieg ich dabei ebenfalls. Sie sagte frei heraus, was ihr gegen den Strich ging. Ich konnte das einfach nicht. Das ist ganz und gar nicht meine Art. Ich verschloss mich und zog mich zurück. Tagelang blieb mein Magen zu einem Knoten verkrampft. Und dann ging dasselbe wieder von vorn los.

## Meg:

Glücklicherweise zogen unsere Eltern meinen Bruder und mich nicht mit hinein. Ich kann mich nur an eine einzige Diskussion über das Bergsteigen erinnern. Sie war äußerst angespannt. Meine Mutter sagte so etwas wie: »Wenn du noch einmal auf einen Berg steigst, lasse ich mich scheiden.« Dann bemerkten beide, dass ich ins Zimmer gekommen war, und schwiegen.

## Bub:

Das war kein Thema für die ganze Familie. Sie redeten darüber, wenn sie allein waren. Natürlich gab es ständig Spannungen. Doch ich ergriff für keinen von beiden Partei. Und sie versuchten auch nicht, uns zu zwingen, Partei zu ergreifen.

## Linda Gravelle:

Peach und Beck behielten ihre Differenzen für sich. Wenn sie reden musste, kam sie zu uns, ihren Freunden, doch im Haus der Weathers war niemals ein Konflikt zu spüren. Peach ist sehr geschickt darin, für eine Atmosphäre zu sorgen, in der sich Gäste wohl fühlen. Sie gab den emotionalen Ton vor, und Beck schloss sich ihr an.

## Peach:

Einmal gingen wir mit Becks Eltern zum Essen aus, und anschließend versuchte ich, ihm auf den Zahn zu fühlen. »Warum bist du stets mit deinen Eltern einer Meinung, egal, worum es geht?«, fragte ich ihn.

Er antwortete: »Aus Liebe und Respekt ihnen gegenüber kann ich nicht anderer Ansicht sein. Das tut man einfach nicht.«

Ich bohrte weiter. »Nun, Beck«, sagte ich, »wie sollen sie dann jemals wissen, was du wirklich denkst?«

Er antwortete nicht. Nicht lange darauf hatten Beck und seine Mutter eine heftige politische Auseinandersetzung. Ich glaube, es ging um Präsident Clinton. Ich verließ das Zimmer, unser Sohn blieb.

Später sagte er zu mir: »Mama, Mimmi tat mir so leid« – meine Kinder nennen ihre Großmutter Weathers »Mimmi« –, »weil Daddy sie fix und fertig gemacht hat.«

Ich meinte: »Das muss dir nicht leid tun. Das macht er, weil er ihr nicht sagen kann, dass er rote Socken einfach nicht ausstehen kann. Er ist ihr Produkt.«

Ich verstand nicht, warum wir es nicht schafften, miteinander glücklicher zu sein, da wir doch eigentlich keine Probleme hatten. Wir hatten großartige Kinder. Mit meiner Arbeit war alles in Ordnung. Wir hatten keine großen Schulden. Es gab keinen der gängigen Gründe, warum Eheleute sonst aneinander geraten.

## Peach:

Der zweite Eheberater war genauso nutzlos wie der erste.

Nachdem wir über Wochen hinweg ausführlich darüber geredet hatten, dass Beck sich physisch und emotional von der Familie zurückzog, sagte er: »Nun ja, es gibt Menschen, die brauchen einfach keine anderen Leute, die wollen einfach mit sich allein sein. Ich denke, Beck ist einer von ihnen.«

Das half uns absolut nicht weiter. In Wahrheit ist es doch so, dass mit Leuten, die mit sich allein sein wollen, etwas nicht stimmt. Einzelgänger betrachten wir in der Regel als nicht normal. Ich verstand nicht, wie dieser Kerl nicht erkennen konnte, dass Beck deprimiert war.

Ich saß einfach da, die Haare fielen mir weiter aus, und er redete weiter: »Sie müssen Ihr Leben gemeinsam meistern. Gutes und Schlechtes müssen Sie teilen, einer muss die Last des anderen mit tragen.« Ich schaute ihn über seinen Schreibtisch hinweg an und dachte bei mir: »Ich glaube, Sie leben noch nicht einmal im selben Universum wie wir.«

Wenn überhaupt, dann bestärkte mich dieser Kerl nur noch. Mit Sicherheit meinte er, es sei in Ordnung, wenn ich meine Auszeiten nahm: »Folgen Sie Ihrem Herzen! Verwirklichen Sie Ihren Traum!« Großartig!

## Peach:

Die Woche voller Angst, in der ich nicht wusste, ob Beck am Leben war oder nicht, stellte in mehrerlei Hinsicht so etwas wie einen Wendepunkt dar. Das Bergsteigen wurde von einer Sache, die ich nicht mochte, zu etwas, das ich hasste. Ein Teil von mir spürte: Wenn er überhaupt noch etwas für die Kinder und mich empfand, wie konnte er dann das tun? Beck behauptete, er würde uns lieben, und mir kam nie der Gedanke, dass er die Kinder *nicht* lieben könnte. Mich vielleicht, aber nicht sie.

Andererseits wollte er uns weder freigeben noch uns in seine Arme schließen. Seit der Antarktis wäre es für ihn wirklich einfach gewesen, eine Scheidung zu bekommen. Wirklich einfach.

Ich veränderte mich. Ich hörte auf, *mir* die Schuld an unseren Problemen zu geben, und sah sie zunehmend dort, wo sie hingehörte. Ich erkannte jetzt, dass Beck einfach unfair handelte. Dabei hatte ich ihm immer vertraut. Ich hatte keinen Grund gehabt, es nicht zu tun. Beck vertraute natürlich nie jemandem. Doch nach der Antarktis war das alles anders. Ich musste besser auf mich aufpassen, dachte ich, weil das sonst niemand tat.

Ich wurde selbständiger. Das war gar nicht schwer. Ich machte einfach meine eigenen Pläne.

Egal wie schlecht es zwischen Peach und mir stand, ich machte mir zu jener Zeit oft vor, dass das alles vorbei sei, wenn ich erst einmal am Everest gewesen war, ob ich es nun auf den Gipfel schaffen würde oder nicht. Es würde mir gut gehen, und alles würde zur Normalität zurückkehren. Doch wenn ich ehrlich zu mir war, wusste ich, dass ich nach dem Everest gleich wieder abrauschen und den McKinley hoch- und runterrennen würde. Nie und nimmer hätte ich die Sieben Gipfel unvollendet gelassen. Ich wäre zu dicht dran gewesen.

Doch dann, dann hätte ich wirklich nicht mehr klettern müssen. Das glaubte ich allen Ernstes. Ich glaubte auch, dass wir mit unserer Ehe alles wieder ins Reine bringen konnten. Ich würde mich niemals von Peach scheiden lassen. Eine Trennung hätte sie durchsetzen müssen. Ich liebte sie noch immer, und nie und nimmer würde ich meine Kinder aufgeben.

# Dreiundzwanzig

## Peach:

Mit ein Grund für Becks Bergsteigerei war, dass er sich nach Anerkennung verzehrte. Es gibt Menschen, die erledigen ihre Angelegenheiten in aller Stille. Man muss ihnen Informationen förmlich aus der Nase ziehen. Bei Beck war die Kletterei das Einzige, wovon er ständig sprach.

Da war das Training, der nächste Gipfel, was er vorhatte, wo er hinzugehen plante. Bei Cocktailpartys schaffte er es, jedes Gespräch, worum es auch ging, binnen kurzem auf sein nächstes kleines Projekt zu lenken. Man konnte geradezu sehen, wie die Leute die Augen verdrehten und ihm zu entkommen versuchten.

Es ist langweilig, wenn Menschen nur über sich sprechen. Das begriff Beck nicht. Er konnte sich nicht in andere Menschen hineinversetzen. Er war sich ihrer Gefühle nicht bewusst.

## Terry White:

Ich denke, einige Leute waren schon interessiert, wenn er von der Kletterei zu erzählen begann. Ich bin mir aber nicht sicher, ob sie das nach einer Stunde noch waren. Andererseits ist es so, dass man, wenn man Beck auf irgendein Thema bringt, sowieso nicht mit einem Referat unter einer halben Stunde davonkommt. Über Abstriche zum Beispiel kann er sich lang und breit auslassen – und er tut das auch.

## Pat White:

Es ist nicht so, dass Beck ein Aufschneider ist. Er war nur einfach so sehr in die Sache vertieft. Ich konnte es nicht fassen, dass er so dumm war. Dann fing er einmal bei einer Party vom Bergsteigen an, und das begann mich zu interessieren. Er beschrieb etwas, das die meisten von uns zu erleben niemals die Gelegenheit haben. Es war faszinierend, denn er ist ein guter Geschichtenerzähler. Trotz meiner inneren Ablehnung war ich gefesselt. Ich konnte spüren, mit welcher Verführungskraft ihn die Berge anzogen. Ich denke, da habe ich ihm ein kleines bisschen verziehen.

Die Carstensz-Pyramide ist nach einem holländischen Seefahrer benannt, der den Gipfel erstmals sichtete. Die Tour ist technisch nicht sonderlich schwierig, über dreißig Felsstufen geht es hinauf.

Es gibt nur wenige Stellen, an denen Gefahren lauern wie etwa jener Sprung von der Ost- auf die Nordflanke des Longs Peak. Man muss etwas loslassen und einfach einen mutigen Schritt hinaus ins Leere tun, um an einer anderen Stelle der Wand anzukommen. Ansonsten ist das einzige Problem der Regen, der das Klettern hier erheblich schwieriger machen kann.

Irian Jaya, seit den sechziger Jahren indonesische Provinz, zählt zu den am wenigsten erforschten Gegenden der Erde. Weite Bereiche des Hochlands von Neuguinea werden auf Karten lediglich als »wolkenverhangen« beschrieben. Erst in jüngster Zeit einigte man sich darauf, dass die Carstensz-Pyramide 5 030 Meter hoch ist – so ungefähr jedenfalls.

Unsere Expedition im November 1994 wurde von Skip Horner geleitet. Wir flogen nach Biak, einer kleinen Insel nahe Irian Jaya, und dann hinüber nach Neuguinea, wo wir in einer Stadt namens Nabire übernachteten. Fast auf Meereshöhe und so dicht am Äquator war es sehr heiß, aber nicht so feucht wie in Katmandu.

Die touristischen Einrichtungen Nabires waren nicht gerade modern. Fließend Wasser gab es nur in dem Sinn, dass im Bad ein Bottich stand, der aus dem Kaltwasserhahn befüllt wurde. Geduscht wurde, indem man mit einem Eimerchen Wasser aus dem Bottich schöpfte und sich über den Kopf schüttete. Es floss durch ein Loch im Boden in einen offenen Kanal ab. Das Loch diente zugleich als Toilette.

Der Versuch, an Bargeld zu kommen, wurde zu einer ganz neuen Erfahrung. Das Fälschen von Banknoten ist in jenem Teil der Welt offensichtlich ein wichtiger Erwerbszweig, und die Geldwechsler sind wahnsinnig besorgt, sich ja keine Blüten einzuhandeln.

Die örtliche Bank akzeptierte nur makellose nagelneue Geldscheine. Wenn welche auch nur im Geringsten erkennen ließen, dass sie ihrem eigentlichen Verwendungszweck zugeführt worden waren, wurden sie zurückgewiesen. Eine 50-Dollar-Note gewechselt zu bekommen wurde zu einem Geduldspiel, denn rund eine Stunde lang musste man tatenlos zusehen, wie einer nach dem anderen den Raum betrat, den Schein anstarrte, ihn hin und her wendete, ihn auf seine Echtheit überprüfte und schließlich wieder hinausging.

Von Nabire flogen wir in einem kleinen Charterflugzeug nach Ilaga, einem kleinen Dschungel-Rollfeld in der Nähe eines Dani-Dorfes. Die Dani zählen zu den diversen Steinzeit-Stämmen Neuguineas. Sie gehen barfuß, tragen Flaschenkürbisse als Penisschutz, Grasröcke und durch die Nase einen Knochen. Sie sind bekannt dafür, früher rituellen Kannibalismus gepflegt zu haben, und sehen so aus, als sei ihr Stammbaum äußerst geradlinig.

So gut wie jedes Kind hatte eine Atemwegsinfektion, und ihr Wappenvogel war offensichtlich die Fliege.

In dem Dorf passierte nicht viel, also waren wir eine willkommene Abwechslung. Alles Elektronische faszinierte sie. Die Gelegenheit, sich eine Armbanduhr mit einem LCD-Zifferblatt anschauen zu können, war für sie so etwas wie eine Eintrittskarte zum Superbowl. Ein Kind nach dem anderen trat an mich heran, starrte auf mein Handgelenk und machte dann dem nächsten Platz. Das war das Tollste, was sie je gesehen hatten.

Rund vierzig Dani waren mit unserer Ausrüstung vorangegangen. Sie trugen sie eine Woche lang auf dem Kopf durch ein sehr schwieriges Dschungelterrain zum Berg; wir legten dieselbe Strecke, immer drei auf einmal, in einem Hubschrauber zurück, den wir uns mit einer von Rob Hall geführten Gruppe teilten. Ich erkannte gleich den hoch aufgeschossenen Neuseeländer von dem Poster, das ich in der Antarktis gesehen hatte, und war sofort von seinem Organisationstalent und seinen logistischen Fähigkeiten beeindruckt. Unter seiner Leitung fügte sich bei dieser Tour nahtlos eins ins andere. Wofür normalerweise drei bis vier Wochen angesetzt werden, würden wir – hin und zurück – leicht in zweien schaffen.

Später beeindruckte mich noch mehr, wie Hall ständig um die Sicherheit der Gruppe besorgt war. Mit großer Umsicht legte er unsere Route fest. Schnell fasste ich Vertrauen in Robs Führungsqualitäten.

Yasuko Namba war auch dabei. Zwar konnten wir aufgrund der Verständigungsprobleme kaum mehr als die üblichen Höflichkeiten austauschen, doch auf mich wirkte sie wie eine durchtrainierte und erfahrene Bergsteigerin.

Zwei Tage dauerte der Marsch vom Basislager bis zum eigentlichen Ausgangspunkt der Klettertour auf 3 000 Meter Höhe. Die erste Nacht kampierten wir auf einer netten Lichtung. Die Dani-Träger suchten sich eine Höhle und schnitten einen Haufen Zweige ab, mit denen sie am Eingang ein Feuer anzündeten und so die Höhle in eine Art Räucherkammer verwandelten. Ich konnte mir nicht vorstellen, was sie da drin machten oder wie sie mit dem dicken Qualm fertig wurden.

Den nächsten Tag kennzeichneten zwei interessante Ereignisse. Eine Art Wolf kreuzte unseren Weg. Einer der Dani nahm Pfeil und Bogen und erlegte ihn in vollem Lauf – was für ein Schuss! Dann fielen er und die anderen über das Tier her und aßen es roh. Sie rissen zwar nicht wie wilde Tiere mit bloßen Zähnen Stücke aus dem Wolf, knurrten sich nicht an und rannten auch nicht mit der Beute in unterschiedliche Richtungen davon, aber sie aßen das Tier an Ort und Stelle auf. Sie schlangen den Wolf hinunter, wie er es mit seiner Beute getan hätte.

Allmählich bekam ich eine Vorstellung, wie zäh diese Burschen waren und mit welcher Meisterschaft sie sich in ihrer

Umwelt bewegten – mit wenig mehr als nur mit ihrem Lächeln bekleidet. Im Gegensatz zu ihnen empfand ich mich als entkräftetes, privilegiertes Würstchen. Mit all unserer High-Tech-Ausrüstung waren wir hier vollkommen deplaziert. Außerdem wusste ich jetzt, wie Dani sich verhalten, wenn sie hungrig sind. Daher war ich für den Rest der Tour ausgesprochen nett zu ihnen. Wenn nicht, dachte ich, würden sie mich am Ende womöglich aufessen.

Was man ganz bestimmt nicht in die Nähe von Dani lassen sollte, ist ein Indonesier. Sei es, weil die Regierung in Jakarta versucht, die Provinz Irian Jaya mit eigenen Pionieren zu bevölkern, um die einheimischen Stämme zu verdrängen, sei es, weil sie mit aller Härte gegen Aufständische vorgeht – die Dörfer der Dani sind gewarnt und Indonesier dort nicht wohlgelitten. Einer unserer Führer auf dieser Tour war ein Indonesier, der einmal den Fehler gemacht hatte, sich allein von Ortsansässigen erwischen zu lassen. Sie jagten ihn fast zehn Kilometer weit. Da sie alle mit Messern bewaffnet waren, hegte er keinerlei Zweifel, was ihm blühte, wenn sie ihn erwischten.

Zur zweiten Denkwürdigkeit des Tages kam es, als wir schon oberhalb der Baumgrenze kletterten. Auf einer Passhöhe war neben dem Weg ein menschlicher Schädel zur Schau gestellt. Der frühere Besitzer war unbekannt. Vielleicht ein Dani, vielleicht ein zu langsamer Indonesier. Uns erinnerte es mit allem Nachdruck daran, dass nicht jeder, der diesen Weg nimmt, zurückkehrt.

Rob Halls Gruppe schaffte den Gipfel als erste, dann kletterten wir hinauf und hinunter. Knapp oberhalb von 4 000 Meter erwartete mich eine Überraschung: Mein Sehvermögen veränderte sich. Es war nicht dramatisch. Ich konnte nur meine Lesebrille nicht mehr gebrauchen, unklar wurde mein Blick nicht. Es war nur anders. Da dieses Problem nirgendwo in der Literatur über die radiale Keratotomie erwähnt wurde, hielt ich dies für einen kleinen, unbedeutenden Nebeneffekt meiner kürzlichen Augenoperation. Ich hatte keine Ahnung von der Lage, in die mich das später in wirklich großer Höhe und bei wenig Licht am Mount Everest bringen sollte.

Auslöser für diese übereilte Operation war eine Eisklettertour mit Steve Young in New Hampshire gewesen. Bis dahin hatte ich schon alles ausprobiert: normale Brille, harte Kontaktlinsen, Skibrille mit kleinen Ventilatoren darin, weiche Kontaktlinsen, halbweiche ... nichts funktionierte.

In New Hampshire versuchte ich gerade eine rund zehn Meter hohe, absolut senkrechte Eiswand zu überwinden. Ich war schwer am Schuften und begann zu schwitzen. Aufgrund der Nässe in meinem Gesicht schlug sich Raureif auf den Brillengläsern nieder, bis ich nichts mehr sehen konnte. Schließlich stürzte ich und hing nur noch an einer Handschlaufe. Mein Gesicht schlug hart gegen die Eiswand. Ich konnte nicht sehen, wo ich meine Füße hinsetzen könnte.

Young, der mich sicherte, lachte, als ich den Eispickel in die andere Hand nahm und auf die Wand eindrosch, bis ich tatsächlich die Eisfläche durchdrungen hatte und den vordersten Zacken meines Steigeisens hineingraben konnte. Ich schrie bei jedem Schritt, bis ich schließlich wieder oben war. In diesem Moment beschloss ich, mir die Augen operieren zu lassen.

## Peach:

Beck war eigentlich kein Kandidat für eine radiale Keratotomie. Am Medical City wollte sie keiner vornehmen. Wenn man, wie Beck, wirklich kurzsichtig ist, müssen die Schnitte sehr tief sein, und deshalb kommt es in großen Höhen zu mehr Fluktuationen. Er ließ es trotzdem machen.

Dabei wussten alle, dass Laseroperationen im Kommen waren. Ich sprach darüber mit Beck und fragte ihn: »Warum wartest du nicht noch ein halbes Jahr? Die neuen Methoden, die sie zurzeit entwickeln, sind doch viel besser. Sie werden deine Sehkraft nicht schwächen.« Er sagte bloß: »Nein.«

Ich glaube, er würde es wieder ganz genauso machen.

Ein alles durchdringender Regen setzte ein, als wir wieder im Hochlager waren. Skip Horner war zurückgeblieben, um irgendwelche Ausrüstung nachzuholen, und jetzt saß er in dieser Sintflut gefangen. Sie verwandelte die oberen Hänge des Bergs in Wasserfälle. Glücklicherweise kehrte auch Horner unversehrt ins Hochlager zurück.

Dann marschierten wir alle ins Basislager, von wo aus der Hubschrauber uns ins Dani-Dorf zurückbrachte. Die Nacht verbrachten wir in ihren Grashütten. Einige von uns machten sich jedoch Sorgen, welche Gefahren in diesen Unterkünften ihrer Gesundheit drohen konnten, und bauten draußen ihre Zelte auf.

Ehe uns am nächsten Tag das Charterflugzeug abholte, sah ich einer Gruppe von Dani-Kindern beim Fußballspielen zu – vielmehr bei dem, was sie dafür hielten. Es gab keine Tore, und statt mit einem Leder spielten sie mit einem zerfetzten Tennisball. Wie die Erwachsenen liefen sie mehr oder weniger nackt herum.

Einer der Jungen hatte nur ein Bein und bloß einen Stock, keine Krücke. Aber er war ganz versessen aufs Spiel und ließ sich von den anderen keinen Stich abnehmen. Alle rannten da im Staub umher, lachten und genossen die schönste Zeit ihres Lebens. Es waren einfach glückliche Kinder. Mir ging auf, wie selten so ein Anblick in Dallas geworden war.

# Vierundzwanzig

1994 brachte ich wieder einmal Peach in Rage, als ich mir ein dickes, schnelles Tourenmotorrad kaufte, eine Honda ST 1100. Ich nannte sie Scarlett O'Honda. Peach verabscheute Scarlett. Ich bezweifle, dass ich mit irgendetwas anderem meine Frau noch mehr hätte verärgern können. Das Motorrad war ein solcher Zankapfel zwischen uns, dass die bloße Erwähnung von Scarlett Peach heute noch auf die Palme bringt.

Wir sind uns noch nicht einmal einig, welche Umstände zum Kauf von Scarlett führten, nur dass ich Peach eine Zeit lang damit nervte, und als Peach und die Kinder gerade ein paar Tage fort waren, erwarb ich den Feuerstuhl. Ich glaubte, sie sei meiner intensiven Lobbyarbeit erlegen. Peach sieht das anders.

## Peach:

Wenn es nur das Bergsteigen gewesen wäre, einschließlich des Everest, hätten sich die Dinge vielleicht anders entwickelt. Doch immer wenn er meinte, ich würde etwas hassen, dann tat er genau das. Erst waren da die Schießeisen, dann das Motorrad. Offensichtlich ist es für depressive Menschen typisch, dass sie denen ins Gesicht schlagen, die ihnen am nächsten stehen. Er hat mir eine ordentliche Abreibung verpasst.

Motorräder waren wie so vieles andere in meinem Leben einfach nur etwas, das mir Spaß machte, woran ich dann das Interesse verlor und worauf ich später wieder zurückkam. Auf der Highschool fuhr ich eine Vespa, dann als Assistenzarzt eine Suzuki. Die schaffte ich ab, als mir klar wurde, dass ich ein bisschen zu unbekümmert damit umging. Es hat mir immer Spaß gemacht, schnell zu fahren. Doch das hatte mit der Depression nichts zu tun.

## Peach:

Ganz und gar hatte das mit der Depression zu tun.

Ich wollte mich gerade mehr oder weniger mit seiner Bergsteigerei abfinden, als er dieses Ding ins Haus brachte.

Ich hasste es.

Ich sagte: »Wenn du dir ein Motorrad gönnst, will ich ein neues Auto.« Autos sind mir eigentlich nicht wichtig. Es genügt mir, einfach mit dem herumzufahren, das ich schon sechs oder sieben Jahre habe. Also kaufte er sich das Motorrad und ich mir ein Auto. Ihn interessierte das nicht, mir aber ging es nicht besser. Ich mochte mein neues Auto, aber wohler fühlte ich mich nicht.

Scarlett war nicht einfach nur ein Motorrad. Es war eine wirklich starke, schnelle Maschine, eine weitere Möglichkeit, uns zu entfliehen. Wenn wir beispielsweise einen Tag am Strand verbrachten, fuhr er nicht mit den Kindern und mir, sondern schnappte sich das Motorrad. Ein paar Stunden waren wir zusammen, dann fuhr er das Motorrad zurück.

Dieses Gefährt hatte zudem auch noch jede Menge Macken. Ständig war die Batterie leer. *Immer* war etwas daran kaputt. Endlich sagte er, er wolle es verkaufen, aber er tat es nicht. Eine Million Gründe fielen ihm ein, warum er es nicht verkaufen konnte. Da wusste ich, dass es mir überlassen bleiben würde, das Ding loszuwerden. Es gab nichts, was ich mehr hasste, aber mir war mit erstaunlicher Klarheit bewusst, dass ich das in die Hand nehmen musste.

An den Kilimandscharo hatte ich nicht gedacht, ehe ich die Sieben Gipfel ernsthaft in Erwägung zu ziehen begann, was mich schließlich zum Everest brachte. Der Kilimandscharo zählt zu den bekannteren Bergen auf der Welt, und mit seinen 5 895 Metern ist er hoch genug, um für Unachtsame eine Gefahr zu sein, vor allem für die, die sich nicht genügend Zeit zum Akklimatisieren lassen. Trotzdem ist er bergsteigerisch nichts Besonderes, nur eine gute, stramme Bergtour, auf der man zahlreichen Amateuren begegnet. Gegen Ende Dezember 1995 flog ich nach Afrika. Unsere Gruppe wurde einmal mehr von Skip Horner geführt. Wir flogen nach Nairobi, dann fuhren wir zum Ausgangspunkt der Tour in Tansania. Dort trafen wir auf unsere Träger – größtenteils Männer, aber auch ein paar Frauen darunter –, die von einem genialen Burschen namens Genesis angeführt wurden.

Neben ihren üblichen Trägeraufgaben – die Ausrüstung auf den Berg schleppen, die Lager aufbauen und abbrechen – sang Genesis' Gruppe auch. Soweit ich weiß, war das die einzige singende Trägertruppe der Welt (die Dani pflegten eher eine Art Sprechgesang), ein echter A-cappella-Chor, der ein breites Spektrum von Liedern einschließlich ein paar Eigenkompositionen in ihrer Muttersprache (Suaheli, glaube ich) beherrschte. In täglichen kleinen Konzerten trugen sie uns diese Lieder vor. Mir bereitete das große Freude.

Ansonsten hatte ich nicht gerade viel Spaß. Während wir durch die weite Grasebene stapften, die zunehmend steiler zum eigentlichen Kilimandscharo hinaufführt, erwischten mich die üblichen Bergsteigerleiden: Übelkeit, Bauchschmerzen und so weiter. Da der Grund dafür immer ein Rätsel bleiben wird, kann ich lediglich vermuten, dass etwas mit dem Essen nicht in Ordnung war.

Rettung kam in Gestalt eines Arztes, der mit auf der Tour war und glücklicherweise ein Antiemetikum dabeihatte – im Grunde ein starkes Beruhigungsmittel –, das mich in einen ausgedehnten Schlummer versetzte, aus dem ich ziemlich zerschlagen erwachte.

Als ich mich an jenem Morgen anzog, trat Skip Horner mit der für Bergführer typischen zurückhaltenden Rücksichtnahme an mich heran und sagte: »Vielleicht gefällt dir das nicht, aber du wirst auf den Gipfel klettern.« Er hatte voll und ganz Recht. Nach drei Tagen stetigen Bergaufwanderns ruhten wir uns aus, dann gingen wir – wie an diesem Berg üblich – um Mitternacht die letzte Etappe an und schafften den Gipfel des Kilimandscharo, den Uhuru Peak.

Jetzt war ich für den Mount Everest bereit, den zu besteigen im nächsten Frühling geplant war. Seit vier Jahren, seit dem Aconcagua, war mir der Berg nicht mehr aus dem Kopf gegangen, doch ich wollte richtig darauf vorbereitet sein. Meiner Ansicht nach wäre es falsch gewesen, zuerst beispielsweise den Denali zu besteigen und dann vielleicht noch einen weiteren Gipfel und dann erst zum Everest zu gehen. Bei den Sieben Gipfeln geht es nicht einfach nur um Berge. Für mich ging es dabei auch um den Prozess und um Menschen und darum, Teil dieser Welt zu sein.

Nach der Expedition zur Carstensz-Pyramide 1994 rief ich Skip Horner an und fragte ihn, wen er für den fähigsten Everest-Führer hielt. Er sagte, seiner Ansicht nach kenne Rob Hall den Berg wohl am besten. Ich nahm zu Rob Kontakt auf und bat darum, bei der Tour von 1996 dabei sein zu dürfen. Er hieß mich an Bord willkommen.

1996 war für mich ein wichtiges Jahr. Ich wurde 50 und hatte irgendwo gelesen, dass man nicht erwarten dürfe, danach noch viele superhohe Gipfel schaffen zu können. Man bekommt einfach Probleme mit der Physiologie. Man ist auf dem absteigenden Ast der Leistungskurve. Ich merkte, dass ich Jahr für Jahr etwas an Biss verlor, dass Kraft und Ausdauer nachließen. Für mich schloss sich das Fenster.

Neben Arbeiten, Essen und Schlafen hatte ich in den letzten fünf Jahren nichts anderes getan als zu trainieren und auf Berge zu klettern. Mein Leben hatte etwas Mönchisches bekommen. Und nun, da in fünf Monaten der Everest bestiegen werden sollte, steigerte ich mein Konditionsprogramm weiter.

### Peach:

Ich hatte keine Ahnung vom Everest, bis ich eines Tages mit Beck in einem Restaurant Hamburger aß und ein Bekannter, John

Hazleton, an unseren Tisch trat und Beck gratulierte, dass er für die Expedition angenommen sei. Mir fielen fast die Augen aus dem Kopf. Ich hatte nicht nur keinen Schimmer davon gehabt, sondern auch keine Ahnung, was das kostete: 65 000 Dollar!

Diese Neuigkeit beunruhigte mich umso mehr, als nun auch Bub auf eine Abenteuertour gehen wollte, eine Schulexpedition in die Berge des westlichen Texas. Alljährlich wurde diese Tour veranstaltet, und bei einem der letzten Male bekam einer der Jungen ein Lungenödem, wie es sich mein Mann auf dem Denali zugezogen hatte. Ich wusste, dass die Tour nicht ungefährlich werden würde, und fragte mich, wie gut die Leiter auf solche Notfälle vorbereitet waren. Allem Anschein nach nicht sonderlich.

Immer wenn Beck fort war, hatte ich keine Lust, allein zu Hause zu bleiben. Die Bergsteiger-Witwe mit ihrer Brut. Als Beck beispielsweise zum Kilimandscharo ging, flog ich mit den Kindern nach New York, wo wir eine tolle Zeit verbrachten. Ich hatte keine Lust, darauf zu warten, dass andere Leute mich einluden, nur weil sie Mitleid mit mir hatten.

Nie trainierte ich an weniger als fünf Tagen pro Woche. Fünf Jahre lang war ich in der Regel sechsmal die Woche um vier oder halb fünf morgens aufgestanden, um meine Übungen zu machen. Mit Brent arbeitete ich dreimal die Woche – alles Krafttraining –, und die anderen drei Tage konzentrierte ich mich auf Ausdauer und Aerobic. Bei Brent fing ich in der Regel mit der Cross-Training-Maschine für die untere Körperhälfte an, dann folgten 30 Minuten auf dem Stepper und zum Schluss noch einmal 30 Minuten auf dem Liegerad. Nur an Sonntagen trainierte ich nicht.

Jetzt fügte ich an den Krafttagen noch eine Stunde Aerobic hinzu plus eine weitere halbe Stunde an den Aerobic-Tagen am Morgen und eine weitere am Nachmittag. Dazu musste ich zwei unterschiedliche Sportstudios aufsuchen.

Vitamine oder Mineralien oder sonstige Nahrungsmittelzusätze nahm ich nicht, ich achtete auch nicht sonderlich auf meine Ernährung. Ich aß einfach alles, was mir in die Finger kam, und achtete darauf, genug zu bekommen. Auf diese Weise arbeitete ich mich von 150 Pfund, die ich wog, als ich mit dem Klettern begann, auf die 180 Pfund hoch, die mein Ziel waren.

## Pat White:

Peach war überhaupt nicht glücklich darüber, dass Beck zum Everest wollte. Ich weiß noch, dass mein Mann und andere Freunde sich Sorgen machten, Beck könnte sich wieder Erfrierungen zuziehen. Darauf antwortete jemand im Scherz: »Das ist doch gar nichts. Wart erst mal, bis er heimkommt und Peach ihm den Arsch aufreißt, weil er so blöd war.«

## Peach:

Ich bedrängte ihn, mit den Kindern zu sprechen. Ich sagte: »Du musst mit ihnen reden, falls dir etwas passiert und du nicht mehr zurückkommst.« Das machte er nicht. Als ich ihn um eine Vollmacht bat, wurde er wütend. Ich sagte: »Das meine ich ernst.«

## Meg:

Als ich herausfand, dass er auf den Mount Everest klettern wollte, fühlte ich mich ein bisschen im Stich gelassen. Nachdem er vom Kilimandscharo zurück war, sagte ich zu ihm: »Bitte, bitte, geh nicht. Das ist viel zu gefährlich!«

»So hoch ist die Todesrate am Mount Everest gar nicht«, antwortete er.

Ich nehme an, das trifft auf Leute zu, die es noch nicht einmal bis zum Lager II schaffen. Ich hatte jedoch irgendwo gelesen, dass jede Menge Leute, die den Gipfel erreichten, es nicht wieder hinunterschafften. Ich wollte wirklich nicht, dass er da hinging. Eine befriedigende Erklärung gab er mir nicht.

Ich glaubte nicht, dass mir irgendetwas zustoßen würde. Ich war fest davon überzeugt, dass ich nur für ein paar Wochen weggehen und intakt wiederkommen würde. Das ganze Problem würde sich in Luft auflösen. Ich ignorierte Megs Ängste, weil ich so sicher war, dass mir nichts passieren würde.

## Cecilia Boone:

Am Abend, bevor Beck zum Everest aufbrach, gingen wir hinüber, um ihm Adieu zu sagen und alles Gute zu wünschen. Peach war im Schlafzimmer und wollte nicht herunterkommen.

## Garrett Boone:

Die Kinder waren da. Vor uns allen erklärte er ihnen, es wäre nicht gefährlich. Rob Hall wäre der Beste da oben. Es seien überall Sicherheitsmargen eingeplant. Es würde schon klappen. Ich achtete weniger auf das, was er sagte, als vielmehr darauf, warum er es sagte. Offensichtlich waren die Kinder besorgt, dass ihr Vater wegging und ihre Mutter so wütend war.

## Cecilia Boone:

Er sprach zwar zu uns, doch die Botschaft war eindeutig auch für die Kinder gedacht.

## Pat White:

Am Tag vor seiner Abreise in Richtung Everest trafen wir uns zum Kaffee. Peach war innerlich zerrissen. Sie sagte, es fiele ihr schwer, ihn zum Flughafen zu bringen. Und dann: »Ich bin wütend, aber gleichzeitig habe ich schreckliche Angst, dass etwas passiert. Jemanden, den du liebst, willst du einfach nicht losschicken, dem Tod ins Auge zu blicken, und ihm dabei auch noch Vorhaltungen machen. Du willst ihn in den Arm nehmen und ihm sagen, dass du ihn lieb hast.«

## Terry White:

Für die Leute, die Beck kannten, war es nicht nötig, dass Beck zum Bergsteiger wurde. Das war nicht nötig, damit wir ihn als

Menschen mochten und respektierten. *Sein* Bedürfnis war es, nicht das seiner Freunde. Für uns musste er das nicht tun. Rund sechs Wochen, bevor er zum Everest aufbrach, ging ich in sein Büro, schloss die Tür und sagte ihm, er müsse dies nicht tun, um mir zu beweisen, dass er mein Freund ist. Wenn er nicht ginge, wäre das für mich absolut in Ordnung. Ich glaube, er war überrascht, und ich denke, es schmeichelte ihm. Aber ich weiß nicht, ob ihn das zögern ließ. Vielleicht hätte ich ihm dies schon viel früher sagen müssen.

An meine genaue Reaktion auf Terry kann ich mich nicht mehr erinnern, aber im Grunde war es wohl so etwas wie: »Es ist schön, dass du das sagst, aber ich *will* dies tun. Ich bin dazu bereit.« Was Terry sagte, hatte mich berührt. Die meisten Menschen haben nicht den Mut, sich hinzustellen und zu sagen: »Streich deinen Traum. Niemand wird dir deswegen Vorhaltungen machen.«

Es stimmt, dass ich mir selbst etwas beweisen musste. Doch zu diesem späten Zeitpunkt war es bereits, als sei ich von einer Klippe gesprungen: Auf dem Weg hinunter kann man den Schritt zwar noch einmal bedenken, aber es gibt keine Möglichkeit zur Umkehr mehr.

# Fünfundzwanzig

Als ich vom Berg herunter war, musste ich mich erst einmal darum kümmern, was ich war und wo ich war. Zu den Verrücktheiten dieser Geschichte gehört, dass niemand – auch ich nicht – wusste, wie schwer ich verletzt war. Zuerst war ich tot. Dann wieder nicht. Dann war ich so gut wie tot. Dann kam Madan K. C. mit seinem Rettungshubschrauber. Die schreckliche Wahrheit über meinen gesundheitlichen Zustand war mir wochenlang nicht bekannt.

Alle Fotos, die ich je von Erfrierungen gesehen hatte, zeigten fürchterlich geschwollene und mit Blasen überzogene Hände. In der Klinik in Katmandu waren meine Hände nur kalt und wiesen die graue Farbe von Fleisch auf, das jahrelang in einer undichten Plastiktüte im Gefrierschrank gelegen hatte. Doch es gab keine Schwellungen, keine Blasen, keine drastischen Verfärbungen. Ich wusste, wie Erfrierungen aussehen. Und als ich mir auf dem Denali Frostschäden an den Fingern zugezogen hatte, tat das *wirklich* weh. Diesmal hatte ich überhaupt keine Schmerzen.

Nur psychische. Es war erniedrigend, dass sie im Yak & Yeti einen Burschen draußen vor meiner Tür postiert hatten, der mir, falls notwendig, den Hintern abputzen würde. Ich hätte lieber eine Woche lang nichts gegessen als so etwas zuzulassen, und praktischerweise war ja genau das der Fall gewesen.

Glücklicherweise kam mir Dan zu Hilfe. Dann gingen wir etwas essen. Das Hotel hatte ein hübsches kleines Restaurant mit angenehmer Atmosphäre, und schlagartig wurde mir klar, dass sie nicht wussten, was sie mit mir anfangen sollten. Was sollten sie mir servieren?

Aus der Speisekarte suchte ich etwas heraus, das ich mit dem Löffel essen konnte, und selbst dann musste mich Dan noch füttern. Das war nicht gerade erhebend.

Dann waren da noch die Reaktionen anderer Menschen: der nepalesische Offizielle, der mich von oben bis unten musterte, die Putzfrau, die den Schrubber fallen ließ. Langsam wurde mir klar, wie es ist, ein Monster zu sein.

Aber noch immer hatte ich keine Ahnung, welches Desaster sich ereignet hatte.

Zu Hause in Dallas, wo Terry White mich medizinisch versorgte, wurde ein Treffen mit dem Handchirurgen Mike Doyle arrangiert. Er bat mich, die Finger zu spreizen, eine Faust zu machen und die Finger zu kreuzen, was mir mit beiden Händen gelang.

Mike sagte: »Wahrscheinlich verlieren Sie den größten Teil der Finger an der rechten Hand und die Fingerspitzen an der linken. Aber wir müssen Scans machen, damit wir uns die Gefäße ansehen können.«

Noch am selben Tag rief er mich zu sich. Ich sah ihm an, dass er bestürzt war. »Ich weiß nicht, wie ich Ihnen das beibringen soll«, begann er, »aber in der rechten Hand haben Sie überhaupt keine Blutversorgung mehr. Sie hört schon oberhalb des Handgelenks auf. Und in der linken haben Sie nur noch sehr wenig. Ich weiß nicht, was ich sagen soll.«

Meine Erfrierungen waren so schwer, dass die Blutgefäße nicht mehr funktionierten. Sie waren an Ort und Stelle durchgefroren und jetzt mit thrombotischem Koagulat verstopft. Dass keine Ödeme oder Schwellungen zu sehen waren, lag einfach daran, dass die Hände absolut tot waren: keine Gefäße, keine Flüssigkeit.

Das war ein fürchterlicher Schock. Im Grunde hatte ich da zwei tote Marionetten. Ich konnte sie zwar – vorläufig – noch bewegen, weil die Sehnen, die sie steuerten, noch in meine intakten Unterarme reichten, aber meine Hände waren so gut wie verloren.

Da schoss mir ein blödsinniger Gedanke durch den Kopf. Ich

liebe Hamburger. Und ich dachte: Jetzt kannst du nie wieder einen Hamburger essen. Nur Grütze und Brei und alles andere, was man aus einem tiefen Teller schlabbern kann. Das war deprimierend.

Mein Sohn Beck und sein Freund Charles White bauten die Fernbedienung vom Fernseher für mich um; sie klebten kleine Hebel aus Holz darauf, damit ich die Knöpfe drücken konnte. Diese Geste rührte mich, und zugleich machte sie mich unendlich traurig.

Wir haben eine kluge Freundin, Yolanda Brooks, die Firmen berät, wie sie ihre Räumlichkeiten behindertengerecht umbauen können. Sie brachte mir Bücher, die zeigen, wie man mit den Zähnen tippen kann, und jede Menge anderer Hilfsmittel vorstellten; jede Seite bezeugte, dass ich unfähig war, mich allein zu versorgen.

Es gab Momente, die auf bitterböse Weise komisch waren. Einmal saß ich im Sessel, als mir plötzlich ein großes Stück meiner rechten Augenbraue einschließlich Haare in die Hand fiel. Später, als ich gerade den Flur entlangging, brach mein linker großer Zeh ab und rollte einfach davon.

Eine Überraschung boten auch unsere Lampen. Sie reagieren auf menschliche Berührung. Als ich sie mit meinen toten Händen einschalten wollte, passierte natürlich nichts.

Ich versuchte alles Mögliche, um wenigstens ein bisschen Leben in meine Hände zurückzubekommen. Zweimal täglich ging ich zur Hydrotherapie, siebenmal die Woche. Sämtliche Übungen machte ich. Doch ich tat nichts weiter als mit toten Marionetten zu spielen. Ich spürte, wie die Finger einer nach dem anderen zu Stein wurden. An einem Tag kann man sie noch alle zur Faust krümmen, am nächsten nur noch halbwegs. Am übernächsten wackeln sie noch ein bisschen. Am überübernächsten geht nichts mehr. Nach und nach werden sie immer fester, stellen den Dienst ein, beginnen zu schrumpfen und dann zu mumifizieren.

An meinen Handgelenken konnte man die Demarkationslinie zwischen lebendem und totem Gewebe sehen, wo der Körper versuchte, seine toten Teile abzustoßen. Mit etwas Kleinem wie einem Finger oder einer Zehe kann er das tatsächlich machen. Doch etwas so Großes wie eine Hand samt Handgelenk muss man abschneiden.

Natürlich war auch meine Nase vollständig erfroren und würde mir abfallen. Doch um mein Gesicht machte ich mir zunächst keine großen Sorgen. Schlimmstenfalls, dachte ich, würde ich eben unglaublich hässlich aussehen. Allerdings war ich betrübt, dass ich mir ein Kotelett um den Hals binden musste, damit der Hund wieder mit mir spielte.

Meine Hände waren das eigentliche Problem.

Die ganze Zeit versuchte ich, mir ein Stück weit meine Unabhängigkeit zu erhalten, auch wenn ich mir eingestehen musste, dass meine Hilflosigkeit eine unvermeidliche Realität war. Es war mir unangenehm gewesen, als Dan mir auf der Toilette helfen musste, aber ich *hasste* es, wenn Peach es tat.

Peach half mir auch beim Duschen. Nur einmal haben wir es mit einem Bad in der Wanne versucht. Alles ging glatt, bis ich herauswollte und merkte, dass ich zu schwach war. Einen Moment lang dachte ich, wir müssten das Wasser ablassen und dann ein paar Freunde rufen, die mich aus der Wanne hoben und wieder auf die Füße stellten.

Nach einer ganzen Weile gelang es mir jedoch, von selbst aufzustehen. Wenn von da an meine Haare gewaschen werden mussten, kletterte ich mit Hilfe eines Hockers auf die Küchenzeile neben der Spüle. Von da konnte ich mich einfach hinunterrollen lassen, um wieder auf die Beine zu kommen.

## Peach:

Nie sagte ich etwas, aber zu dieser Zeit lag jede Menge »Ich hab dich ja gewarnt!« in der Luft.

Ich machte mir selbst Vorwürfe. Weniger darüber, dass ich zum Everest gegangen war. Das war Geschichte. So bizarr es klingt: Dass ich mich an einem so berühmten Ort fast umgebracht hatte, stellte in gewisser Weise eine Entschädigung dar. Es machte es leichter. Das ist etwas anderes als bei der Arbeit mit der Hand in eine Maschine zu geraten oder aus Versehen den Finger in die Steckdose zu stecken.

Ich hatte überlebt, das war etwas Konkretes und kontrastierte mit dem Schicksal jener, die das nicht geschafft hatten. Es half mir weiterzumachen. Nachdem ich einmal vor einem größeren Publikum meine Geschichte erzählt hatte, trat ein berühmter amerikanischer Astronaut an mich heran und sagte: »Ihnen muss an dem Tag ein Schutzengel regelrecht in den Hintern gekrochen sein!«

Yes, Sir. So war es.

Aktivitäten, wie bei der Fertigstellung des IMAX-Films über die Expedition zu helfen, während meine Hände noch immer bandagiert waren, hatten auch eine therapeutische Funktion. Man sitzt nicht einfach nur zu Hause herum und starrt die Wände an.

Doch meine wahre Situation wurde mir immer wieder auf unerwartete Weise klar gemacht. In der Nachbarschaft wurde für Meggy eine Party gegeben. Gleichzeitig lief eine weitere Party für kleinere Kinder, sieben oder acht Jahre alt. Die rannten herum, sahen mich und stoppten aus vollem Lauf, als hätte sie der Schlag getroffen.

Jeder solche Zwischenfall schärfte mein Bewusstsein, wie sehr ich mich verändert hatte. Wie anders ich war als der Rest der Menschheit.

Die einzigen größeren Schmerzen, die ich zu jener Zeit empfand, rührten von der Infektion in meinem rechten Arm her. Er war rot und geschwollen, und man konnte sehen, wie sich die Entzündung Tag für Tag ein Stück weiter meinen Oberarm hinaufarbeitete. Es brauchte viele Versuche, bis wir ein Antibiotikum fanden, das die Infektion stoppen konnte.

Da sich noch viele weitere Entzündungen hinzugesellten, musste ich über ein Jahr lang eine strenge Antibiotika-Diät einhalten. Jedes Mal wenn ich sie absetzte, kam irgendwo Eiter heraus, und alles fing von vorn an.

Doch die wirklichen Qualen sollten erst noch kommen. Später machten wir Witze darüber, dass ich mich im Verlauf des folgenden Jahres so vielen Operationen unterziehen musste (elf insgesamt), dass die Ärzte sich erst gar nicht die Zeit genommen hätten, mich zuzunähen, sondern mir einfach Reißverschlüsse verpasst hätten. Da war sogar etwas Wahres dran. Ich reagierte allergisch auf die chirurgischen Verbände, die mal hier, mal da irgendwann so gut wie jeden Fleck meines Körpers bedeckten. Zusätzlich zu allem anderen musste ich die Schmach erleiden, dass unter den Bandagen meine Haut Blasen warf und in Fetzen abging, während der Rest von mir Stück um Stück abgesägt, abgeschnippelt und scheibchenweise abgetragen wurde.

Mike Doyle besorgte mir einen Fachmann für Wiederherstellungschirurgie, Greg Anigian, der so operierte, dass so viele Funktionen wie möglich an meiner zerstörten linken Hand erhalten blieben. Später baute Greg auch meine zerstörte Nase wieder auf. Die Wiederherstellungschirurgie – die unter Kollegen als die »schmutzige« Seite der plastischen Chirurgie gilt – unterscheidet sich erheblich von der kosmetischen Chirurgie. Auf letzterem Gebiet sind Ingenieure der Eitelkeit tätig. Auf ersterem leisten Experten Übermenschliches, und sie machen es phantastisch. Die Besten unter ihnen könnten einen Furz an einen Strahl des Mondlichts nähen. Greg zähle ich dazu, obwohl er bloß an der Bauern-Universität von Texas studiert hat.

Wir hatten folgende Vorgehensweise verabredet: Ich wurde für 16 Stunden in Vollnarkose versetzt, während Doyle und Anigian an mir herumschnitten und -nähten. Mikes Aufgabe war verhältnismäßig einfach. Wäre von meinem rechten Handgelenk noch etwas zu gebrauchen gewesen, hätten wir in Erwägung gezogen, mir eine Hightech-Prothese zu verpassen oder zumindest zu versuchen, so viel Gewebe wie möglich zu erhalten für den Fall, dass es eines Tages echte Fortschritte auf dem Gebiet der Bionik geben würde.

Doch da vom Handgelenk nichts mehr zu retten war, war die Entscheidung ziemlich einfach: oberhalb des Handgelenks den Unterarm so zu amputieren, dass es für eine einfache Prothese reichte, wie ich sie heute trage. Im Grunde war das Chirurgie des 19. Jahrhunderts.

Der andere Teil der Operation war Technik des 21. Jahrhunderts: vielschrittig, komplex und zeitraubend, vom Risiko ganz zu schweigen. Greg Anigian praktizierte Mikrochirurgie vom Feinsten und bastelte mit winzigen Gefäßen herum. Die Thrombosen und das viele tote Gewebe waren ein echtes Problem, aber ich wollte nicht gleich zwei Stümpfe haben.

Als ich aus der Narkose erwachte, fiel mir als Erstes auf, dass sie mir einen fötalen Doppler-Monitor angeschnallt hatten – in der Regel bekommen das schwangere Frauen um den Bauch gebunden –, um den Blutkreislauf im Rest meiner linken Hand ständig überwachen zu können.

Anigian konnte auf einem kleinen Rest meines Daumens und dem größten Teil der Mittelhand aufbauen. Er verwendete ein Stück Faszie von der linken Seite meines Kopfs, einen Teil meines großen Rückenmuskels (samt Blutversorgung) und ein großzügig bemessenes Stück Haut von meiner linken Seite.

Er wickelte das Muskelgewebe um meinen Daumen-Stumpen und verband es mit der radialen Arterie. Dann befestigte er die Faszie rund um meinen Daumen und verband sie ebenfalls mit einer Arterie. Schließlich wickelte er das Ganze in die Haut von meiner Seite und verhalf mir so zu einer Art Greifer.

## Dan:

Nach der Operation wartete ich auf Beck in der Aufwachstation. Sie hatten ihm den Tubus, der ihm das Atmen erleichterte, bereits aus der Luftröhre entfernt.

Ich kann mich nicht erinnern, jemals einen Menschen gesehen zu haben, der unter solchen Schmerzen litt. Er schüttelte sich unkontrollierbar. Obwohl er noch erheblich benommen war, litt Beck unter Höllenqualen.

Der Anästhesist entschied, Beck mehr Morphium zu geben. Das Problem dabei war nur, dass selbst noch eine kleine Dosis zusätzlich zu denen, die man ihm bereits verpasst hatte, dazu führen würde, dass seine nicht mehr unterstützte Atmung nicht mehr ausreichte. Während ihm also Morphium verabreicht wurde, stellte ich mich ans Kopfende und versorgte ihn mit Hilfe eines sich selbst aufblasenden Gummiballs aus der Ambulanz rund eine halbe Stunde lang mit Luft.

Ich erwachte aus der Narkose mit einer Serie von Schüttelanfällen. Die Schmerzen waren eine Höllenmarter, und sie waren einfach überall. Die leiseste Berührung fühlte sich wie ein Hieb mit dem Vorschlaghammer an. Es war, als erlitte ich einen monströsen epileptischen Anfall, doch ich glaube nicht, dass es ein Anfall in dem Sinn war, dass mein Gehirn die treibende Kraft dahinter war. Eher hatten sich meine Muskeln selbständig gemacht und waren außer Kontrolle geraten. Es war wie eine Schüttellähmung, nur mit völlig kontrahierten Muskeln, nicht bloß ein bisschen angespannten. Alles in mir stand unter Volllast, jede Faser meines Körpers schien zu schreien.

**Bub:**

Abgesehen von seinem äußeren Erscheinungsbild schien es Dad gar nicht so schlecht zu gehen, als er vom Everest zurück war. Wie schwer verletzt er war, ging mir erst nach der Operation auf, bei der man seine Hand entfernt hatte.

In der Aufwachstation sah ich, wie er seinen Kopf zu heben und sich umzusehen versuchte. Er zitterte. Sein Kopf schüttelte sich unter der Anstrengung, und plötzlich wurde mir klar, welche Qualen er litt.

Der Bereich an meiner linken Seite, von wo sie das Hauttransplantat genommen hatten, wurde mit einem Okklusionsverband verschlossen, einer Art luftdichter Plastikfolie mit elastischem Rand. Wenn man Glück hat, bleibt der Verband an Ort und Stelle, versiegelt die Wundfläche steril, und alles ist in Ordnung.

Verrutscht er jedoch wie meiner, so dass Luft an die Wundfläche kommt, dann bekommt man ein ganz schönes Wehwehchen.

Bei mir war eine ziemlich große Fläche der Luft ausgesetzt gewesen, und dieses Areal wurde prompt von resistenten Staphylokokken besiedelt. Die Infektion war äußerst schmerzhaft und unangenehm. Eine klebrige Masse begann aus mir herauszutröpfeln. Alles unter dem Verband nahm eine gelbgrüne Farbe an. Eiter und Bakterien. Ich stank. Sorgte dafür, dass der OP sich schlagartig leerte. Würgend rannten alle raus.

Sie legten mir eine Drainage, die dort sechs oder acht Wochen verblieb. Währenddessen legte sich das von falsch feuernden Muskelsynapsen ausgelöste Ganzkörperzittern, bis nur noch die beiden Amputationen davon betroffen waren. Wenn man so dicke Nervenbündel durchschneidet, fängt jeder von ihnen zu schreien an und hört einfach nicht mehr damit auf. Ein Jahr dauerte es. Sie wollten einfach nicht aufgeben. Es fühlte sich an, als würde jemand einem ständig auf den Musikantenknochen hämmern. Ein entnervendes, alles übertönendes reißendes Kribbeln jagte ständig meine beiden Arme hoch.

Als das endlich vorüber war, stellte sich ein neues Gefühl ein: das der körperlichen Isolation. Das Schlimmste am Verlust der Hände ist, dass ein Großteil der Wahrnehmung verloren geht. 40 Prozent allen sensorischen Inputs bekommt man normalerweise über die Hände. Sie sind überaus wichtige Wahrnehmungsorgane.

Natürlich gab es das ganz grundsätzliche Problem, dass ich Dinge nicht mehr ergreifen und mit ihnen hantieren konnte. Erinnern Sie sich an meine Jonglierversuche? Von meiner Ausrüstung war am Mount Everest wenig übrig geblieben, doch als sie mir den Rest nach Dallas schickten, fand ich mein Jonglier-Lehrbuch und die drei kleinen Bälle. Ich musste einfach lachen.

Natürlich machte ich mich hinsichtlich meines neuen Zustands gründlich kundig und erfuhr, dass es einen erheblichen Unterschied zwischen Amputierten wie mir und Individuen gibt, die ohne Hände geboren werden. Die anderen passen sich erstaunlich gut an. Beispielsweise können sie mit ihren Füßen

Erstaunliches leisten; es gibt kaum etwas, das sie damit *nicht* machen können.

Sie bekommen jedoch Probleme, wenn sie älter werden und arthritisch werden. Sie verlieren die Geschmeidigkeit oder bekommen Rückenprobleme und können ihre Füße nicht mehr dahin setzen, wo sie sie brauchen.

Für mich ist die sensorische Deprivation das Schlimmste an der Amputation. Täglich bin ich mir dessen schmerzhaft bewusst. An der linken Hand habe ich wenigstens noch ein Stück intakte Handfläche. Zu meinen seltenen sinnlichen Vergnügungen zählt es heute, Missys Fell zu spüren, wenn ich sie streichele. Es beruhigt und ergreift mich irgendwie. Sie ist eine Stütze in meinem Leben.

Für eine weitere Überraschung sorgten in der postoperativen Phase meine Träume. Aus welchem Grund auch immer, seit den Operationen sind sie von unglaublicher Lebhaftigkeit. Ich rieche und schmecke jetzt in meinen Träumen. Alles ist in satte Farben getaucht, ein unglaubliches Schauspiel. Ich kann mir das nicht erklären.

Ich bin mir auch sehr bewusst, dass ich träume. Beispielsweise fahre ich mit einem Fahrrad eine Landstraße entlang, blicke hinunter und sehe an der Lenkstange meine beiden Hände die Gänge wechseln und die Bremsen ziehen. Ich trete dabei nicht neben mich, ich bin ganz ich selbst.

Irgendwie macht das Spaß. Für ein Drittel des Tages – oder wie lange ich auch immer schlafe und träume – bin ich in keiner Weise behindert. Ohne Schmerzen renne ich wie ein Zehnjähriger herum. Ich ermüde nie. Ich bin ein virtueller Beck. Heute habe ich manchmal auch in meinen Träumen keine Hände mehr. Doch wenn ich welche habe, bin ich mir vollkommen bewusst: »Ha! Du träumst! Siehst du? Du hast Hände!«

Greg Anigian nahm zwei weitere Eingriffe an meinem neuen Greifer vor, um ihn ein bisschen besser aussehen und funktionieren zu lassen. Zunächst schnitt er die Stelle zwischen dem Daumen und dem Rest der Handfläche tiefer ein, so dass das Ganze eher wie ein kleiner Boxhandschuh aussah. Zum Verschließen brauchte er natürlich wieder ein bisschen Haut, die er meinem Schritt entnahm – ohne mich zu fragen.

Nach der Operation wachte ich auf, sah den Einschnitt quer über meine Leistenbeuge und schrie: »Mein Gott, ist denen denn nichts mehr heilig?«

Die nächste und letzte Prozedur bestand darin, einen zweiten Einschnitt zu machen, so dass der Boxhandschuh jetzt dreiteilig war und wie eine primitiv ausgeführte Wappenlilie aussah. Dafür holten sie sich die Haut wieder von meiner linken Seite.

Inzwischen hatte ich aufzulisten angefangen, an welchen Teilen meines Körpers noch nicht operiert worden war. Viele waren es nicht. Schließlich blieb nur mein rechter Oberschenkel unangetastet. Niemand hatte auch nur eine Nadel hineingesteckt oder sonst etwas damit gemacht. Das beunruhigte mich, ich fragte mich, für welchen Zweck sie sich diesen Teil aufsparten.

Die letzte Serie von größeren medizinischen Eingriffen betraf meine Nase.

Bis tief in die Knorpel und Knochen hinein war sie erfroren. Viel gab es da nicht zu retten. Doch ehe das ganze Zeugs weggeschnitten wurde, machten sie mit einer Art Kaugummi-Stanniol einen Abdruck davon. Greg Anigian benutzte ihn, um meine neue Nase den ursprünglichen Konturen anzupassen.

Bis dahin mussten wir eine Möglichkeit finden, meine inneren Nasenhöhlen feucht zu halten. Die Antwort war ein Zerstäuber. Aber da ich keine Hände hatte: Raten Sie mal, wer die Luftfeuchtigkeit da drin auf akzeptablem Niveau halten musste. Eine weitere läuternde Erfahrung.

Sie ließen mir eine neue Nase wachsen. Zunächst schnitten sie mir ein in etwa nasenähnliches Ding aus der Haut in der Mitte meiner Stirn. Dann formten sie mit Hilfe von Knorpelstücken aus meinen Ohren und Haut aus meinem Nacken meine neuen Nasenlöcher, um dem Ding ein bisschen Struktur zu geben, und dann ließen sie es – falsch herum! – auf meiner Stirn wachsen. Ich verbot meinen Kindern strengstens, Fotos von mir zu machen, damit sie nicht auf die Idee kämen, sie an den sensationsgeilen ›National Inquirer‹ zu verkaufen.

Ich musste feststellen, dass meine groteske Entstellung ein narrensicheres Mittel war, meine wahren Freunde zu erkennen. Die pissten sich vor Lachen in die Hosen, wenn sie mich sahen. Alle anderen waren bloß höflich.

Der entscheidende Punkt war, abzuwarten, bis die neue Nase ausreichend von Blutgefäßen durchdrungen war. Greg hatte bereits einen Termin für die Transplantation angesetzt, den er aber wieder verschob, als eine Inspektion ergab, dass das Ersatzteil noch nicht ausgereift war.

Erst als er zufrieden war, schnitt er die neue Nase bis auf einen kleinen Steg ab, schwenkte sie nach unten und nähte sie auf dem vorgesehenen Platz fest. Dann stichelten sie mir die Stirn wieder zu.

Zu diesem Zeitpunkt sah ich aus wie ein in die Jahre gekommener Mops: Wie ein eingefallener Windbeutel hing da meine Nase unter einer in sich gedrehten Hautfalte.

Der abschließende Schritt bestand darin, meiner rechten Seite ein Stück Rippenknochen zu entnehmen und es innen zwischen meiner neuen Nase und dem Gaumensegel einzusetzen und so dem Ganzen zu einer gewissen aufrechten Haltung zu verhelfen.

Ich denke, sie haben ein ziemlich gutes Faksimile der ursprünglichen Sache hingekriegt, und ich bin mit meiner neuen Nase eigentlich ganz zufrieden – mit einer einzigen Ausnahme: Da die Nervenverbindungen intakt blieben, als die Nase nach unten gedreht wurde, juckt mir immer die Nase, wenn ich eine Dusche nehme und die Wassertropfen meine Stirn treffen.

## Peach:

Beck und ich redeten während dieser Zeit nicht viel miteinander, wir besprachen nur praktische Dinge wie beispielsweise seine Gesundheitsprobleme. Für anderes war keine Zeit. Ich war zu erschöpft und zu gestresst, und er war zu krank. Mit Sicherheit wusste ich nur, dass ich nicht die Kinder nehmen und ausziehen oder Beck in ein Rehabilitationszentrum stecken würde. Jedenfalls nicht sofort. Es gab Anzeichen, dass er sich zum Teil geändert hatte. Da war jener Telefonanruf aus Dr. Schlims Büro, der so gar nicht typisch für ihn war. Es verlangte ihn nach mir, und bald hatte ich auch eine Erklärung dafür: die Erscheinung auf dem Berg. Auch schien er wirklich zu bereuen, dass er uns so viel Leid bereitet hatte. Darüber hinaus schien Beck die Kinder und mich in neuem Licht zu sehen, vielleicht jenem, das ihn auf dem Everest wieder erweckt hatte. Im Moment konnte er nicht wegrennen, wenn er das wollte, aber er schien das auch gar nicht zu wollen.

In den zurückliegenden acht oder neun Jahren hatte sich jedoch viel Narbengewebe über meine Seele gelegt. Es würde schwierig, wenn nicht unmöglich, ihm wieder zu vertrauen. Selbst wenn Beck mir schwören würde, dass er ein neuer Mann sei, wären das nur Worte, die ich nicht so einfach glauben könnte. Obwohl ich ihm das nicht sagte, ja, zu jenem Zeitpunkt noch nicht einmal daran dachte, musste er sich mir beweisen. Handeln war angesagt. Wenn wir den Dingen eine neue Wendung geben wollten, müsste dies wie eine lange, langsam zu durchfahrende Straßenkurve sein. Eine Spitzkehre einen Pass hinauf.

Mein Bruder Howie war der Katalysator.

Auf Howie konnte man sich immer verlassen: frei von Vorurteilen, voller unglaublicher Empathie. Als wir einmal auf Jamaika Urlaub machten, freundete er sich mit einem schmuddeligen Typen namens Hedley an, der zu seinem ständigen Begleiter wurde. Es machte ihm überhaupt nichts aus, dass Hedley Drogenprobleme hatte und die Sicherheitsleute ihn nicht in die Nähe des Hotels ließen. Howie und er waren einfach gute Kumpel. Zweifellos hatte es Hedley zunächst auf ein paar Dollar abgesehen, doch irgendwie verfehlte Howies Güte ihre Wirkung nicht. Er vertraute Hedley sogar seine Kreditkarte an, und er wurde nicht enttäuscht.

Als ich Howie an jenem Sonntagmorgen angerufen und ihm gesagt hatte, Beck sei tot, flog er sofort mitsamt seinem schwarzen Anzug nach Dallas, wo er eintraf, als wir gerade erfahren hatten, dass Beck noch lebte. Er ging mit den Kindern Hamburger essen und hatte ein wachsames Auge auf alles, bis er sicher war, dass meine Freunde uns die Unterstützung gaben, die wir brauchten. Dann sagte er etwas Witziges wie, er könne Menschenmassen nicht ausstehen, und flog zurück zu Frau und Tochter.

Während Becks zahlreicher gesundheitlicher Krisen blieben wir ständig in Kontakt, bis im August 1996, zwei Monate nach der Amputation, Beck sich schließlich gut genug erholt hatte, dass wir einen kurzen Familienurlaub planen konnten. Dr. Anigian verschob einen geplanten Eingriff an Becks linker Hand um drei Tage, und wir flogen zusammen nach Fripp Island, einer Insel vor der Küste von South Carolina oberhalb von Hilton Head, wo Howie, Pat und ihre Tochter Laura zu uns stießen.

Einen Tag nach unserer Ankunft wurde Howie ernstlich krank. Ich weiß noch, wie er vom Strand heraufkam. Er sah gespenstisch aus. »Ich fühle mich hundeelend«, sagte Howie. Seine Haut war bleich, er schwitzte. Er klagte über Schmerzen in der Brust.

In meiner Familie kommen Herzleiden öfter vor. Howie war übergewichtig und hatte den größten Teil seines Lebens geraucht. Beck und mir schien es ziemlich wahrscheinlich, dass er einen Herzanfall hatte.

Aschfahl und mit Todesangst kam Howard auf mich zu. Er schwitzte heftig. Selbst meinen ältesten medizinischen Lehrbüchern zufolge sah das verdammt danach aus, dass er einen Herzanfall hatte. Ich dachte bei mir, Howard, du kannst mir hier nicht einfach unter den Händen wegsterben. Wenn du das tust, laufe ich da in die Brandung hinaus und gehe dann einfach immer weiter.

## Peach:

Wir brachten Howie in ein nahe gelegenes Krankenhaus, wo die Ärzte zunächst ebenfalls auf einen Herzanfall tippten. Doch als sie im Rahmen ihrer diagnostischen Tests ein Sonogramm machten, entdeckten sie eine Wucherung an Howies Leber. Am nächsten Tag bestätigte ein CAT-Scan dies: Howie litt an einem Hepatom, einem primären Krebstumor der Leber. Er war riesig und genau die Art von Tumor, die wie Unkraut wuchert.

Auf diese Nachricht reagierte ich genauso wie auf jene, dass Beck am Hang des Mount Everest erfroren sei. Ich blockte ab. Ich konnte das nicht akzeptieren. Meine Leidensfähigkeit war im Moment überlastet.

Ich wusste sofort, wie Howards Prognose lauten würde. Ich wollte ihm sagen, dass Sterben nicht so schwer sei. Ich hatte es schon einmal geschafft. Ich kannte das. Und ich wusste, dass es mir viel leichter fallen würde, dem Tod ein zweites Mal ins Auge zu sehen. Die Angst davor ist viel schlimmer als die Realität. Wäre Sterben wirklich so schwierig, dann gäbe es irgendwo im Westen von Texas einen dickköpfigen Hinterwäldler, der einfach zu blöd dazu und infolgedessen unsterblich wäre.

Ich habe es niemals geschafft, Howard das alles zu sagen. Doch er ging mit ziemlicher Würde seinem Tod entgegen.

## Peach:

Bei Beck mobilisierten wir alles und jeden, um ihn zu retten, weil wir nicht wussten, wie unmöglich das war, was wir da versuchten. Jetzt wollte ich ein zweites Wunder, eine zweite Rettungsaktion. Und wie die Antwort auf ein Stoßgebet wurde es wahr. Diesmal jedoch reichten Liebe und Hoffnung nicht aus, um Howie durchzubringen. Stattdessen wurden ich und meine Familie gerettet, auf ganz unvorhersehbare Weise.

Zu meinem unglaublichen Erstaunen mischte Beck sich ein.

Nach dem Everest stand bei mir zweifellos Buße tun ständig auf der Tagesordnung, doch Howie zu Hilfe zu kommen war für mich kein Sühneakt. Zunächst einmal liebte ich ihn, das war sehr wichtig. Ich hatte mit der Frage gerungen: Wen liebst du eigentlich? Und mir war klar geworden, dass es meine Familie war, die Menschen, die mein Leben bedeuteten. Jetzt, da ich mich nicht mehr mit meinen großen Plänen abschotten konnte und keine andere Möglichkeit hatte, mich zu verstecken, war es nur natürlich, so zu reagieren.

Auch kümmerte ich mich um Howard, weil ich ernsthaft herausfinden wollte, wie es wirklich *ist*, ein anderer Mensch zu sein. Peach und die Kinder waren mir immer wichtig gewesen, aber ich hatte mich nicht dementsprechend verhalten. In Howies Fall hätte ich früher zwar Mitgefühl gehabt, alles andere aber Peach überlassen. Jetzt verschrieb ich mich mit Haut und Haaren seiner Sache. Ich wollte nicht daneben stehen und einfach zusehen. Diesmal wollte ich mich nicht einfach verflüchtigen.

**Peach:**
Es begann in dem Augenblick, als es Howie am Strand schlecht ging. Beck saß neben ihm und sprach mit ihm. Von da an war er voll und ganz bei der Sache. Früher hätte er zu mir gesagt: »*Unmöglich* kann ich das tun. Ich habe einfach keine Zeit.« Jetzt sagte er tatsächlich zu mir: »Ich bin dabei.«

Howie war in einem schrecklichen Zustand. Er hatte diesen Tumor und jede Menge Probleme mit seiner Krankenversicherung. Ich hatte nicht viel Hoffnung, dass Howie zu retten war, doch ich wusste auch, dass rein gar nichts passieren würde, wenn wir nicht Druck machten. Wenn ihm jemand in seiner Lage helfen konnte, dann war ich es. Das dachte ich wenigstens. In Wahrheit konnte ich rein gar nichts tun. Das war über alle Maßen frustrierend.

Ich konnte die Krankenversicherung nicht dazu bringen, auch nur einen Pfifferling auf Howies Leben zu geben. Den Chef rief ich *Dutzende* von Malen an. Niemals kam ich über seine Sekretärin hinaus. Er rief nicht zurück. Als es mir gelang, einmal einen anderen Menschen dort an die Strippe zu bekommen, sagte der: »Ja, ich höre Ihnen zu. Ich verstehe. Ich weiß, wer Sie sind. Wie kann ich Ihnen helfen?«

Natürlich würde er *nichts* unternehmen. Er las einfach seinen Text vom Blatt ab. Zu mehr war er nicht autorisiert.

Ich fragte: »Könnten Sie bitte veranlassen, dass irgendjemand, der etwas unternehmen kann, mich zurückruft?« Und er fragte einfach bloß wieder: »Wie kann ich Ihnen helfen?«

Ich telefonierte und telefonierte und telefonierte. Ich dachte: Diese Windeier! Noch nie habe ich jemanden erlebt, der so unsensibel, so *brutal* war. Hier lag ein Mann im Sterben, und die konnten noch nicht einmal zurückrufen.

**Peach:**

Niemals hätte Beck daran gedacht, für mich oder die Kinder einen Arzttermin auszumachen. In Howies Fall wurde er hingegen ziemlich aggressiv. Ich weiß noch, wie er einmal jemanden zusammenstauchte und ihn als Korinthenkacker beschimpfte, dem alles andere egal sei.

Mit als Erstes diskutierten Terry White und ich die Möglichkeit einer Lebertransplantation. Der Onkologe der Krankenversicherung sah sich noch nicht einmal Howies Röntgenfilme an. Nichts. Er kam ins Zimmer, las kurz den Befund und sagte: »Oh, Sie haben ein Hepatom. Größer als fünf Zentimeter. Wir machen keine Transplantationen, wenn Tumore größer als fünf Zentimeter sind.« Im Grund sagte er: »Sie werden sterben. Ich könnte Sie behandeln, doch das würde keinen Unterschied machen, weil Sie dann trotzdem sterben.«

**Peach:**

Ich erkannte, was Beck tat, um seine Liebe zu mir und zu meiner Familie zu beweisen …

Ich wollte beweisen, dass ich noch immer etwas Positives in unserem Leben bewirken konnte ...

## Peach:

... doch ich musste ihm trotzdem noch ein paar Mal in den Hintern treten. Er und Terry sagten: »Wir können nichts mehr tun.« Ich antwortete den beiden: »Sagt mir nicht, dass es nichts mehr zu tun gibt. Ich bin mit einem Toten verheiratet, wisst ihr das nicht mehr?«

Ich will nicht darüber streiten, ob das so stimmt. Tatsache ist, dass Terry und ich wirklich schwer schufteten, um Alternativen auszuarbeiten. Auch wenn kein günstiger Ausgang zu erwarten ist – denken Sie daran, ich hatte mich ja ebenfalls auf dem Everest schon für tot gehalten –, bleibt es dennoch eine Tatsache, dass man gar nichts erreicht, wenn man es nicht wenigstens *versucht*.

Peach und ich hätten die Kosten für eine Transplantation übernommen; es war nur einfach nicht genügend Zeit, ein Transplantat zu bekommen.

Unsere zweite Idee war, eine größere Leberresektion zu riskieren. Auch diese Möglichkeit besprachen wir gründlich. Es wäre eine gigantische Operation geworden, und wir mussten schließlich einsehen, dass sie nicht funktionieren würde.

Die dritte Alternative, die keine Heilung versprach, sondern nur Aufschub, bestand darin, den Tumor zu embolisieren, das heißt, ihn dadurch einzudämmen zu versuchen, dass man ihm die Blutzufuhr abschnitt. Der Fachliteratur zufolge hatte diese Strategie einige Male zum Erfolg geführt. Zweimal probierten wir es, bis wir schließlich zum letzten Mittel Zuflucht nahmen, der Chemotherapie.

## Peach:

Nach seiner Diagnose lebte Howie noch etwas über vier Monate, von August 1996 bis Januar 1997. Der Tumor wuchs sehr rasch, doch meistens hatte Howie nur wenig Schmerzen. Ungefähr die Hälfte dieser Zeit verbrachte er bei uns in Dallas, wo Beck ihn zu allen Arztterminen begleitete. Ich hatte das Gefühl, bei uns zu Hause liege in jeder Ecke ein Schwerstkranker.

Als Bub hörte, dass Onkel Howie eine Zeit lang bei uns bleiben würde, räumte er freiwillig sein Zimmer und kampierte irgendwie reihum im Haus. Für niemanden sonst hätte Bub sein Zimmer geräumt. Er sagte: »Wenn Howie hierher kommen muss, dann soll er mein Zimmer haben.«

Ich erinnere mich, dass in jenem Herbst Meg eine wichtige Verabredung hatte. Sie hatte gerade zu studieren begonnen und trug zum ersten Mal ein »kleines Schwarzes«. Howie wollte nicht herunterkommen und den jungen Mann begrüßen, der sie abholte. Er bat Meg, stattdessen zu ihm nach oben zu kommen. Als er sie sah, fing er an zu weinen. Er wusste, dass es das erste und letzte Mal war, dass er sie so herausgeputzt sah, und er hatte sie nicht vor ihrem Freund in eine peinliche Situation bringen wollen.

Howie ertrug sein Krebsleiden mit Würde. Ich weiß nicht mehr, an welchem Tag es war, aber wir saßen alle zusammen im Wohnzimmer: Peach, ich, Howie im Schaukelstuhl, Pat und ihre Tochter Laura. Und da wurde ihm zum ersten Mal wirklich bewusst, dass er sterben musste. Bis zu diesem Moment hatte er das immer ein bisschen verdrängt. In selben Moment war es dann auch uns allen anderen klar. Wir konnten noch Rückzugsgefechte kämpfen, doch Hoffnung gab es nicht mehr.

Es war ein unendlich trauriger Moment. Ich konnte Howie ansehen, wie es ihm klar wurde. Dann riss er sich wieder zusammen. Er wusste, dass er im Interesse seiner Frau und seiner Tochter stark bleiben musste. Es war hart.

**Peach:**

Howies letzte Hoffnung war eine experimentelle Therapie, die Terry White in Illinois entdeckt hatte. Nur ein halbes Dutzend Patienten hatten sich ihr bislang unterzogen. Wir wussten, dass es ein Schuss ins Blaue werden würde.

Als der Anruf kam, dass Howie nicht mehr viel Zeit blieb, überraschte mich Beck erneut. Leicht hätte er sagen können: »Fahr du hin, ich bleibe hier bei den Kindern.« Aber das tat er nicht. Er sagte: »Ich komme mit.«

Ich arbeitete gerade am Mikroskop, als Peach das Krankenhaus anrief und mir ausrichten ließ, sie glaubten nicht, dass Howard die nächste Nacht überstehen würde. Ich sagte nur: »Wann fliegen wir?«

»Wir müssen in einer Stunde draußen sein«, antwortete sie. Ich stand vom Arbeitstisch auf, ging ins Vorzimmer und sagte meinen Partnern, dass ich sofort nach Chicago fliegen müsse.

Es war ein ruhiger Flug. In Chicago war es bitterkalt. Der Wind ließ einen am ganzen Körper frösteln. Die Stadt war grau in grau, kaum ein Farbtupfer irgendwo.

Im Krankenhaus mussten wir auf unserem Weg zu Howards Zimmer mehrere Sicherheitskontrollen über uns ergehen lassen. Wir schafften es noch rechtzeitig. Howard war bei klarem Verstand. Er umarmte seine kleine Schwester und wusste, dass sie ihn zum letzten Mal besuchte. Pat und Laura waren an seiner Seite. Es blieb genügend Zeit, dass wir alle Howard Lebewohl sagen konnten, dass wir ihm sagen konnten, wie viel er uns bedeutete, und dass ich ihm noch für die vielen Male danken konnte, die er für mich eingesprungen war, die Vaterfigur gewesen war, die ich eigentlich hätte sein sollen, die darzustellen mir aber ganz und gar nicht gelungen war.

Ich sagte zu ihm, dass ich ihn lieb hätte, umarmte ihn und küsste ihn auf die Stirn.

Man hat mir gesagt, dass Menschen im Angesicht des Todes

sich mit schierer Willenskraft ans Leben klammern können, solange es noch etwas Wichtiges gibt, das sie erledigen müssen. Ich glaube, das stimmt. Howard hatte sich noch ans Leben geklammert, doch jetzt war er bereit loszulassen. Man konnte ihm ansehen, wie er sich seiner Erschöpfung hingab. Er schloss die Augen, dann verlor er das Bewusstsein. Er atmete immer schwerfälliger und fahriger. Dann war es vorbei.

Gegen vier Uhr nachts verließen Peach und ich das Krankenhaus und gingen in unser Hotel. Auf all den Bergen überall auf der Welt habe ich nie eine solche Eiseskälte verspürt.

Am Morgen flogen wir nach Dallas zurück. Ich hatte den Fensterplatz. Peach saß neben mir und hatte ihren Kopf auf meine Schulter, ihre Hand auf meinen Arm gelegt. Als das Flugzeug im Licht der frühen Morgensonne Richtung Süden eilte, blitzten die Flüsse und Seen unter uns in einem blendenden, brillanten Gold auf, das sich in ein strahlendes Silber verwandelte, während das Flugzeug weiterflog. Das Funkeln schien über das Wasser zu tanzen und zu springen, als wollte es mit uns Schritt halten. Ich spürte Peachs Gesicht an meiner Wange, als wir beide durch das Fenster dieses Schauspiel betrachteten.

»Weißt du, was das ist?«, fragte ich.

»Ja, das ist Howard«, antwortete sie.

Genau dieser Gedanke war mir auch gerade gekommen. In diesem Licht erkannte ich Howard, der in einem letzten fürsorglichen Akt seine kleine Schwester sicher nach Hause geleitete.

Daheim in Dallas bat Peach mich, bei Howards Begräbnis, das in Atlanta stattfinden sollte, die Trauerrede zu halten. Im allgemeinen bin ich ja um Worte nicht verlegen, doch nun zögerte ich. Ich liebte Howard so sehr, dass ich nicht glaubte, stark genug zu sein, um die Trauerrede zu halten, ohne in Tränen auszubrechen. Doch ich wusste, dass ich es tun musste.

## Peach:

Die meisten der Freunde, die an jenem Wochenende im Mai 1996 in unser Haus gekommen waren, schickten auch acht Monate später Blumen zu Howies Begräbnis. Ich weiß nicht, ob ich bis dahin je den Sinn von Blumen bei solch einem Anlass anders verstanden hatte als nur als Ausdruck der Liebe und des Respekts für den Dahingegangenen.

Doch als wir jetzt die Namen auf den Trauerkarten lasen und all die wunderschönen Gebinde betrachteten, schienen uns dieselben Freunde erneut zu umarmen und uns die Kraft zum Weiterleben zu geben.

Das Leid, das ich bei Howies Begräbnis empfand, wurde unerträglich, als mir klar wurde, dass mein Bruder praktisch in jedem wichtigen Moment meines Lebens zugegen gewesen war. Und dass er es auf sich genommen hatte, dasselbe für meine Kinder zu tun. Howie kam sogar zu meiner Graduiertenfeier am College, die eigentlich gar keine große Sache war (und mir auch nicht sonderlich viel bedeutete). Laura war zu jener Zeit gerade mal zwei Jahre alt, doch Howie und Pat fuhren mit ihr stundenlang im Auto, nur um bei meiner Graduierung dabei zu sein.

Die Anlässe mussten nicht groß oder spektakulär sein, damit Howie sie ernst nahm. Beispielsweise hatte er einmal Bub versprochen, ihm bei einem Auftritt in der Schule zu helfen, als dieser gerade in der zweiten Klasse war. Das Wetter verschlechterte sich in Dallas rapide, und Howie musste am nächsten Tag aus geschäftlichen Gründen in Kalifornien sein. Er weigerte sich jedoch abzureisen, bis er Bub gegenüber sein Wort gehalten und bei der Veranstaltung mitgemacht hatte.

Howie verstand einfach besser als die meisten von uns, wie wichtig die kleinen Dinge des Alltags, die Rituale und Traditionen im Vergleich zu großartigen Auf- und Abgängen sind. Er wusste, dass es der Weg ist, nicht das Ziel, was im Leben zählt. Mir scheint, wir gehen öfter zu Beerdigungen als zu Hochzeiten.

Peach bat Meg, bei Howards Beerdigung zu singen. Die Trauerrede zu halten erschien mir schon als große Belastung, doch das war nichts im Vergleich zu der Aussicht, dass Meg beim Begräbnis ihres geliebten Onkels vor hunderten von Menschen singen sollte. Peachs Freundinnen fanden das keine gute Idee. Aber Peach antwortete: »Nein, Meg wird das machen, und sie wird es für ihren Howie tun.«

Bei der Trauerfeier erinnerte ich uns alle daran, welch zentrale Rolle Howard in unserem kleinen Universum gespielt hatte. Am leichtesten fiel es mir noch, all die akademischen Ehren und Auszeichnungen aufzuzählen, die Howard in seinem Leben zuteil geworden waren. Der persönliche Teil der Trauerrede war viel härter. Ich sah Howard sich in den Augen meiner Familie spiegeln. Sie erinnerten mich daran, wie Howard quer durchs ganze Land flog, nur um Meg in der Hauptrolle von ›Peter Pan‹ zu sehen. Sie erinnerten mich daran, wie Howard Bub unter seine Fittiche nahm und meinem Sohn ein väterliches Vorbild war, das meinem dürftigen Beispiel bei weitem überlegen war.

Howard verband auf einzigartige Weise Intellekt und Intelligenz mit der äußeren Bescheidenheit eines einfachen Mannes. Für meine Kinder wurde er zu einem Vorbild, und schließlich auch für mich. Ich hielt die ganze Trauerrede durch, wenn auch mit gelegentlichen Pausen, um mich zu sammeln. Während der ganzen Zeit saß Meg still in der ersten Reihe, Tränen liefen ihr die Wangen hinunter. Doch als ich geendet hatte und sie an der Reihe war, Lebewohl zu sagen, stand sie auf, wischte sich die Tränen ab, stellte sich vor den Altar und sang mit kräftiger, klarer, nie versagender Stimme ›Amazing Grace‹.

Wir alle da in der Kapelle waren tief bewegt.

»I once was lost, but now am found.«

Peach hatte sich ein zweites Wunder gewünscht, und es wurde ihr gewährt. Es war nur nicht das, was sie erwartet hatte. Das Jahr, das sie mir zur Besserung gegeben hatte, war bald vorüber, und ich war tatsächlich ein anderer Mensch geworden. In seinen letzten Monaten hatte Howard *mir* die Rettungsleine zugeworfen, mir eine Möglichkeit eröffnet, zu mir selbst zu finden.

Ich danke dir, Howard. Du wirst für immer in unseren Herzen sein. Und letzten Endes sind sie das Einzige, was zählt: die, die einem am Herzen liegen, und jene, denen man selbst am Herzen liegt.

# Epilog

Es freut mich, berichten zu können, dass ich auf dem Everest nicht so viele graue Zellen verlor, wie ich befürchtete. Als ich schließlich wieder in der Pathologie arbeiten konnte, sorgte ich dafür, dass zunächst alles von einem meiner Partner gegengeprüft wurde. Gewissermaßen habe ich eine erneute, lange Probezeit absolviert, um herauszufinden, ob ich noch alles kann. Glücklicherweise ist das der Fall.

Meine wichtigsten Werkzeuge, meine Augen und mein Gehirn, funktionieren so gut wie eh und je. Fußhebel und Stimmenaktivierung ersetzen mir zum Teil die fehlenden Hände. Die detaillierte Feinarbeit, zu der noch immer keine Maschine in der Lage ist, erledigt jetzt mein Assistent Kim Ledford.

Die geistige und emotionale Aufarbeitung der Vorgänge auf dem Everest ist natürlich ein viel komplexeres Problem.

Viele Menschen haben mich gefragt, ob meine Erfahrungen am Everest meine religiöse Einstellung verändert hätten, ob ich auf dem Berg gebetet hätte.

Ich wuchs zwar in einer religiösen Familie auf, doch als junger Mann zog ich mich vom Glauben zurück – eher aus Apathie, nicht aus Protest oder Auflehnung gegen ein Dogma. Ich dachte, solchen philosophischen Fragen könnte ich mich im Alter wieder zuwenden. Dann sollte ich erfahren, dass man ziemlich schnell ziemlich alt werden kann.

Meine Antwort auf die Frage lautete: Nein, ich habe auf dem Berg nicht gebetet. Ich war zu sehr damit beschäftigt, am Leben zu bleiben. Wenn ich jedoch darüber nachdenke, dann nimmt diese Antwort den Begriff des Gebets vielleicht ein bisschen zu wörtlich, als eine Einheit aus einer Präambel, einem Text in der Mitte und einem Schluss, die man vorzugsweise auf den Knien spricht.

Wenn ein Gebet jedoch nicht nur aus Wörtern bestehen kann, sondern der Begriff auch das umfasst, was man mit ganzem Herzen und ganzem Wesen glaubt, dann habe ich mit Sicherheit gebetet. Auf dem Everest spürte ich stärker denn je davor oder danach in meinem Leben, was mir wichtig war, woran mein Herz wirklich hing.

Immense Zuversicht gaben mir auch die unzähligen Menschen in den USA und anderswo auf der Welt, die für mich und meine Familie beteten. Die Macht des Gebets wurde mir wieder bewusst, und zwar sowohl für die, die beten, als auch für jene, für die gebetet wird. Ich erfuhr, dass es Wunder gibt. In der Tat glaube ich heute, dass sie ziemlich häufig sind.

Ich weiß jetzt auch, dass Menschen die zähesten Kreaturen der Erde sind. Nicht ohne Grund stehen wir an der Spitze der Nahrungskette, und das liegt nicht einfach daran, dass wir so etwas wie bessere, schlauere Schaben sind. Jedem von uns wohnen Entschlusskraft, Stärke und Wille inne. Die meisten von uns müssen niemals auf diese Ressourcen zurückgreifen. Im Gegensatz zu den Pionieren, die die Wildnis besiedelten und fremde Länder erforschten, ist es für uns ziemlich leicht, unser Leben zu führen. Im historischen Rückblick bewundern wir vielleicht die Kraft und die Zähigkeit der Abenteurer, aber sie waren nicht stärker oder zäher als wir. Sie mussten einfach ihr Leben meistern.

Wenn man ein Martyrium wie das meine durchstehen will, braucht man einen festen Halt. Das können die Freunde sein. Oder die Kollegen. Oder vielleicht Gott. Oder, wie in meinem Fall, die Familie.

Was den Glauben angeht, so bin ich eher noch ein Stück Rohstoff, ein Halbfertigprodukt. Doch ich habe aus meinen Erlebnissen gelernt. Es ist unmöglich, zum Everest zu gehen, ohne von den buddhistischen Sherpas und ihrer Religiosität ergriffen zu sein. Jeden Morgen hört man sie ihre Gebete um sicheres Geleit am Berg singen. Während man selbst noch im Dunkeln im warmen Schlafsack liegt, füllt sich die Luft mit dem

Duft des Wacholders, den sie auf ihrem Altar verbrennen. Diese Menschen leben ihre Religion, sie ist Teil sämtlicher alltäglichen Verrichtungen. Sie praktizieren sie nicht nur am Sonntagvormittag und vielleicht noch mal am Mittwochabend, sondern zu jeder Stunde des Tages. Wenn der Glauben mir etwas bedeuten soll, dann darf er solch eine Religiosität nicht ausschließen. Er müsste Hinduismus, Buddhismus, Judentum, Islam und Christentum und jeden anderen Glauben, der meine zentralen Werte repräsentiert, mit einschließen.

Ich denke, wahre Religiosität lässt sich nicht daran festmachen, was man bekennt, sondern ob man die Lehre seines Glaubens lebt. Als praktisch denkender Mensch, der ich nun einmal bin, werde ich nicht das Gefühl haben, etwas verloren zu haben, wenn ich am Ende meiner Tage herausfinde, dass es keinen Gott gibt, sondern nur das Nichts. Vielmehr werden meine Versuche, ein besserer Mensch zu sein – selbst wenn sie in der Regel ein Fehlschlag waren –, mir Gewinn genug gewesen sein.

Kraft schöpfe ich bei diesem täglichen Kampf auch daraus, dass ich über mich selbst lachen kann. Kurz nachdem man mich zusammengeflickt hatte, stand ich im Flugzeug neben einer jungen Frau, die Schwierigkeiten hatte, ihre Tasche in der Gepäckablage zu verstauen. Sie schaute mir ins Gesicht und fragte mich, ob ich das nicht in die Hand nehmen könnte.

Mein Herz hüpfte vor Freude! Mir fielen so viele mögliche Antworten ein, dass ich sprachlos war. Sollte ich sagen: »Tut mir leid, geht mir gerade ab«? Oder: »Hab ich im Büro gelassen«? Oder, wie ich es schließlich tat: »Ich weiß nicht, was ich sagen soll. Ich bin irgendwie verstumpt.«

Als ich Vorträge darüber zu halten begann, was mir auf dem Berg zugestoßen war und wie das mein Leben verändert hatte, bemerkte ich, dass mir das genauso viel brachte wie den Zuhörern. Einen gut fünfzigjährigen Güterzug dreht man nicht auf der Stelle um, selbst nicht mittels einer Erscheinung, wie ich sie hatte. Doch immer, wenn ich meine Geschichte erzähle, erinnere ich mich damit daran, was mir wirklich wichtig ist. Das gibt mir die Perspektive, die zu finden mir immer so schwer gefallen ist.

Die andere Frage, die Menschen mir häufig stellen, lautet, ob ich dasselbe wieder tun würde. Zunächst dachte ich: Was für eine blöde Frage! Doch als ich gründlich darüber nachdachte, ging mir auf, dass dieser Frage eine tiefere Bedeutung innewohnt. Die Antwort lautet: Selbst wenn ich genau wüsste, was mir auf dem Mount Everest zustoßen würde – ja, ich würde es wieder tun. An jenem Tag auf dem Berg gab ich meine Hände für meine Familie und für meine Zukunft hin. Das ist ein Preis, den ich jederzeit zu zahlen bereit bin. Zum ersten Mal in meinem Leben genieße ich inneren Frieden. Ich suche nicht länger nach Möglichkeiten, mich extern, durch Ziele und Leistungen und materielle Besitztümer zu definieren. Zum ersten Mal in meinem Leben fühle ich mich in meiner Haut wohl. Die ganze Welt habe ich nach dem abgesucht, was mich erfüllen könnte, und die ganze Zeit besaß ich es schon. Alles in allem bin ich ein gesegneter Mensch. Und was noch besser ist: Ich weiß es.

## Peach:

Beck und ich gehen jetzt auf unterschiedlichen Ebenen miteinander um. Die alte Beziehung zwischen Beck und Peach ist vorbei, aber ich weiß noch nicht genau, was sie ersetzen wird. Was soll ich glauben? Werde ich mich wieder öffnen, nur um abermals verletzt zu werden?

Als Beck im Krankenhaus lag, sprach ihn eine Krankenschwester an. Sie machte sich Sorgen um ihren Mann, der einen Gipfel in Colorado besteigen wollte.

Beck sagte bloß: »Die Aussicht da oben ist großartig!«

Ich fuhr ihn an: »Sag so etwas nie wieder, wenn ich dabei bin. Ich bin fertig mit den Bergen. Ich habe ihnen genug Opfer dargebracht. Zu Hause.«

Im Sommer 1997 erhielten wir einen Brief von einer Gruppe Frauen, die ihren Brustkrebs überlebt hatten und in der Antarktis klettern wollten; sie baten um eine Spende für ihre Expedition. Eine meiner Freundinnen sagte: »Schreib ihnen doch zurück, du hättest bereits einen Beitrag geleistet – zwei Hände und einen Teil deines Lebens.«

Ich denke nicht, dass meine Beziehung zu Beck heute fragil ist. Ich habe auch keine Angst, dass meine Wut wieder wie eine Lawine oder eine Explosion über mich kommt. Ich glaube, meine Wut hat sich in Trauer verwandelt, in Trauer um all das, was wir nie hatten. Ich meine damit nicht so sehr Beck und mich als vielmehr den Umstand, dass Beck nicht mitbekam, wie seine Kinder heranwuchsen. Ja, ihm fehlen die Hände, aber das ist nur die Spitze des Eisbergs.

## Meg:

Ich ärgerte mich, wenn Dad nicht da war. Ich war niedergeschlagen. Ich denke, »einsam« ist das richtige Wort. Jetzt, da ich älter bin, mache ich ihm wegen seiner Besessenheit keine Vorwürfe mehr. Ich habe verstanden, wie er sich verhielt, und verzeihe ihm. Manchmal geraten Menschen einfach in solche Dinge hinein, und sie merken dann nicht, dass das, was sie tun, falsch ist. Dad ging das erst auf, als er diesen Schlag ins Gesicht bekam.

## Bub:

Ich bewundere die Entschlossenheit und Beharrlichkeit meines Vaters genauso wie seinen Humor. Je älter ich werde, desto mehr Gemeinsamkeiten entwickeln wir auch, beispielsweise unsere Vorlieben für unanständige Witze und nicht jugendfreie Filme.

Dad lebt jetzt ganz in der Gegenwart. Er weiß, wenn man jemanden lieb hat, dann muss man ihm das auch sagen, weil niemand die Zukunft kennt. Mittlerweile liebt er seine Kinder abgöttisch.

»Weißt du was, mein Sohn? Ich hab dich wirklich lieb!«

»Klar, Dad. Ich bin um Mitternacht zu Hause.«

## Pat White:

Beck ist einfach ein ganz feiner Kerl. Er kümmert sich um die Leute – auch wenn er immer noch Schwierigkeiten hat, das richtig auszudrücken. Seine Persönlichkeit hat Wunden abbekommen, aber er ist noch immer ein genauer Beobachter. Zum Ausdruck bringt er das durch seinen Humor.

Was für Probleme sie auch haben, da ist auch eine große Liebe. Sie sagten, Madan hätte ein tapferes Herz. Nun, Beck hat ein großes Herz. Und Peach ist auf ihre Weise auch sehr tapfer.

Sie hat ihn nicht umgebracht.

# Danksagungen

Als ich vom Everest zurückkam, gab es ein reges Interesse an einem Buch, in dem Peach und ich unsere jeweilige Sicht der Geschichte darlegen sollten. In den Monaten, die unmittelbar der Tragödie auf dem Berg folgten, wäre ein solches Unterfangen eindeutig verfrüht gewesen. Mit den emotionalen und körperlichen Verletzungen muss man sich Schritt für Schritt konfrontieren und keinesfalls auf einen Sprung. Darüber hinaus hatte ich keine Ahnung, wie diese Geschichte ausgehen würde.

Im Verlauf der folgenden Monate schwand mein Interesse am Schreiben eines solchen Buches immer mehr, da ich das Gefühl hatte, dass die Berichte von Jon Krakauer (›In eisige Höhen‹) und David Breashears (›Bis zum Äußersten‹) das Thema umfassend und abschließend behandeln.

Doch als ich mein Leben wieder in den Griff bekam und sich die Beziehung zu meiner Frau besserte, wandten sich meine Gedanken wieder dem Buchprojekt zu.

Während die Geschichte, was während jener wenigen Tage auf dem Everest passierte, eindeutig von allgemeinem Interesse ist, wurde die Geschichte, was nach meiner Rückkehr passierte, wie ich wieder ins Leben zurückfand, wie ich mich neu definierte, zu meiner Geschichte, zu der Geschichte, die *ich* schreiben konnte.

Einfache Rezepte, wie man schwere Zeiten durchsteht, gibt es nicht, doch es hilft zu wissen, dass es selbst in den aussichtslosesten Momenten noch Hoffnung gibt. Aus größter Not kann Gutes erwachsen.

Es ist nahezu unmöglich, angemessen den vielen Menschen zu danken, die mir das alles an Leib und Seele durchstehen halfen.

Vor allen anderen möchte ich Peach, Beck II. und Meg dafür danken, dass sie mich lieben und zu mir hielten und mir erlaubten, mich zu ändern. Und meinen Eltern, die an ihrer Liebe nie einen Zweifel ließen. Sie haben ihre Jungen so gut aufgezogen, wie sie nur konnten. Dank auch meinen Brüdern, Kit und vor allem Dan, der ohne zu zögern um die halbe Welt reiste, als ich ihn am dringendsten brauchte.

Dank auch den vielen Helden in meiner Geschichte: David Breashears, Robert Schauer, Ed Viesturs, Pete Athans und Todd Burleson, die ihr Leben für meines riskierten. Und vor allem an Colonel Madan K. C., dessen unglaubliche Tapferkeit mich noch immer verblüfft.

Dank unseren Führern am Everest: Rob Hall, Mike Groom und Andy Harris, Verkörperungen des Professionalismus, der Charakterstärke und der Opferbereitschaft, die Bergführer auf der ganzen Welt auszeichnen.

Dank den Mitgliedern meiner Gruppe: Doug Hansen, Yasuko Namba, Stuart Hutchison, Frank Fischbeck, Lou Kasischke, John Taske und Jon Krakauer – sie wurden zu Freunden.

Dank auch den Sherpas, die all das durch ihren Mut und ihre Mühen erst möglich machten: Ang Tshering Sherpa, Ang Dorje Sherpa, Lhakpa Chhiri Sherpa, Kami Sherpa, Tenzing Sherpa, Arita Sherpa, Ngawang Norbu Sherpa, Chuldum Sherpa, Chhongba Sherpa, Pempa Sherpa und Tendi Sherpa.

Und dem Rest unseres Teams: Helen Wilton, die darauf achtete, dass wir uns immer die Hände wuschen, und mit der fähigen Unterstützung von Dr. Caroline Mackenzie, unserer Ärztin im Basislager, für unsere Gesundheit sorgte.

Genauso danke ich Senatorin Kay Bailey Hutchison und Senator Tom Dashiel sowie der Botschafterin Sandra Vofelgesang, David Schensted und Inu K. C.

Ich möchte auch den Ärzten, Krankenschwestern und Therapeuten danken, die mich in langer, mühevoller Arbeit wieder zusammenflickten, Dr. Greg Anigian, Dr. Mike Doyle, Dr. Joe Sample, Dr. James Brodsky und Dr. Alan Farrow-Gillespie, und genauso den Ärzten, die mir auf dem Berg beistanden, Dr. Ken Kamler und Dr. Henrik Hansen.

Zu außerordentlichem Dank verpflichtet bin ich auch meinen Partnern Dr. John Esber, Dr. Charles Cramer und Dr. Wayne Taylor, die mir erlaubten, wieder zu meiner Arbeit zurückzukehren, und die mich und meine Familie in den Monaten unterstützten, in denen ich meinen Pflichten noch nicht wieder nachgehen konnte.

Ganz herzlichen Dank dem inneren Kreis, der da war, als er am dringendsten gebraucht wurde, und dem Forschungsteam: unseren Freunden Jim und Marianne Ketchersid, Terry und Pat White und John und Sally Esber.

Dank an Dan Lewis und seine Jungs und auch an Deena Killingsworth und Jonnie Rohver für ihre professionelle Unterstützung beim Umgang mit den Medien.

Herzlich danke ich Ken Zornes dafür, dass er jeden Sonntagmorgen mit einer Schachtel Doughnuts bei mir auftauchte, die mir halfen, die verlorenen 30 Pfund wieder zuzulegen, die mir Brent Blackmore antrainiert hatte. Und dank auch an Cappy und Janie McGavr, meine Lieblingsdemokraten.

Und den Powerfrauen aus Dallas, die wie Löwinnen kämpften, um mich nach Hause zu bekommen: Mary Ann Bristow, Cecilia Boone, Linda Gravelle, Victoria Bryhan, Maude Cejudo, Bobbie Long, Vickey Thumlert, Mary Ellen Malone, Ann Abernathy, Caroline Allen, Pat White, Sally Esber, Yolanda Brooks, Liz Zornes, Jean Sudderth, Marcela Gerber, Lisa Pickering, Sae Washington, Sandra Barr, Barbara Lynn und Carolyn Kobey.

Meine Bewunderung gilt den vielen tausend Menschen, die in ihren Gedanken und Gebeten bei uns waren. Sie spendeten viel mehr Trost, als sie jemals wissen können.

Schließlich danke ich aus ganzem Herzen Howard Olson für all die Liebe und Anregung, die er uns gab, und für das zweite, vielleicht noch größere Wunder, das er möglich machte.